新编21世纪高等职业教育精品教材
金融类

商业银行柜台业务

（第四版）

主 编 朱 静 武 飞

中国人民大学出版社
·北京·

图书在版编目（CIP）数据

商业银行柜台业务/朱静，武飞主编.--4版.
北京：中国人民大学出版社，2025.8.--（新编21世纪高等职业教育精品教材）.-- ISBN 978-7-300-34034-0
Ⅰ.F830.33
中国国家版本馆CIP数据核字第2025GE9474号

新编21世纪高等职业教育精品教材·金融类
商业银行柜台业务（第四版）
主　编　朱　静　武　飞
Shangye Yinhang Guitai Yewu

出版发行	中国人民大学出版社		
社　　址	北京中关村大街31号	邮政编码	100080
电　　话	010－62511242（总编室）		010－62511770（质管部）
	010－82501766（邮购部）		010－62514148（门市部）
	010－62511173（发行公司）		010－62515275（盗版举报）
网　　址	http://www.crup.com.cn		
经　　销	新华书店		
印　　刷	中煤（北京）印务有限公司	版　　次	2009年6月第1版
开　　本	787 mm×1092 mm　1/16		2025年8月第4版
印　　张	15.5	印　　次	2025年8月第1次印刷
字　　数	338 000	定　　价	45.00元

PREFACE

前 言

教育是一个民族进步的基石，建设教育强国是中华民族伟大复兴的基础工程。

党的二十大报告指出：统筹职业教育、高等教育、继续教育协同创新，推进职普融通、产教融合、科教融汇，优化职业教育类型定位。这为新时代的职业教育在发展目标上进行了优化升级。在现代职业教育体系建设改革工作推进会、2023 年职业教育活动周全国启动仪式上，教育部部长怀进鹏强调，把服务国家战略、服务区域经济社会发展、服务人的全面发展作为根本目标。

随着经济的全面发展，服务业在一个国家或地区所占的比重将越来越大，其发展的程度将成为该国家或地区发达程度的标志。面向服务业的财经类职业教育作为职业教育体系的重要组成部分，具有不可替代的地位和作用，特别是随着现代服务业的大力发展，以金融等生产性服务业为代表的财经类职业教育承担着越来越重要的人才培养、应用研究和社会服务等工作。

近年来，随着人工智能、大数据、云计算和区块链技术的发展，虚拟教研室、虚拟教学平台和模拟经营场景的建设得到了较快发展，但还是难以跟上金融行业发展的高速节奏。金融职业教育的发展状况虽然在过去二十多年来有了长足的进步，但仍然存在很多不尽如人意的地方，人才培养体系还不能很好适应金融业的要求，高素质技能型人才的培养质量仍有待进一步提高。随着金融专业人才在知识、素质和能力领域的复杂性不断提高，职业教育金融类专业的学生自身基础与岗位要求的基本条件存在差距，急需在职业教育阶段进行弥补，而目前的 3 年学制已经难以满足人才培养的现实需要。与此同时，在金融机构的基层营业网点中，其实急需一批“上得了手、沉得住心”的职业教育金融类专业毕业生，来不断满足个性化程度越来越高的客户服务需求。

培养一名“上得了手、沉得住心”的职业教育金融类专业毕业生，最主要的途径是采用“校企合作、工学结合”的人才培养模式。该模式改变了传统学科教育“只学不做或先学后做”的做法，立足于“学做一体或在工作中学习”，在完成一个个典型工作任务的过程中完成相关知识学习、素质培养和能力训练。为此，该模式要求在教学条件、教学内容、教学方式、教学手段和教学工具等方面进行大幅的改革，构建以学生为中心的“从岗位体验、专项能力训练、综合模拟到顶岗实习”的全过程、全链条、全方位职业能力培养体系。

本书基于目前商业银行主要在柜台开展业务的具体实践，结合职业教育“校企合作、工学结合”的人才培养模式对教材的要求，选取了大量商业银行柜台业务中的典型工作任务，力求实现“在工作中学习”的教学目标，以情景导入、知识学习、流程掌握、单据处理、能力训练为逻辑主线安排体例和内容，为广大高职高专学生学习商业银行柜台业务提供了较为全面、完整的素材和案例。

本书具有以下特点：

第一，本书在体例设计上采用模块式，突出基本流程和岗位规范，并加入了相关知识和重点事项，既介绍了相关业务涉及的理论知识，又重点强化了适用性和针对性。

第二，本书在内容编排方面，以商业银行柜台业务的主要业务种类为依据确定教学内容，确保选取的教学内容与岗位实际情况保持同步，新增了电子商业汇票业务内容。在练习设置上，新增加了模块练习、实训操作，使教师教学、学生实训更加便捷。

第三，本书创新性地配套开发了数字化教材，数字化教材集成了丰富资源，让课堂更加生动高效，为学生个性化学习提供多样性选择。

本书由朱静、武飞担任主编，具体分工如下：模块二、三、五、六、七、八由朱静编写，模块一、四由武飞编写。全书由朱静制定编写大纲、总纂定稿。

本书在修订过程中，一方面参考了大量商业银行柜台业务实际操作的有关资料，特别是商业银行网点经营的最新改革动向，更新了部分模块；另一方面进行了大量深入、细致的调研，充分了解了商业银行目前的经营管理实践，力求保证本书具有较强的实用性和时效性。

因为商业银行的经营管理面临着比较复杂的环境，业务种类不断创新，网络化趋势十分明显，营业网点的柜面业务的操作流程、业务规范处于不断发展变化中，各家商业银行的具体业务种类也存在一定的差异，加上编者水平有限，所以本书难免存在错误与纰漏，敬请读者批评指正。

编　者

CONTENTS

目 录

模块一 商业银行综合柜员岗位基础能力

模块二 商业银行综合柜员岗位工作流程

模块四 代理业务

模块五 其他个人业务

模块六　公司存款业务

模块七 支付结算业务

模块一

商业银行综合柜员岗位基础能力

学习目标

知识目标

1. 了解商业银行综合柜员制的概念和综合柜员的岗位设置。
2. 掌握综合柜员应具备的业务技能。
3. 熟悉综合柜员的工作礼仪及工作中特殊情况的处理。

能力目标

1. 具备大小写数字的书写技能。
2. 具备人民币的鉴别技能。

素质目标

1. 具备形象专业、时刻保持服务意识的职业素质。
2. 具备严谨认真、吃苦耐劳的工作态度。

情景导入

王小莉大学毕业后参加某商业银行的选拔考试，被该银行录用，实习期间，银行安排她到该银行下属某支行网点从事综合柜员的工作。王小莉愉快地接受了这个工作，但疑惑接踵而来，她不了解综合柜员这个岗位的工作内容和具体要求，她非常想尽快掌握胜任这个工作岗位的职业能力。她该怎么办呢?

项目一

商业银行综合柜员岗位制度认知

一、商业银行综合柜员制的概念

综合柜员制是指在严格的授权管理下，以完善的内部控制制度和较高的人员素质为基础，实行单人临柜处理会计、出纳、储蓄、中间代收业务等面向客户的全部业务的劳动组合形式。

微课：综合柜员岗位设置

综合柜员制具有操作业务直观、处理业务快捷、经营责任明确、劳动组合优化等优点，是一种简便、快捷、高效的劳动组合形式，在西方商业银行中普遍推行，并被实践证明是科学、有效的会计核算管理模式，现在正被国内越来越多的商业银行采用。

业务链接

实行综合柜员制的营业机构，应具备以下条件：

(1) 有较好的内部管理基础，各项规章制度健全，内控制约机制完善。

(2) 建立了符合综合柜员制要求的严谨的劳动组织形式和完善的业务操作规程。

(3) 设有事后监督中心，能够实施全面、及时的事后监督。

(4) 利用综合业务系统进行业务处理，每个柜员配置一套计算机终端及打印设备、一台高性能防伪点钞机及其他必要的办公设施。

(5) 有完善的、先进的电子化监控设施。营业厅内外安装电视监控录像设备，柜员每天从营业开始直至营业结束账务轧平，业务操作过程始终处于监控之中。

(6) 每个柜员应有相对独立的操作空间，原则上柜员之间均用隔板隔断。客户办理业务时，能够看到柜员处理业务的过程。

(7) 营业柜台等基础设施符合安全保卫要求。

二、商业银行综合柜员岗位设置

实行综合柜员制的机构，其柜员岗位设置如图 1-1 所示。

其中，普通柜员是指具体办理会计核算业务的人员，负责权限范围内业务的操作和会计资料的初审；主管兼柜员是指对业已经办处理的各类业务进行复核或在规定业务范围内和额度内授权的人员；主管是指对超越业务主办权限的重要业务进行授权处理的管理人员，主要包括网点负责人、总会计、各级会计结算部门负责人等。

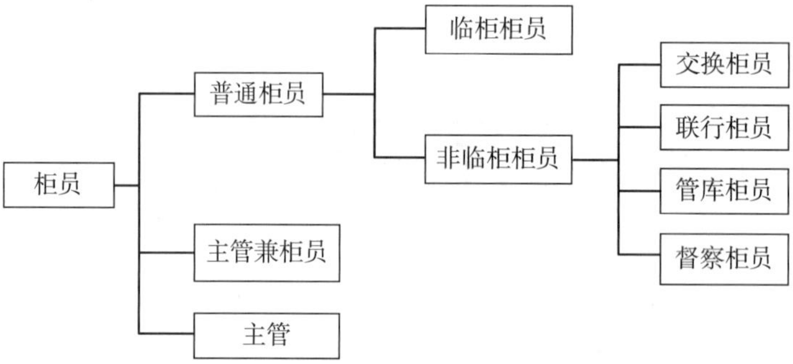

图 1-1　柜员岗位设置

注：本书主要讲述临柜柜员所做的业务。

三、综合柜员管理基本原则

（一）事权划分

银行根据各种业务设置不同的岗位，每个岗位有不同的操作经办权限。柜面业务岗位设执行权、查询权、授权权等权限，对应相应的操作金额。

（二）事中控制

临柜大金额业务及特殊业务双人操作，相互监督。

（三）授权

授权是按照会计岗位“责任分离、相互制约”的原则，根据业务种类的重要性和风险程度及金额大小设定相应授权级别，由主管对柜员办理该类交易进行实时审核确认的一种内部风险控制方式。

德技并修

案例：网点超营业时间办理业务

一、案例展示

业务运营风险管理系统显示某网点柜员晚上6点多办理一笔个人账户取款交易的风险事件，金额1万元。经核实：当天上午客户取款1万元，柜员用错交易将取款误为存款，日终轧账发现短款2万元，此时客户已去异地，由其丈夫来处理该笔业务，反交易后再用正确交易办理取款业务，由于没有客户本人及代理人身份证件，授权中心无法授权，其丈夫将存折和密码留在网点后离开，后通过说明和沟通，柜员在客户不在场的情况下为客户办理了1万元的取款业务，反交易和取款凭证客户签名非本人，形成风险事件。

二、案例分析

（1）柜员在工作时间粗心大意，将1万元取款误为存款，客户上午办理取款业务到下午进行反交易，其间银行垫资2万元时间长达9个多小时，一旦资金被转移，风险事件极有可能转变为损失事件。

(2) 客户签名的业务凭证是客户与银行间发生交易行为和权责关系的法律依据，客户1万元存款的反交易和1万元取款业务凭证均非客户本人签名，如果客户对交易行为提出异议，银行将面临不必要的法律纠纷。

三、案例启示

(1) 加强业务培训，提高工作责任心。对日常工作中发现的典型案例进行讨论和剖析，分析风险事件的成因和危害性，提高前台柜员风险防范意识，认真办理每一笔业务，消除风险隐患。

(2) 加强对柜员法律知识的宣传和培训。提高柜员法治意识，让柜员充分认识到客户签名真实、合规对减少银行和客户之间的纠纷、防范法律风险的重要性。将“远离违规行为，珍惜职业生涯”意识贯穿于实际工作中，贯穿于每笔业务、每个细节当中。

项目二

商业银行综合柜员技能训练

商业银行综合柜员基础技能包括基本书写技能、点钞技能、翻打百张技能、小键盘录入技能及人民币鉴别。基础技能是商业银行综合柜员必须掌握的技能，是柜员能够正确、迅速完成业务操作的基础，因此，商业银行会定期进行相关技能考核。

本项目要求熟练掌握点钞、翻打百张、小键盘录入以及人民币鉴别四项技能关键点并能够熟练操作，在实践考核中能够达到银行规定的商业银行综合柜员岗位要求。基本书写技能在本模块项目三中单独介绍。

任务一　点钞技能训练

点钞法分为手工整点法和机器整点法两大类。其中，在广大银行业务人员积累了丰富的实践经验的基础上，手工整点钞票的方法得到了不断改进和提高。目前手工点钞方法已发展到 20 多种，本书主要介绍普遍使用的手持式单指单张点钞法。

子任务一　手持式单指单张点钞法技能训练

手持式单指单张点钞法，是点钞方法中最基本、最常用的方法。它的适用范围比较广泛，可用于初点、复点和整点各种新、旧钞，以及大、小面额的钞票。采用这种方法，由于清点时能看到的面积比较大，因此易于识别真假票币，便于剔选损伤券；但点 1 张记 1 个数，劳动强度较大。

手持式单指单张点钞法可分为如下 4 个环节。

一、正确持钞

坐姿端正，钞票正面向内，左手拇指、无名指和小拇指在钞票正面，食指、中指在钞票背面，将钞票左端中间处夹于中指、无名指之间，钞票左端尽量靠近手指根部，食指伸开，其他手指自然弯曲，左手腕向内弯扣，同时食指向前伸勾断腰条，食指移到钞票外侧，拇指按于钞票内侧将钞票向外翻推，捻成一个微开的扇面形状，食指伸直托住钞票背面，钞票自然直立与桌面基本垂直（见图 1－2）。

二、清点

拆把后，钞票正面面对点钞员，右手中指微微翘起，托住钞票右上角，拇指指尖将

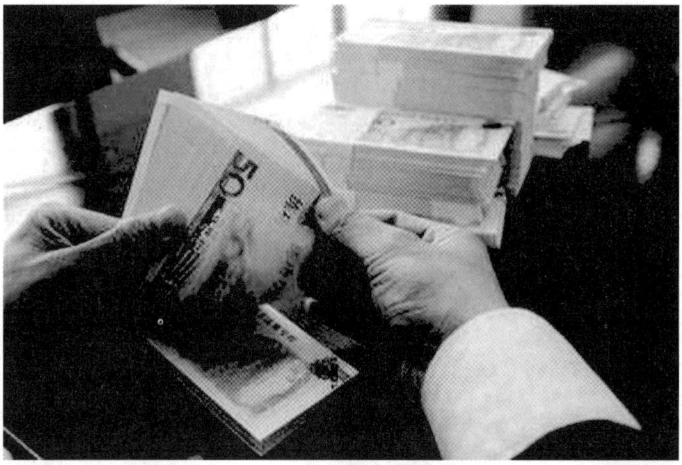

图 1-2　手持式单指单张点钞法

钞票右上角向右下方逐张捻动，无名指配合拇指将捻动的钞票向下弹拨，拇指捻动1张，无名指弹拨1张，左手拇指随着点钞的进度，逐步向后移动，食指向前推移钞票，以便加快钞票下落速度。

三、记数

采用心记数法，每捻动1张记1个数，即1、2、3、4、5、6、7、8、9、1（10）；1、2、3、4、5、6、7、8、9、2（20）；…；1、2、3、4、5、6、7、8、9、9（90）；1、2、3、4、5、6、7、8、9、10（100）。坐姿要端正，左手拇指轻压在钞票侧面，持钞票面尽量与桌面垂直，如弯度过大会影响清点速度。清点时应以右手拇指尖清点，尽量缩小动作幅度，幅度过大会影响点钞速度，无名指应配合拇指进行弹拨。记数时不要口念出声，以免点钞速度快，口念与大脑记数不协调而记错数，点准的关键是手指清点速度与心记数的速度均为匀速并保持一致。

四、捆扎

临柜收款采用缠绕式捆扎法，需使用牛皮纸腰条，具体操作方法如下：

（1）将点过的钞票100张墩齐。

（2）左手从长的方向拦腰握着钞票，使之成为瓦状（瓦状的幅度影响扎钞的松紧，在捆扎中幅度不能变）。

（3）右手握着腰条头将其从钞票的长的方向夹入钞票的中间（离一段1/4～1/3处），从凹面开始绕钞票两圈。

（4）在翻到钞票转角处将腰条向右折叠90度，将腰条头绕捆在钞票的中间部分，绕两圈打结。

（5）整理钞票。

单把缠绕式捆扎法见图1-3。

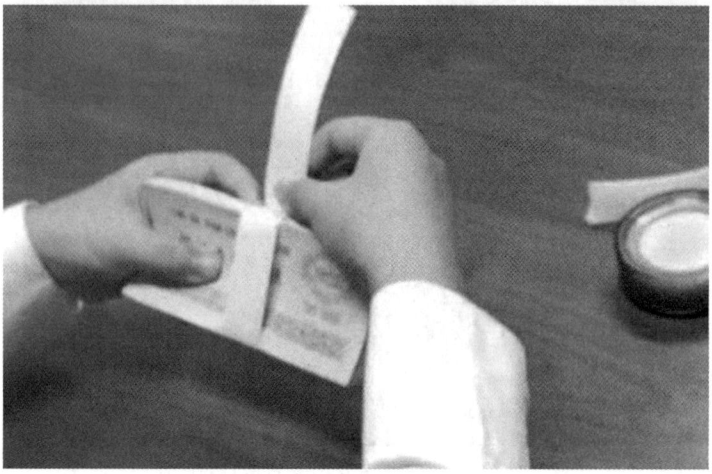

图 1－3　单把缠绕式捆扎法

子任务二　机器点钞法技能训练

机器点钞就是用点钞机代替部分手工操作，速度是手工点钞的 2～3 倍，大大提高了工作效率并减轻了柜员的工作强度。

一、准备工作

（1）对点钞机进行调整和试验，力求转速均匀、点钞准确、下钞流畅、落钞整齐。

（2）点钞机放于操作人员正前方，接通电源，打开电源开关，使机器运转，并观察荧光数码显示是否为“00”。

（3）钞票和捆扎用腰条摆放在合适的位置，钞票按大面额票券在前、小面额票券在后的顺序排列。

二、操作方法

打开点钞机的电源开关和计数器开关，然后取钞票，左手握住钞票左半部，拇指在正前，其余四指在背面，掌心稍向下用力，使钞票向内出现弯度，顺势用左手将腰条从左侧拖出，右手横握钞票，将钞票捻成前低后高的坡形后横放在点钞板上，放时随点钞板形成自然斜度，如图 1－4 所示。如果放钞方法不正确，会影响点钞机的正常清点。

钞票进入机器后，目光迅速跟住输钞带，检查是否有夹杂券、破损券、假钞或其他异物。钞票全部下到积钞台后，看清计数器显示的数字是否与此把腰条所标金额相符。无误后，以左手食指、中指将钞票取出，右手当即投入第二把，然后把钞票墩齐，进行扎把，眼睛仍看着输钞带上的钞票，扎把完成后左手把钞票放到机器左侧时，抹掉桌上第一把钞票的封条，依次顺序进行。

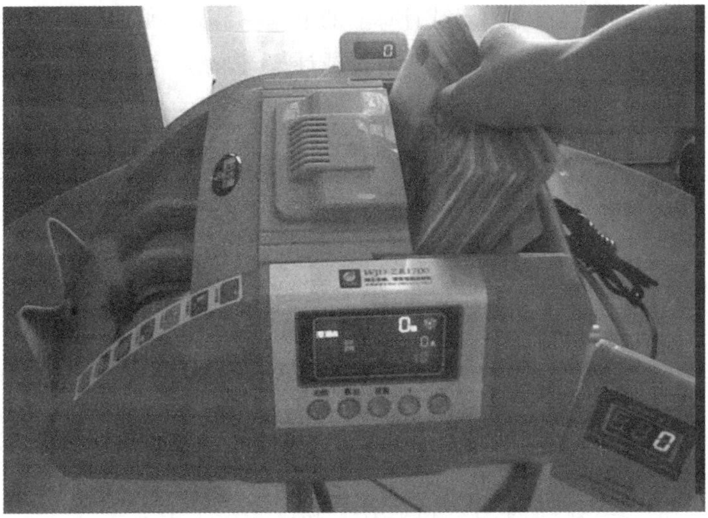

图 1-4　点钞机点钞

任务二　翻打百张技能训练

翻打百张实际上是对运用珠算、计算器或计算机小键盘翻打传票速度的一种考核方法，主要是考核商业银行综合柜员运用计算工具计算一定量数据的速度及准确度。该技能主要分为两个步骤：传票的整理与传票的翻页及计算。

一、传票的整理

（一）传票检查

在进行传票运算前，要先对传票进行检查，主要是看有无少页、重页、破页和数字印刷不清等错漏的地方。

（二）传票捻成扇面

为了加快翻页的速度和避免翻重页的现象，在运算前需要将传票捻成扇面形状。

捻扇面的方法：用左手拿住传票的左端，左手拇指在传票的封面中部稍左，其余四指在传票封底的中部稍左；右手拿住传票的右端，右手拇指放在传票封面上，其余四指放在传票的封底，以左手为轴，右手轻轻向内捻动，一般右手向内转动两次就可以打成扇形。扇形要求是页页均匀散开，传票封面向里突出，封底向外突出，扇形面不宜过大，最后用夹子将传票的左上角夹住，使扇形固定，防止错乱。由于传票最后几页紧挨桌面，较难翻起，还可以用一个小夹子在传票的右下角将第 100 页与封底夹在一起，使之与桌面有一点间隙，便于翻动。

（三）传票的放置位置

传票放置的位置有如下几种：一是放在算盘或计算器的上框左半部略高部位；二是放

在算盘或计算器左边；三是放在算盘或计算器的下框左半部略低部位，与传票算题答案纸呈并列状。总之，传票的摆放位置要贴近算盘或计算器，易于看数，有利于翻页与拨珠。

二、传票的翻页及计算

目前大部分银行都使用计算器进行翻打传票，所以我们在这里讲述最普遍采用的一种方法，即一次翻一页打法。方法是拇指翻起传票的起始页，将有关数字从左到右（从高位到低位）依次敲入计算器或计算机，然后翻起下一页，再将有关数字从左到右敲入计算器或计算机，直至终页。

翻页方法：把左手小指、无名指呈弯曲形压在传票封面中部稍左，拇指同传票平行，用拇指最突出部位轻轻把要翻之页掀起，右手将此页有关数字从左到右敲入计算器或计算机，接着拇指马上翻起此页，食指立即弯曲、缩跨过此页，放到刚翻上去一页传票的下面，中指和食指将传票夹住，以便看清下一页传票的数字，然后按同样的方法翻页，直至运算完毕，如图 1-5 所示。

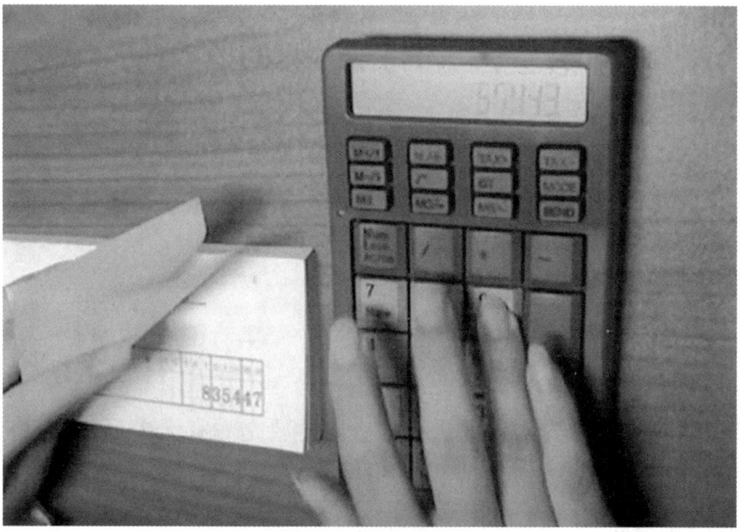

图 1-5　翻打百张

任务三　小键盘录入技能训练

计算机的数字小键盘是商业银行进行数字输入的重要设备，商业银行综合柜员为了能够准确、及时地完成业务，必须勤练数字小键盘录入技能。

一、基准键位

数字小键盘区是键盘中除主键盘外使用最为频繁的键区。和计算机主键盘区一样，数字小键盘区同样存在基准键位和原点键。数字小键盘区的基准键位是 4、5、6 三个键，将右手的食指、中指和无名指依次按顺序放在基准键位上，以确定手在键盘上的位置和击键时相应手指的出发位置。原点键也称盲打定位键，在小键盘基准键区中间位置的“5”键上有一个凸起的短横条（一些键盘上为小圆点），这个键就是小键盘盲打定位键，可用右手中指触摸相应的横条标记以使右手各手指归位。

二、其他键位

掌握了基准键位置，就可以进一步掌握小键盘区其他键位了。其中，右手食指负责击打 1、4、7 键，右手中指负责击打 2、5、8、/键，右手无名指负责击打 3、6、9、＊键，右手小指负责击打 Enter、＋、－键，右手拇指负责击打 0 键。通过划分，整个小键盘手指分工明确，击打任何键时，只需把手指从基准键位移到相应的键上，正确输入后再返回基准键位即可。

三、击键方法

开始击键之前，将右手拇指、食指、中指、无名指、小指分别放置在 0、4、5、6、＋键上，同时右手拇指可自然向掌心弯曲，手掌与键面基本平行。击键时，右手对应的手指从基准键位出发迅速移向目标键，当指尖在目标键上方 1 厘米左右时，指关节瞬间发力，以第一指关节的指腹前端击键，力度适中，每次击打一键，注意不要用指甲击键。击键后，击键的手指立即回归基准键位，恢复击键前的手形。由于数字小键盘各键位之间的距离短，击键数量少，从基准键位到其他键位的路径简单易记，所以很容易实现盲打，减少击键错误，提高输入速度。

四、数字小键盘击键指法技巧

使用数字小键盘时，掌握击键的指法技巧有利于提高输入速度。在操作数字小键盘时，右手手指应稍微弯曲拱起，轻放在 4、5、6 三个基准键上，当需要击打其他各键时，右手相应手指要快速屈伸，轻而迅速地击打后立即返回基准键位。击键时还要注意，应是突发击键，即轻而迅速地击键，点击后手指立即返回。另外，无须通过视觉来找键位，更不能只用 1 根手指击键。

任务四　人民币鉴别

子任务一　人民币鉴别业务

一、识别假币的要点

以第五套人民币为例，识别人民币纸币真伪，通常采用“一看、二摸、三听、四测”的方法。

（一）一看

（1）看水印。第五套人民币各券别纸币的固定水印位于各券别纸币票面正面左侧的空白处，迎光透视，可以看到立体感很强的水印。100 元、50 元纸币的固定水印为毛泽东头像图案，20 元、10 元、5 元纸币的固定水印为花卉图案。

（2）看安全线。第五套人民币纸币在各券别票面正面中间偏左，均有一条安全线。100 元、50 元纸币的安全线，迎光透视，分别可以看到微缩文字“RMB100”“RMB50”，仪器检测均有磁性；20 元纸币，迎光透视，是一条明暗相间的安全线，10 元、5 元纸币安全线为全息磁性开窗式安全线，即安全线局部埋入纸张中，局部裸露在纸面上，开窗部分分别可以看到由微缩文字“￥10”“￥5”组成的全息图案，仪器检测有磁性。

（3）看光变油墨。第五套人民币 100 元纸币和 50 元纸币正面左下方的面额数字采用光变油墨印刷。将垂直观察的票面倾斜到一定角度时，100 元纸币的面额数字会由绿色变为蓝色，50 元纸币的面额数字则会由金色变为绿色。

（4）看票面图案是否清晰，色彩是否鲜艳，对接图案是否可以对接上。第五套人民币纸币的阴阳互补对印图案应用于 100 元、50 元和 10 元券中。这三种券别的正面左下方和背面右下方都印有一个圆形局部图案。迎光透视，两幅图案准确对接，组合成一个完整的古钱币图案。

（5）用 5 倍以上放大镜观察票面，看图案线条、微缩文字是否清晰、干净。第五套人民币纸币各券别正面胶印图案中，多处均印有微缩文字，20 元纸币背面也有该防伪措施。100 元的微缩文字为“RMB”和“RMB100”；50 元的微缩文字为“50”和“RMB50”；20 元的微缩文字为“RMB20”；10 元的微缩文字为“RMB10”；5 元的微缩文字为“RMB5”和“5”。

（二）二摸

（1）摸人像、盲文点、“中国人民银行”行名等处是否有凹凸感。

（2）摸手工雕刻头像。第五套人民币纸币各券别正面主景均为毛泽东头像，采用手工雕刻凹版印刷工艺，形象逼真、传神，凹凸感强，易于识别。

（3）摸纸币是否薄厚适中，挺括度好。

（三）三听

“听”即通过抖动钞票使其发出声响，根据声音来分辨真伪。人民币的纸张，具有挺括、耐折、不易撕裂的特点。手持钞票用力抖动、用手指轻弹或两手一张一弛地轻轻对称拉动，能听到清脆、响亮的声音。

（四）四测

“测”即借助一些简单的工具和专用仪器来分辨人民币的真伪。如借助放大镜可以观察票面线条清晰度，胶印、凹印微缩文字等；用紫外灯光照射票面，可以观察钞票纸张和油墨的荧光反应；用磁性检测仪可以检测黑色横号码的磁性。

二、2015 年版第五套人民币 100 元防伪特征

中国人民银行于 2015 年 11 月 12 日发行 2015 年版第五套人民币 100 元纸币。2015 年版第五套人民币 100 元纸币发行后，与同面额流通人民币等值流通。2015 年版第五套人民币 100 元纸币在保持 2005 年版第五套人民币 100 元纸币规格、正背面主图案、主色调、“中国人民银行”行名、国徽、盲文和汉语拼音行名、民族文字等不变的前提下，对部分图案做了调整，对整体防伪性能进行了提升。

（一）光变镂空开窗安全线

光变镂空开窗安全线位于票面正面右侧。当观察角度由直视变为斜视时，安全线颜色由品红色变为绿色；透光观察时，可见安全线中正反交替排列的镂空文字“￥100”。光变镂空开窗安全线对光源要求不高，颜色变化明显，同时集成镂空文字特征，有利于公众识别。

（二）光彩光变数字

2015 年版第五套人民币 100 元纸币在票面正面中部印有光彩光变数字。垂直观察票面，数字“100”以金色为主；平视观察票面，数字“100”以绿色为主。随着观察角度的改变，数字“100”的颜色在金色和绿色之间交替变化，并可见到一条亮光带在上下滚动。

（三）人像水印

人像水印位于票面正面左侧空白处。透光观察，可见毛泽东头像。

（四）胶印对印图案

票面正面左下方和背面右下方均有面额数字“100”的局部图案。透光观察，正背面图案组成一个完整的面额数字“100”。

（五）横竖双号码

票面正面左下方采用横号码，其冠字和前两位数字为暗红色，后六位数字为黑色；右侧竖号为蓝色。

（六）白水印

白水印位于票面正面横号码下方。透光观察，可以看到透光性很强的水印面额数字“100”。

（七）雕刻凹凸

票面正面毛泽东头像、国徽、“中国人民银行”行名、右上角面额数字、盲文及背面人民大会堂等均采用雕刻凹印印刷，用手指触摸有明显的凹凸感。

三、目前假币的特征

（一）第五套 100 元面额假人民币的主要特征

（1）纸张：采用普通书写纸，在紫外灯光照射下，票面呈蓝白色荧光反应。

（2）水印：用淡黄色油墨印在票面正、背面水印位置的表面，垂直观察，在票面的

正、背两面均可看到一个淡黄色毛泽东头像印刷图案；迎光透视，固定人像水印轮廓模糊，没有浮雕立体效果。

（3）印刷：票面颜色较浅；采用胶版印刷，表面平滑，票面主要图案无凹版印刷效果，墨色平滑、不厚实；票面主景线条粗糙，立体感差；票面线条均由网点组成，呈点状结构；无红、蓝彩色纤维。

（4）安全线：用无色油墨印在票面正面纸的表面，迎光透视，模糊不清；微缩文字模糊不清；无磁性。

（5）阴阳互补对印图案：古钱币阴阳互补对印图案错位、重叠。

（6）胶印微缩文字：胶印微缩文字模糊不清。

（7）凹印微缩文字：凹印微缩文字模糊不清。

（8）隐形面额数字：无隐形面额数字。

（9）光变油墨面额数字：光变油墨面额数字不变色。

（10）无色荧光油墨印刷图案：在紫外灯光照射下，无色荧光油墨印刷图案“100”较暗淡，颜色浓度及荧光强度较差。

（11）有色荧光油墨印刷图案：在紫外灯光照射下，有色荧光油墨印刷图案色彩单一、较暗淡，颜色浓度及荧光强度较差。

（12）无色荧光纤维：无无色荧光纤维。

（13）冠字号码：横竖双号码中的黑色部分无磁性。

（二）第五套100元面额假人民币2005年版本的主要特征

（1）纸张：假钞用纸均为一般社会化用纸，不含棉纤维，光滑、绵软、无韧性、偏厚，抖动或用手弹时声音发闷，在紫外灯光照射下一般有荧光反应。

（2）水印：假钞水印，一种是在纸张夹层中涂布白色浆料，迎光透视观察时，水印所在的左半边纸张因遮光而显得厚重；另一种是在票面正面、背面或正背面同时使用无色或白色油墨印刷水印图案，立体感较差。

（3）安全线：第一种伪造安全线是在钞票正面，使用灰黑色油墨印刷一个深色线条，背面用灰色油墨印刷开窗部分，无全息图文，或含有极模糊的“￥100”字样，此类伪造安全线无磁性特征；第二种伪造安全线是在钞票正面，用同样的方法印刷一个深色线条，背面则采用烫印方式将带有“￥100”字样的全息膜转移到票面上，其衍射图案与真钞安全线存在差异，且无磁性特征；第三种伪造安全线是使用双层纸张，在纸张夹层中放实物线，线与纸张结合较差，线表面印刷磁性油墨；第四种伪造安全线是第二种和第三种的组合，既有烫印开窗，又有实物安全线置于纸张夹层内。

（4）正背主景印刷方式及凹印特征：截至目前，假钞的印刷工艺均是胶印、丝网印刷等平印，质量很差。有些假钞为了模仿真钞的凹印效果，在人像衣服、团花及手感线等凹凸位置用坚硬的金属模具进行了压痕处理，触摸有凹凸效果，应仔细观察。

（5）荧光防伪印记：伪造者使用从社会上购置的荧光油墨来模拟真钞的荧光印记，荧光亮度明显低于真钞，颜色与真钞存在差异。

（6）光变油墨面额数字：伪造光变油墨面额数字，一种是普通单色（100 元假钞为绿色）胶印，质量较差，无真钞特有的颜色变换特征，用手指触及其表面时无凹凸触感；另一种是使用珠光油墨丝网印刷，有一定的光泽和闪光效果，但其线条粗糙，变色特征与真钞有较明显的区别，只有黄绿色珠光而不具备真钞由绿到蓝的变化。

（7）冠字号码：一般假钞使用普通黑色油墨胶印冠字号码，其形态与真钞冠字存在差异且不具备磁性特征，且假钞号码不规则、排列凌乱。

（三）第五套 50 元面额假人民币的主要特征

（1）纸张：采用普通书写纸，在紫外灯光照射下，票面呈蓝白色荧光反应。

（2）水印：用淡黄色油墨印在票面正、背面水印位置的表面，垂直观察，可看到一个淡黄色毛泽东头像印刷图案；迎光透视，固定人像水印轮廓模糊，没有浮雕立体效果。

（3）印刷：票面颜色较浅；采用胶版印刷，表面平滑，票面主要图案无凹版印刷效果，墨色平滑、不厚实；头像线条粗糙，立体感差，形象不传神；票面线条均由网点组成，呈点状结构。

（4）安全线：用淡灰色油墨印在票券正面纸的表面，正面垂直观察，可看到一条淡灰色印刷线条；微缩文字模糊不清；无磁性。

（5）红、蓝彩色纤维：用彩色油墨印在票券的正面，在成批同个冠字号码的假人民币中，红、蓝彩色纤维固定、不随机。

（6）阴阳互补对印图案：古钱币阴阳互补对印图案错位、重叠。

（7）胶印微缩文字：胶印微缩文字模糊不清。

（8）凹印微缩文字：凹印微缩文字模糊不清。

（9）隐形面额数字：无隐形面额数字。

（10）无色荧光油墨印刷图案：在紫外灯光照射下，无色荧光油墨印刷图案“50”较暗淡，颜色浓度及荧光强度较差。

（11）有色荧光油墨印刷图案：有色荧光油墨印刷图案色彩单一，颜色浓度及荧光强度较差。

（12）无色荧光纤维：无无色荧光纤维。

（13）光变油墨面额数字：光变油墨面额数字不变色。

（14）冠字号码：横竖双号码中的黑色部分无磁性。

子任务二　假币收缴业务

假币收缴业务流程如图 1－6 所示。

假币收缴业务的操作步骤如下：

步骤一：告知假币持有人其所持货币为假币。对假人民币纸币，应当面加盖“假币”字样的戳记；对假外币纸币及各种假硬币，应当当面以统一格式的专用袋加封，封口处加盖“假币”字样戳记，并在

微课：假币收缴业务流程

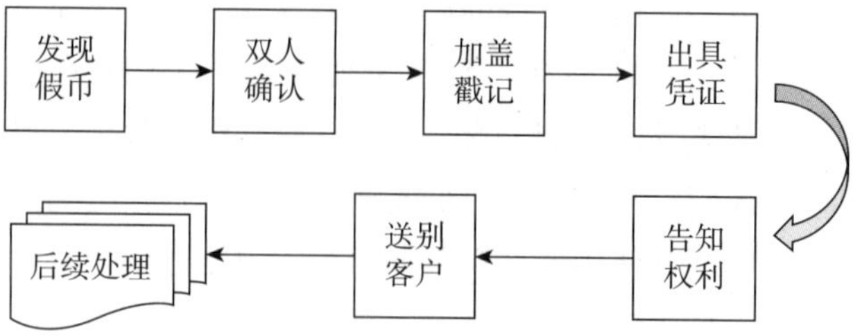

图 1-6　假币收缴业务流程

专用袋上标明币种、券别、面额、张（枚）数、冠字号码（如有）、收缴人、复核人名章等细项。

步骤二：向被收缴人出具中国人民银行统一规范制作的《假币收缴凭证》，加盖收缴单位业务公章。

步骤三：告知被收缴人如对被收缴的货币真伪判断有异议，可向中国人民银行及其分支机构和中国人民银行授权的鉴定机构申请鉴定。

注意：被收缴人不能接触假币。

子任务三　假币鉴定业务

中国人民银行及其分支机构和中国人民银行授权的鉴定机构（以下简称鉴定单位）是鉴定假币的权利主体。鉴定单位应当无偿提供鉴定货币真伪的服务，鉴定后应出具中国人民银行统一规范制作的《货币真伪鉴定书》，并加盖货币鉴定专用章和鉴定人名章。

微课：假币鉴定业务流程

假币鉴定的操作步骤如下：

步骤一：提出申请。

被收缴人对被收缴货币的真伪有异议，可以自收缴之日起 3 个工作日内，持《假币收缴凭证》直接或通过收缴单位向当地鉴定单位提出书面鉴定申请。

步骤二：接受申请。

鉴定单位应当自收到鉴定申请之日起 2 个工作日内，通知收缴单位报送需要鉴定的货币。

步骤三：送缴货币。

收缴单位应当自收到鉴定单位通知之日起 2 个工作日内，将需要鉴定的货币送达鉴定机构。

步骤四：出具鉴定结果。

鉴定单位应当自受理鉴定之日起 15 个工作日内完成鉴定并出具《货币真伪鉴定书》。因情况复杂不能在规定期限内完成的，可延长至 30 个工作日，但必须以书面形式向收缴单位或者被收缴人说明原因。

步骤五：鉴定后的处理。

盖有“假币”字样戳记的人民币纸币，经鉴定为真币的，由鉴定单位交收缴单位按照面额兑换完整券退还被收缴人，并收回《假币收缴凭证》，盖有“假币”戳记的人民币按不宜流通人民币处理。盖有“假币”戳记的人民币纸币，经鉴定为假币的，由鉴定单位予以没收，并向收缴单位和被收缴人开具《货币真伪鉴定书》和《假人民币没收收据》。收缴的外币纸币和各种硬币，经鉴定为真币的，由鉴定单位交收缴单位退还被收缴人，并收回《假币收缴凭证》。收缴的外币纸币和各种硬币，经鉴定为假币的，由鉴定单位将假币退回收缴单位依法收缴，并向收缴单位和被收缴人出具《货币真伪鉴定书》。

项目三

银行柜员书写技能训练

银行、单位和个人填写的各种票据与结算凭证是办理支付结算和现金收付的重要依据，直接关系到支付结算的准确、及时和安全。票据与结算凭证是银行、单位和个人凭以记载账务的会计凭证，是记载经济业务和明确经济责任的一种书面证明。因此，填写票据与结算凭证，必须做到标准化、规范化，要素齐全、数字正确、字迹清晰，不错漏、不潦草，防止涂改。

任务一　数字小写金额书写技能训练

一、书写清楚，容易辨认

书写数字时，字迹必须清晰、工整，一目了然。各个数字应有明显的区别，以免混淆。为了使银行核算工作迅速、准确，数字书写必须力求流畅、美观和规范。

二、采用三位分节制

数的整数部分，采用国际通用的“三位分节制”，从个位向左每 3 位数用分节号“，”（或空格）分开。例如 12，345，677。

三、书写规范

阿拉伯数字应一个一个地写，不得连笔。每个数字都要占一个位置，每个位置代表各种不同的单位。数字所在位置表示的单位，称为“数位”。数位按照个、十、百、千、万的顺序由小到大、从右到左排列，而写数和读数的习惯都是从大到小、从左到右的。标准数字的字体要自右上方向左下方倾斜写，倾斜度为 45 度（靠近账格底线），高度为账格的 1/2，同行相邻数字之间要空出半个阿拉伯数字的位置。

凡在阿拉伯数字金额前面写有币种符号的（如人民币符号“￥”），数字后面不再写货币单位（如人民币“元”），而且币种符号与阿拉伯数字金额之间不得留有空白。

数字写错用划线改正法更正，并在左端签章。

任务二　汉字大写金额书写技能训练

汉字大写金额书写的要点如下：

（1）汉字大写金额应用正楷或行书填写，如零、壹、贰、叁、肆、伍、陆、柒、捌、玖、拾、佰、仟、万、亿等字样。不得用一、二（两）、三、四、五、六、七、八、九、十、另（或0）填写，不得自造简化字。

（2）汉字大写金额到“元”为止的，在“元”之后应写“整”（或“正”）字；到“角”为止的，在“角”之后可以不写“整”（或“正”）字；到“分”为止的，在“分”后面不写“整”（或“正”）字。

（3）汉字大写金额前应标明“人民币”字样，并紧接“人民币”字样填写，不得留有空白。汉字大写金额前未印“人民币”字样的，应加填“人民币”三字。在票据和结算凭证汉字大写金额栏内不得预印固定的“亿、仟、佰、拾、万、仟、佰、拾、元、角、分”字样。

微课：综合柜员基本书写技能

（4）数字小写金额中有“0”时，汉字大写金额应按照汉语语言规律、金额数字构成和防止涂改的要求进行书写。举例如下：

1）数字小写金额中间有“0”时，汉字大写金额要写“零”字。如￥1,409.50，应写成“人民币壹仟肆佰零玖元伍角”。

2）数字小写金额中间连续有几个“0”时，汉字大写金额中间可以只写一个“零”字。如￥6,007.14，应写成“人民币陆仟零柒元壹角肆分”。

3）数字小写金额万位、元位是“0”，或者数字中间连续有几个“0”，万位、元位也是“0”，但千位、角位不是“0”时，汉字大写金额中可以只写一个零字，也可以不写“零”字。如￥1,680.32，应写成“人民币壹仟陆佰捌拾元零叁角贰分”，或者写成“人民币壹仟陆佰捌拾元叁角贰分”；又如￥107,000.53，应写成“人民币壹拾万柒仟元零伍角叁分”，或者写成“人民币壹拾万零柒仟元伍角叁分”。

4）数字小写金额角位是“0”，而分位不是“0”时，汉字大写金额“元”后面应写“零”字。如￥16,409.02，应写成“人民币壹万陆仟肆佰零玖元零贰分”；又如￥525.04，应写成“人民币伍佰贰拾伍元零肆分”。

（5）数字小写金额前面，均应填写人民币符号“￥”。数字要认真填写，不得连写。

（6）票据的出票日期必须使用汉字大写。为防止变造票据的出票日期，在填写月、日时，月为壹、贰和壹拾的，日为壹至玖以及壹拾、贰拾和叁拾的，应在其前加“零”；日为拾壹至拾玖的，应在其前加“壹”。如1月15日，应写成“零壹月壹拾伍日”；再如10月20日，应写成“零壹拾月零贰拾日”。

（7）票据出票日期使用阿拉伯数字填写的，银行不予受理。票据出票日期使用汉字大写书写，但未按要求规范填写的，银行可予受理，但由此造成的损失，由出票人自行承担。

项目四

商业银行综合柜员服务礼仪认知

一、商业银行的服务理念

服务行为是影响服务效果至关重要的因素，服务行为一方面体现企业员工的自身素质和修养，另一方面体现企业的服务水平和经营理念。

为推进新形势下的客户服务战略，满足不同客户群体的多元化金融服务需求，推进“以产品为中心”向“以客户为中心”的战略调整，银行服务人员必须时刻树立“以客户为中心”的经营理念，以客户满意为目的，高度尊重客户，用心体贴客户，维护客户利益，做到言谈举止文明得体，精神饱满，服务热情，真正展现银行的服务理念和服务水平。

业务链接

银行服务中两个有用的公式

“100－1＝0”

其基本含义是优质服务必须一贯坚持，如果在100次服务中，仅有一次没有让客户满意，这一次劣质服务带来的坏影响就可能抵消100次优质服务所产生的好影响，服务效果就有可能等于0。这个公式说明服务质量对服务品牌的重要性。

“1＝N”

其基本含义是1名客户直接表示不满，可能会失去N个客户；真诚服务1名客户，可能会吸引N名客户。

二、商业银行的服务礼仪要求

（一）服务形象

服务人员的仪容、仪表在很大程度上代表着企业的形象，客户往往通过对员工仪容、仪表的印象来判断员工及企业的整体服务水平。因此，银行所有与客户接触的人员都必须保持良好的仪容、仪表，具有良好的个人形象。

1. 仪容、仪表

发式：无头皮屑，且梳理整齐。男士不留长发，不梳奇异发型，不留大鬓角，不剃光头，定期修剪。女士头发不染鲜艳颜色，长发应盘于脑后并用单位统一配发的发夹进行装饰，短发应拢于耳后，不得遮面。

面容：保持面部干净、清爽，眼角不可留有分泌物；注意护唇，设法不使自己的唇部开裂或爆皮；如需戴眼镜，应保持镜片清洁；男士忌蓄胡须，养成每天修面剃须的良好习惯；女士工作时应化淡妆，以示对客户的尊重，但不得使用色彩夸张的口红、眼影。

口腔：保持口腔清洁，早餐、中餐不得吃葱、蒜、韭菜、腐乳等有异味的食物，不得饮酒或饮用含有酒精的饮料，不得在工作时间吸烟。

耳部：耳郭、耳根后及耳孔应每日清洗，不可留有皮屑、灰尘，男士不得佩戴耳饰。女士如佩戴耳饰，以耳钉为宜。

手部：保持手部清洁，并且要注意保养，不得出现粗糙、皲裂、红肿等现象。

体味：应勤换内外衣物，保持衣物清新、干净，身体无异味。

2. 着装

员工应穿统一的制服上岗，佩戴统一的领带或领花。制服、领带、领花要干净、挺括，无褶皱、无破损、无污迹，衣扣要完好、齐全。

员工上岗应统一佩戴工号牌，工号牌应佩戴在左胸统一规定的位置处。

衬衫下摆应束在裤或裙内，衬衫袖口的长度以超出西装袖口 1 cm 为宜，袖口应系上纽扣，领带长度以刚好盖住皮带扣为宜。

着西裤时，应保持裤线笔直，裤扣要扣好；西裤裤脚的长度以穿鞋后距地面 1 cm 为宜；着黑色正装皮鞋，皮鞋要保持光亮、清洁，不得穿拖鞋或休闲鞋；袜子要穿深色系，如黑色、深蓝色、深灰色等。女士穿裙装时，应穿着肉色连裤丝袜，丝袜不得有挑丝、破损的情况。

（二）形体仪态

在与客户交流的过程中，员工的一言一行、一举一动都将影响客户对银行所提供的整体服务的感受。因此，在服务过程中，优雅的姿态不仅可以给客户带来美的享受，而且可以展现银行的整体形象，提高广大客户对银行的认知度。

1. 标准站姿

（1）双眼平视前方，下颌微微内收，颈部挺直；面带笑容，表情自然，精神饱满。

（2）双肩自然放松，略向后收，收腹挺胸，双臂自然下垂，处于身体两侧。男士双手可在小腹前自然相握，左手轻握右手腕部，右手握拳，也可以同样方法自然相握于身后；女士可将双手自然叠放于小腹前，拇指交叉，右手放在左手上。

（3）脚跟并拢，脚呈“V”字形分开，两脚间相距约一个拳头的距离。男士可双脚平行分开，距离保持与肩同宽；女士可两腿并拢，两脚呈“丁”字形站立。

2. 标准坐姿

（1）头部挺直，双目平视，下颌内收。

（2）身体端正，两肩放松，勿倚靠座椅的背部，挺胸收腹，上身微微前倾。

（3）男士双手掌心向下，自然放在双膝上，也可以放在椅子扶手上；女士双手交叠，自然放在双膝上，也可以放在椅子扶手上。

（4）男士双腿可以并拢，也可以分开，距离不得超过肩宽；女士双腿自然并拢，双膝夹紧，垂直于地面。

3. 标准行姿

（1）步幅适度：最佳步幅应为本人的一脚之长，即男性每步约为 40cm，女性每步约为 30cm，与此同时，步子的大小还应大体保持一致。

（2）步速均匀：步速应保持相对稳定，较为均匀，每分钟 60～100 步。

（3）造型优美：行走时应面向前方，两眼平视，挺胸收腹，直起腰背，伸直腿部，使自己的全身从正面看上去笔直挺拔。

（三）语言举止

1. 语言要求

（1）面带微笑进行服务。

（2）听客户说话时，不要左顾右盼，应端正自然，目视对方。对于没有听懂的话或不清楚的问题，可请客户重复一遍。回答客户的问题时，声音不宜过大，以对方能听清楚为宜。说话的语调要亲切、诚恳，表述要得体、简洁明了。

（3）向客户提问时语言要得当，要注意分寸。

（4）在与客户交谈时，应注意倾听，等对方把话说完，不要抢话。回答对方的问话时，一定要实事求是，知道多少说多少，对方不清楚的事情要向对方解释清楚。

业务链接

银行服务用语

欢迎语：欢迎光临。

问候语：您好/早上好/下午好/新年快乐/节日快乐。

送别语：再见/请慢走/请走好/欢迎再来。

征询语：请问您办理什么业务/请问您存多少钱/请您重填一下好吗/对不起，您的款项有误，请您重新点一下好吗/您还有哪些不清楚的吗/请问您取多少钱。

道歉语：对不起，请原谅/很抱歉/请您谅解/这是我们工作的疏忽，请您多提宝贵意见。

致谢语：谢谢您的夸奖/谢谢您的建议/多谢您的合作。

2. 举止要求

（1）举止端庄，动作文明。在客户面前不得有吸烟、吃零食、打喷嚏、抓头和伸懒腰等行为。即使在不得已的情况下，也要尽力采取措施加以掩饰或回避。

（2）说话音量要适中，不在客户面前大声喧哗、打闹。

（3）对容貌、体态奇特或穿奇装异服的客户，切忌议论或指手画脚，更不许围观。听到客户讲方言时，绝不能模仿或讥笑。对身体有缺陷的客户，应热情、周到地服务，不能有任何嫌弃的表情或动作。

三、商业银行工作人员的职业道德

（一）爱岗敬业，忠于职守

每个银行从业人员都要热爱自己所从事的职业，以恭敬、虔诚的态度对待自己的工作岗位，以高度的责任感和使命感为社会提供服务。这在日常工作中的体现主要是爱银行、爱同事、爱客户。

（二）遵守法规，依法办事

银行从业人员应以国家相关法律法规为行为准绳，遵守社会道德规范，遵守所属机构的管理制度和道德准则。随着我国金融业的发展，相关的法律法规越来越完善，每个银行从业人员都要认真学习法律知识，加强法律意识，做到学法、知法、懂法、守法，保证金融业的安全、高效运行。

（三）廉洁奉公，不谋私利

银行从业人员天天与钱打交道，如果没有廉洁奉公的品质和良好的职业道德，就可能禁不住金钱的诱惑，还可能走上犯罪的道路。因此，银行从业人员必须以廉洁奉公、不谋私利作为自己的行为准则，做到“手提万贯，一尘不染”。

（四）恪尽职守，专业胜任

银行的工作是一项专业性强、技术性强的工作，要求银行从业人员必须具有必要的专业知识和专业技能。银行从业人员必须在实践中不断地学习，以适应银行工作发展的需要。

德技并修

大学毕业后，李辉成功应聘到一家银行担任柜员工作。他每天的工作就是坐在柜台前，为客户办理各种基础业务，如存取款、转账、开户等。这些业务流程相对固定，每天都在重复操作，工作内容单一又烦琐，常常忙得不可开交。面对形形色色的客户，有时还会遇到一些被刁难的情况。

但李辉从未有过丝毫抱怨，始终以热情的态度、专业的素养为每一位客户服务。每办理一笔业务，他都仔细核对每一个细节，确保不出任何差错。遇到对业务不熟悉的客户，他会耐心地解释，直到客户完全明白为止；遇到情绪激动的客户，他也能保持冷静，积极沟通解决问题。

有一次，一位老年客户来办理定期存款业务，由于老人对操作流程不熟悉，填写单据时总是出错，李辉不仅没有不耐烦，反而一遍又一遍地指导老人，还帮忙检查填写内容。在办理业务的过程中，李辉了解到老人子女不在身边，平时办理业务很不方便，他便主动为老人留下联系方式，告知老人以后有任何问题都可以随时联系他。

李辉在柜员岗位上默默耕耘了两年。两年里，他的业务差错率几乎为零，客户满意度极高，收到了许多客户的表扬信和锦旗。后来，银行进行内部岗位调整和人才选拔，李辉凭借在柜员岗位上出色的表现，被提拔为客户服务部主管。

晋升的理由是：在看似平凡的柜员岗位上，李辉始终保持高度的责任心和敬业精神，用心对待每一位客户、每一笔业务，展现出了优秀的服务意识和团队协作能力，以及对工作的执着和坚守，得到了领导和同事的一致认可。

李辉能够在平凡的岗位上兢兢业业、恪尽职守，以积极的态度对待每一项工作任务，把简单的事情做到极致。银行的工作大多是由一件件平凡的小事组成，需要员工具备这种脚踏实地、专注认真的职业态度。只有像李辉这样从小事做起，一步一个脚印，才能在银行的工作中不断积累经验、提升能力，为银行的发展贡献自己的力量，同时也能实现自身的价值，无论在哪个岗位都能绽放光彩。

模块小结

（1）综合柜员制是指在严格的授权管理下，以完善的内部控制制度和较高的人员素质为基础，实行单人临柜处理会计、出纳、储蓄、中间代收业务等面向客户的全部业务的劳动组合形式。

（2）手持式单指单张点钞法，可分为四个环节：正确持钞、清点、记数、捆扎。

（3）识别人民币纸币真伪，通常采用“一看、二摸、三听、四测”的方法。

（4）银行、单位和个人填写票据与结算凭证，必须做到标准化、规范化，要素齐全、数字正确、字迹清晰，不错漏、不潦草，防止涂改。

（5）数字小写金额书写的基本要求包括：书写清楚，容易辨认；采用三位分节制；书写规范。

（6）服务人员的仪容、仪表在很大程度上代表着企业的形象，客户往往通过对员工仪容、仪表的印象来判断员工及企业的整体服务水平。因此，银行所有与客户接触的人员都必须保持良好的仪容、仪表。

模块练习

一、单项选择题

1. 临柜大金额业务及特殊业务双人操作，相互监督是指（　　）。

A. 事权划分　　B. 事中控制　　C. 事后控制　　D. 授权

2. 银行根据各种业务设置不同的岗位，每个岗位有不同的操作经办权限是指（　　）。

A. 事权划分　　B. 事中控制　　C. 事后控制　　D. 授权

3. 人民币的最小货币单位是（　　）。

A. 元　　B. 角　　C. 分　　D. 厘

4. 第五套人民币纸币各券别正面主景均为毛泽东头像，采用（　　）工艺。

A. 手工雕刻　　B. 机器雕刻

C. 手工雕刻凹版印刷　　D. 手工雕刻凸版印刷

5. 第五套人民币 100 元券和 50 元券正面左下方的面额数字采用光变墨印刷。将垂直观察的票面倾斜到一定角度时，100 元券的面额数字会由绿色变为（　　）。

A. 红色　　B. 蓝色　　C. 金色　　D. 浅绿色

6. 下列中文大写正确的是（　　）。

A. ￥1,008.60　人民币壹千零捌元陆角零分

B. ￥15.00　人民币拾伍元整

C. ￥15.00　人民币壹拾伍元整

D. ￥100.60　人民币壹百元陆角整

7. 柜员在为客户办理现金存入业务发现假币时，（1）填制《假币收缴凭证》并由复核员签章确认；（2）将《假币收缴凭证》交由客户签字确认无误；（3）登记相关登记簿并专夹保管；（4）宣传反假知识。正确的处理流程依次为（　　）。

A.（1）（4）（2）（3）　　B.（1）（4）（3）（2）

C.（4）（2）（3）（1）　　D.（4）（3）（1）（2）

二、多项选择题

1. 银行营业机构劳动组织形式的变迁经历了（　　）。

A. 经办复核制　　B. 柜员制

C. 综合柜员制　　D. 复核柜员制

2. 综合柜员管理基本原则包括（　　）。

A. 事权划分　　B. 事中控制　　C. 事后控制　　D. 授权

3. 银行根据各种业务设置不同的岗位，每个岗位有不同的操作经办权限。柜面业务岗位设（　　）等权限，对应相应的操作金额。

A. 执行权　　B. 控制权　　C. 授权权　　D. 查询权

4. 授权是按照会计岗位“责任分离、相互制约”的原则，根据（　　）设定相应授权级别，由主管对柜员办理该类交易进行实时审核确认的一种内部风险控制方式。

A. 业务种类　　B. 业务种类的重要性

C. 风险程度　　D. 金额大小

实训操作

实训一：点钞任务考核

一、任务内容

（1）拆把。

（2）点钞，捆钞。

（3）在已捆扎腰条中央盖柜员名章。

二、任务要求

（1）时间要求：在10分钟内准确点钞至少15把点钞券。

（2）选手拆把、点钞、捆扎，要求100张/捆，对于不足或多于100张的点钞券仍需打捆，并在腰条上做标记，例如99张点钞券，在腰条上填写“－1”。捆扎质量要求符合行业通用要求。

三、任务考核

（1）在10分钟内正确点钞并捆扎合格15把点钞券。

（2）捆扎不符合要求分为三种情况：1）散把或能自然抽张；2）扎把过紧呈船形；3）成把券未墩齐，露头部分上下或左右错开超过5毫米。上述三种捆扎情况都属于点钞不合格，在考核计算中扣除此把点钞数。

点钞任务训练

序号	点钞把数	正确把数	最后一把已点张数	捆扎合格数
1次				
2次				
3次				
4次				
5次				
6次				
7次				
8次				
9次				
10次				

单指单张考核记录表

班级		姓名	
清点结果（学生填写）			
1. 整把清点把数			
2. 最后一把已点张数			
成绩评定（老师填写）			
评分标准		成绩（得分用“＋数”，扣分用“－数”）	
1. 点对把得分：10分×把数			

续表

2. 最后一把已点张数得分：张数×0.07	
3. 点错把扣分：5 分×把数	
4. 没有扎把或扎把不符合要求评分：2 分×把数	
5. 甩把扣分：1 分×把数	
6. 没有盖章扣分：1 分×把数	
成绩	

实训二：翻打传票任务考核

（1）完成翻打百张 100 张考核，翻打 20 页计数 1 次，共 5 组。

（2）正确率要求：5 组数全部正确。

（3）时间要求：3 分 20 秒内完成为合格；2 分 40 秒内完成为优秀。

翻打传票任务考核表

姓名			学号		
			班级		
项目	操作要求	分值比例	计分标准	扣分	本项得分
基础要求	坐姿正确 指法正确	20%	姿势、指法正确满分，错 1 处扣 2 分		
翻打 20 页活页式传票	指法正确 既快又准	30%	60 秒完成为 100 分，每超 1 秒扣 1 分，扣完为止。结果错本项不得分。		
翻打 100 页活页式传票	指法正确 既快又准	50%	3 分 20 秒完成为 100 分，每超 1 秒扣 1 分，扣完为止。结果错本项不得分。		

实训三：大小写金额训练

一、阿拉伯数字小写训练

十个阿拉伯数字反复书写 30 遍，且符合标准。要求财会专业达到三级标准，非财会专业达到四级标准。试试看你达到了几级？

一级 2.5 分钟以内完成；二级 3 分钟以内完成；三级 3.5 分钟以内完成；四级 4 分钟以内完成。

阿拉伯数字小写书写实训

续表

练习没有数位线的小写金额的书写

¥728,978.37	¥619,458.06	¥4,728.32	¥597,863.00	¥39,450.62	¥2,485,629.30

二、汉字大写金额训练

（1）对照文字分别用楷体和行楷练习汉字大写金额的书写。

汉字大写金额书写练习

零							零						
壹							壹						
贰							贰						
叁							叁						
肆							肆						
伍							伍						
陆							陆						
柒							柒						
捌							捌						
玖							玖						
拾							拾						
佰							佰						

续表

仟							仟						
万							万						
亿							亿						
元							元						
角							角						
分							分						
整							整						

(2) 将下列数字小写金额写成汉字大写金额。

￥300.00　　应写成：

￥8,600,000.07　　应写成：

￥65,731.98　　应写成：

￥1,409.50　　应写成：

￥7,250.60　　应写成：

￥6,007.14　　应写成：

￥100,200.00　　应写成：

￥107,000.53　　应写成：

三、汉字大写日期训练

请用汉字大写写出下列日期。

2023 年 12 月 30 日　　应写成：

2000 年 10 月 8 日　　应写成：

2020 年 9 月 21 日　　应写成：

2023 年 11 月 20 日　　应写成：

2022 年 2 月 1 日　　应写成：

2024 年 3 月 10 日　　应写成：

实训四：服务礼仪实训

一、实训要求

学生四人一组，小组内分工合作，进行角色扮演，完成以下礼仪案例的展示。

在案例展示过程中，请同学们重点关注银行员工的形体仪态，以及银行员工在接待客户过程中，语言举止是否符合礼仪要求。

二、实训案例

1. 办理理财卡

员工：(微笑，注视对方的眼睛) 您好！请问您办理什么业务？

客户：我想办一张理财卡。

员工：好的。请问您带身份证了吗？

客户：带了。

员工：好的，请您先填一张办理财卡的申请表。（稍后，双手接过客户的申请表看一遍）办理财卡，需要存入一定的现金并付 10 元钱的开卡费。

客户：给，这是 310 元钱和身份证（递上钱、身份证）。

员工：（双手接过）这里一共是 310 元，请稍等（办业务）。请您在申请表和开户表上签上您的名字。

客户：好，是签这儿吗？

员工：是的（申请开户手续办理完毕）。好了，请您输入一个六位数的密码。（客户密码输完）这是您的身份证和收据，请拿好（双手递送）。

客户：好的，谢谢！

员工：不客气。欢迎您下次再来。

2. 没收假钞

员工：（微笑，注视对方的眼睛）您好！请问您办理什么业务？

客户：存钱（递给钱与存折）。

员工：（双手递接）请问您要存多少？

客户：3 000 元。

员工：请稍等（点钞，发现有问题，在点钞机上重点，点钞机发出叫声），李先生，真是对不起，您这里有一张是假币（出示假币，并当客户的面盖假币专用章）。

客户：（提高嗓门）不可能，绝对不可能，这是我单位刚刚发的年终奖，怎么会有假钞呢？

员工：真对不起，您看一下，这张纸比较薄，而且没有凹凸感，水印也比较模糊，我用仪器再来帮您测试一下。

客户：真是不可思议！

员工：（仪器声响）请听一下，这张确实是假钞。

客户：真倒霉，气死我了，那你还给我。

员工：对不起，根据中国人民银行的规定，发现假钞是一定要没收的，希望您能够理解我们。我给您开一张没收假钞的收据。

客户：那也没办法。

员工：请问，接下来您是存 2 900 元，还是 3 000 元呢？

客户：存 3 000 元吧。

员工：请您再给我 100 元。（双手接过钱，办好业务）好了，您的钱存好了，请您核对一下，这张是假钞的收据，请拿好，再见！

3. 大堂咨询服务

员工：（以标准站姿站立，微笑，注视对方的眼睛）您好！欢迎光临，请问您办理什么业务？

客户：我是来看看我的工资到没到账。

员工：那您需要取款吗?

客户：不取。

员工：好的，请跟我来。（自助登折机前）这是自助登折机，如果您不取钱的话，以后就在这办理登折等查询业务就可以了，不必叫号排队等候，可以节约您的宝贵时间。

客户：噢，这么方便呀，好的，谢谢!

员工：不客气，欢迎下次再来，请走好。

模块二

商业银行综合柜员岗位工作流程

学习目标

知识目标

1. 了解临柜柜员每日的工作流程及主要业务。
2. 掌握重要单证的管理。
3. 掌握银行印章的领用流程。

能力目标

1. 具备重要空白凭证管理能力。
2. 具备银行印章使用能力。

素质目标

1. 具备合规意识和严格遵守流程规范的职业素质。
2. 具备认真、严谨的职业态度。

情景导入

王小莉毕业被银行录取后，参加了银行的新员工培训。在培训过程中，王小莉了解了商业银行综合柜员岗位设置及综合柜员的管理制度，强化与提高了商业银行综合柜员必须掌握的点钞、翻打百张、小键盘录入及人民币鉴别等技能。王小莉对于银行的业务越来越感兴趣，她还想了解商业银行临柜柜员岗位的工作流程，以尽快适应工作。

项目一

临柜柜员岗位工作流程

临柜柜员是负责办理直接面向客户的柜台业务及相关业务（查询、咨询等工作）的柜员。作为临柜柜员，其每天的工作流程包括：签到—出库—日间操作—日终轧账—签退。

微课：临柜柜员工作流程

一、签到

临柜柜员每天办理日常业务前必须进行柜员签到。签到是指临柜柜员在主管打开主机后，刷自己的权限卡，输入柜员号及密码进入操作系统的过程。

权限卡是指柜员在办理业务时必须持有的、表明控制其业务处理权限范围的磁卡。权限卡的配置遵循“一人一卡”的原则。不同级别的柜员保管和使用的权限卡也不同。

业务链接

指纹内控管理系统

银行柜员指纹内控管理系统是一套基于指纹认证技术的银行内控管理系统，旨在通过活体指纹技术，加强柜员签到、签退和工作过程中授权等操作的身份控制，避免了传统的数字密码和柜员身份认证方式的弊端，是柜员身份风险管理中运用“机控”替代“人控”的一项积极而有效的措施。

由于指纹的不变性和唯一性，指纹识别是目前生物识别领域内公认的成熟、安全、可靠的身份识别手段。银行柜员指纹内控管理系统杜绝了顶替、假冒、复制等窃取柜员身份的犯罪手段，对一些以信任代替制度的违规操作方法起到了杜绝作用，对现有的操作制度是一种很好的补充。

目前，指纹识别技术已经成功地应用于我国多家商业银行的内控管理中，取得了非常明显的效果。

二、出库

临柜柜员在办理日间业务操作前，首先应从管库柜员处领取一定量的现金、重要空白凭证，这一过程称为出库。

（一）领取现金

每个办理现金业务的临柜柜员，必须由主管为其按币种建立“现金箱”，并设定一定的限额，否则无法办理现金业务。“现金箱”是存放现金实物的物理钱箱与系统内电子钱箱的统一。临柜柜员在每天办理日间业务前，需匡算当天所需现金数，从现金库房中提取相应现金存入“现金箱”，这里的存入既指现金实物的领用，也指系统中管库柜员的出库记载和临柜柜员的领入记载。

临柜柜员领取现金时应填写“现金领用单”交管库柜员，管库柜员核对“现金领用单”后在系统中录入相应要素，包括金额、领款柜员号等，然后按“现金领用单”上的券别配款，并将现金送到领款的临柜柜员柜台。领款的临柜柜员清点后在系统中录入相应要素，交易成功后按系统提示打印“现金调拨单”，由管库柜员和临柜柜员双方签章。

业务链接

配款的一般原则

（1）从大数到小数搭配各种券别，先配主币，再配辅币。

（2）搭配券别要考虑适合市场主辅币流通比例的需要。

（3）考虑计算上的方便。

配款技巧

（1）配款时先将凭证大写金额揌在计算器上，先配主币，再配辅币。成把券、成叠券计算大数，零头必须逐张清点。每配完一种券别，折成金额从计算器上减去，计算器上的金额减完，则款项配齐。

（2）配款时，若要拆捆，须先卡够十把，再剪断绳结。要拆把零付时必须点够百张，分为十张十叠或二十张五叠备用。

（二）领取重要空白凭证

重要空白凭证是指无面额的经银行或客户填制金额并签章或加密后即具有特定效力的空白凭证及重要凭据。对于重要空白凭证，临柜柜员要严格遵守“先领用，再使用”的操作流程。

业务链接

重要空白凭证主要包括：

（1）存款凭证：包括存单、存折、存款证明、存款开户证实书等。

（2）结算凭证：包括支票、汇票、本票、银行卡和外汇兑换水单等。

（3）重要凭据：包括开户许可证、印鉴卡片等。

（4）其他重要空白凭证：包括债券收款凭证以及其他纳入重要空白凭证管理的凭证。

临柜柜员每天须根据业务量的情况，决定所要领取的重要空白凭证的数量、种类，并填写“重要空白凭证领用单”后交管库柜员。管库柜员审核无误后按照号码顺序分发凭证，同时登记重要空白凭证登记簿。领用的临柜柜员逐份清点无误后，在登记簿上签收。

业务链接

重要空白凭证的管理规定如下：

(1) 重要空白凭证实行专人管理。

(2) 重要空白凭证一律按每份（或每张）一元的假定价格纳入表外科目核算。

(3) 临柜柜员签发、出售重要空白凭证时，必须按顺序使用，不得跳号。应由银行签发的重要空白凭证严禁由客户签发和带出柜台签发。

(4) 营业终了，未用完的重要空白凭证应在核点无误后入库保管。

(5) 营业机构负责人、主管行长和上级行应不定期对重要空白凭证进行查库以核对账目是否相符，并记录查库情况。

三、日间操作

日间操作即为客户办理各种业务的过程，是临柜柜员每日工作的主要内容。本书后几个模块将作详细介绍，这里只简单介绍临柜柜员所办业务的种类。按照服务对象的不同，临柜柜员所办的业务分为个人业务和对公业务。

个人业务的内容一般包括人民币储蓄业务、外币储蓄业务、银行卡业务、代收业务、证券基金业务和其他业务，如图 2－1 所示。

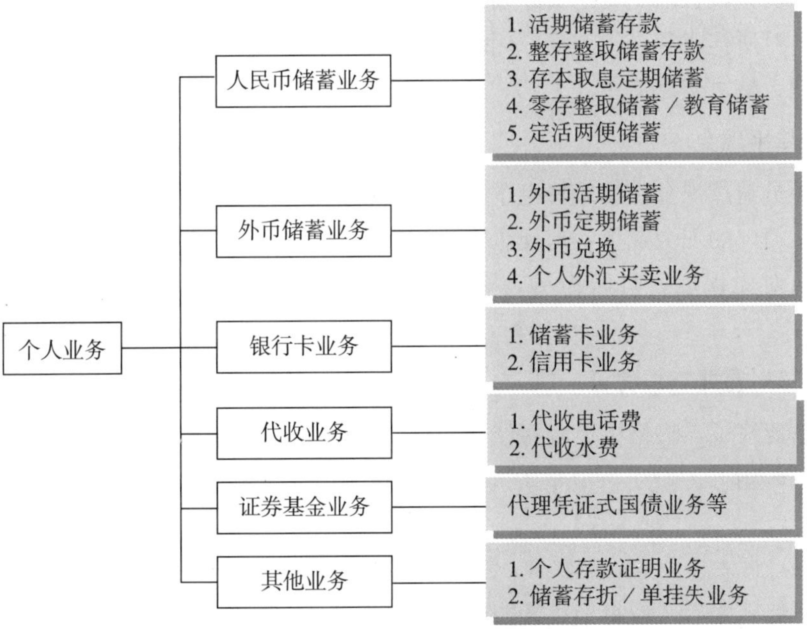

图 2－1 个人业务

对公业务的内容包括单位存款业务、单位贷款业务和支付结算业务，如图 2－2 所示。

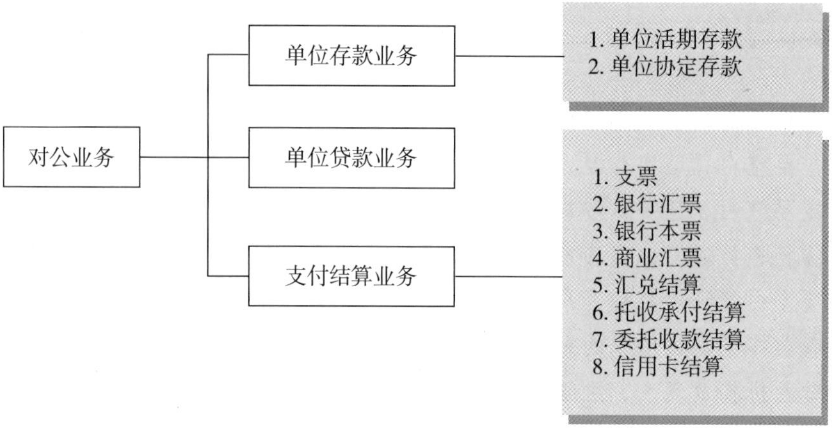

图 2－2　对公业务

四、日终轧账

作为一名临柜柜员，每天办理完日常业务后必须进行日终轧账。日终轧账由临柜柜员自己负责办理，在账务轧平前，临柜柜员不得提前离岗。

临柜柜员日终轧账处理程序如下：

（一）结平账务

临柜柜员检查自己负责的平账器是否结平为零，对当日不能核销的账项，应该挂账处理。次日对所挂账务必须查清原因，进行相应处理。轧平账务后通过系统打印柜员轧账表并整理、核对交易清单。

（二）结平现金

临柜柜员清点现金实物后将电子钱箱与实物钱箱的余额进行核对：在系统内查询自己保管的钱箱内的现金数量，与现金实物进行金额、券别双核对，要确保金额、券别完全一致。核对无误后，打印柜员现金日结单和柜员轧账表，将钱箱和现金上缴管库柜员。

（三）核对重要空白凭证

每日营业终了，临柜柜员应将经管的重要空白凭证与相关登记簿进行账实核对，确保账实、账账相符。

五、签退

进行日终轧账后，应将柜员轧账表和交易清单一并交与主管，待主管确认无误后即可正式签退。

项目二

重要单证的领用及使用

任务一　重要单证的领用

重要单证的领用流程见图 2－3。

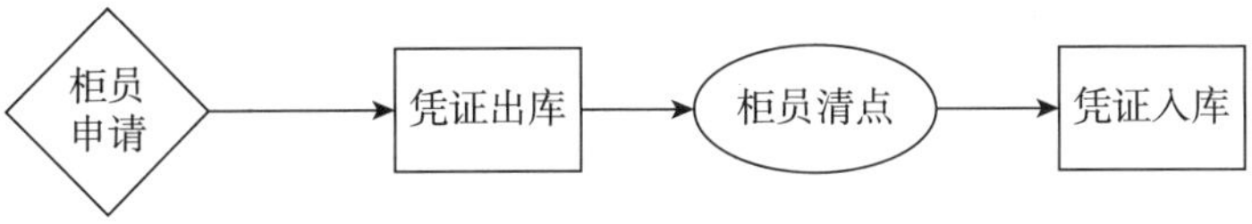

图 2－3　重要单证的领用流程

微课：重要单证管理

重要单证的领用操作步骤如下：

步骤一：柜员申请。

商业银行综合柜员在营业日初核点名下的重要空白凭证张数，保证能够满足营业当日的正常工作需求。当出现重要空白凭证短缺时，应在日初进行重要空白凭证申领工作。柜员填写重要空白单证出/入库单，填写所要领用的凭证名称、数量，加盖人名章，主管签字，向凭证管理员申请领用。

步骤二：凭证出库。

凭证管理员审核综合柜员填制的重要单证出/入库单后，登记重要空白凭证登记簿，办理凭证出库。凭证管理员通过系统凭证出库交易完成凭证出库，记账完毕后，打印交易流水。

步骤三：柜员清点。

综合柜员领用重要空白凭证时，需逐份清点凭证。每开启一捆（本）重要空白凭证，必须逐一进行清点，不能只点大数，防止印刷重号、跳号、漏号。

步骤四：凭证入库。

综合柜员通过系统柜员领入凭证交易完成入库，打印交易流水，表外收入凭证、出入单作为附件，在表外收入凭证上盖转讫章、人名章，并登记重要空白凭证登记簿。

任务二　重要单证的出售

重要单证的出售包括如下要点。

一、科目核算

（1）重要空白科目下开立的标准账户核算重要单证。

（2）收入在贷方，付出在借方，余额反映在贷方。

二、重要单证出售凭证使用

包括：商业银行收费凭证（一式五联）；表外付出凭证；特种转账贷方凭证。

三、重要单证出售印章使用

包括：公司财务章、法人章、转讫章、人名章、附件章。

重要单证出售的操作步骤如下：

步骤一：客户申请购买重要单证。

单位经办人员应持结算卡及经办人员本人身份证件，购买现金支票的，还须审验开户单位许可证。客户申请购买重要空白凭证，填写一式五联业务收费凭证，并在业务收费凭证第二联加盖单位预留银行印鉴。

步骤二：综合柜员业务受理。

（1）综合柜员审核客户填写的一式五联业务收费凭证（使用现金购买的，第二联免填），凭证各要素必须填写齐全，账号、户名必须填写正确，摘要栏须注明所购凭证的种类及数量。

（2）综合柜员进入验印系统核对业务收费凭证第二联上加盖的单位预留银行印鉴，必须与验印系统内的印鉴一致。

步骤三：重要单证调配。

综合柜员按照客户需要的凭证种类、数量调配凭证，在业务收费凭证第一联指定位置填写重要单证起止号码。

步骤四：重要单证业务处理。

（1）综合柜员核对单位印鉴无误后，进入系统操作，另起表外付出凭证，盖转讫章、人名章，业务收费凭证第一联作表外付出凭证附件。

（2）转账支付手续费及工本费的，综合柜员在业务收费凭证第二联至第五联加盖转讫章，第二联加盖柜员名章，进入系统交易记账。手工填制转账贷方凭证（为了简化工作，对当天的购买重要单证的手续费，可以起一张转账贷方凭证作入账凭证），加盖转讫章及柜员名章，收费凭证第三联、第四联作附件。

（3）使用现金支付手续费及工本费的，进入记账系统，综合柜员在第三联至第五联加盖现讫章，手工填制现金收入传票，加盖现讫章及柜员名章，收费凭证第三联、第四联作附件。

（4）购买支票的，支票发售人员在现金支票上加盖的账号戳记以及在转账支票磁码域打印的账号必须与业务收费凭证上填写的账号一致，打印的磁码必须与业务收费凭证上填写的账号一致，打印的磁码必须符合人民银行清分机支票打码规定。

综合柜员对以上内容进行复审，在购买支票专用证上填写支票起止号码及数量，与支票发售人员在收费凭证上所填的支票号码核对无误后，将支票、购买支票专用证、身份证件、开户许可证以及业务收费凭证第五联一并交给客户。

任务三　重要单证的使用（作废）

重要单证的使用（作废）流程见图 2－4。

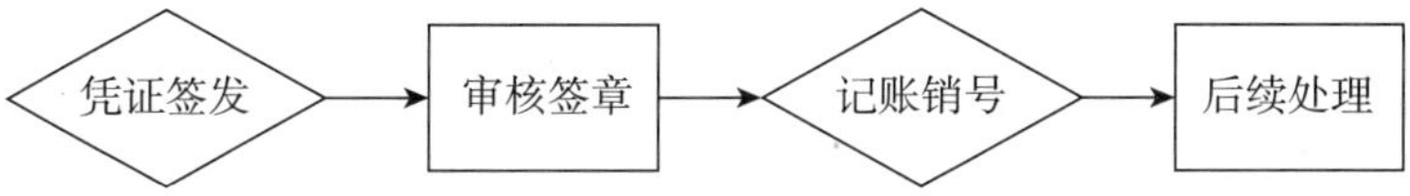

图 2－4　重要单证的使用（作废）流程

重要单证的使用（作废）的操作步骤如下：

步骤一：凭证签发。

综合柜员签发重要凭证，必须按顺序号使用，不得跳号。凭证签发时，应根据银行各项业务的具体要求，正确填写相关凭证要素内容。

步骤二：审核签章。

填写的凭证审核无误后，把作废凭证剪角，并在其正面显著位置加盖“作废”戳记。

步骤三：记账销号。

经办柜员填制表外科目付出凭证，使用相应交易，完成表外账务处理，打印交易流水，销记重要凭证登记簿。填制表外付出凭证，进行系统录入，在表外付出凭证上盖转讫章、人名章。登记重要空白凭证登记簿（可以一天进行一次），根据系统核点重要空白凭证张数，确保无误。

如果存在其他问题，可作后续处理。

项目三

银行印章的管理及领用流程

任务一　银行印章的认知

微课：银行印章的管理

一、银行印章的概念

银行印章是指在银行经营管理活动中，作用于文件、资料、票据、凭证等材料上表示鉴定或签署的文具，是行使职权的重要凭证和工具。

二、银行印章的种类

银行印章主要包括行政印章、会计专用印章、财务专用章、贷款专用章及其他印章等。

（一）行政印章

行政印章分为三类：总行和支行的行政公章，法定代表人章及支行负责人章，内设部门印章。行政印章使用红色印油。

（1）总行和支行的行政公章：主要用于对外签订合同、发文、公函及其他行政事务。章面为圆形，文字采用宋体，自左而右环形排列。

（2）法定代表人章及支行负责人章：主要用于本行法定代表人及支行负责人需签章的文书。

（3）内设部门印章：除总行办公室、人力资源部、董监事会办公室等确需刻制印章的部门外，其他部门不刻制印章。对外需加盖印章的，按照要求审批加盖行政公章。

（二）会计专用印章

会计专用印章是指本行各营业网点在办理会计业务核算过程中对票据、凭证、报表、函件、证实书等会计档案加盖的印章。作次日账章使用蓝色印油，其他会计专用印章均使用红色印油。

冠行名或行号的主要会计专用章包括业务公章、存单（折）专用章、业务清讫章、转讫章、结算专用章、汇票专用章、本票专用章、票据交换专用章、受理凭证专用章（收妥抵用）等。

其他会计印章包括假币专用章、残缺污损人民币兑换章、销户章、已更换章、托收存单拾得无效章、附件章、换折章、作废章、委托收款章、已享受教育储蓄优惠章、与原件核对无误再复印无效章、行名标识章、机构名称章等。

业务公章、假币专用章每个营业网点1枚，因特殊原因需增刻业务公章的，必须通过编列印章序号进行区分；转讫章、结算专用章每个办理对公结算业务的营业网点1枚；汇票专用章、本票专用章每个开办此类业务的营业网点1枚；其他会计专用印章的数量可根据业务需要配备，但应编列序号。

(三) 财务专用章

财务专用章是供总行和支行办理有关财务事宜的专用印章，全称是“××××银行股份有限公司财务专用章”或“××××银行股份有限公司××支行财务专用章”。财务专用章使用红色印油。

财务专用章章面为椭圆形，长直径为4.0厘米，短直径为2.5厘米；文字采用宋体，“行名”文字自左而右环形排列，“财务专用章”文字位于行名下方中央处。

(四) 贷款专用章

贷款专用章是供各支行下属机构（包括营业部和分理处）办理信贷业务的专用印章，全称是“××××银行股份有限公司××支行贷款专用章（序号）”。贷款专用章使用红色印油。

贷款专用章章面为圆形，铜质材料，外框直径为4.0厘米，内框直径为1.5厘米；文字采用宋体，内外框之间文字为“××××银行股份有限公司××支行”，自左而右环形排列，内框内文字为“贷款专用章（序号）”，机构序号位于文字下方中央处，并加括弧。

任务二　印章的领用

印章的领用流程见图2-5。

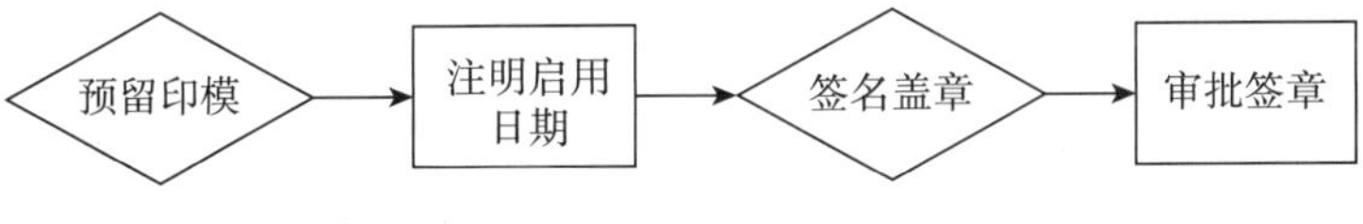

图2-5　印章的领用流程

领用印章的操作步骤如下：

步骤一：预留印模。

印章启用时，必须由相关经办人员在印章保管使用登记簿上预留印模。

步骤二：注明启用日期。

印章启用时，需在印章保管使用登记簿上填写启用日期。

步骤三：签名盖章。

印章的领用保管人要在印章保管使用登记簿上签名盖章。

步骤四：审批签章。

经办双方签章，并经会计主管审批签章后，方可领取使用印章。

任务三　印章的保管

一、银行印章的保管总体规定

银行印章必须遵循专人保管、专人负责的原则，应做到专匣保管，固定存放；临时离岗，人离章收；不得私自接受印章，非营业时间必须入库或入保险柜保管。

银行各级机构必须建立印章保管使用登记簿。凡印章的刻制、领用、下发、启用、交接、停用、上缴和销毁等都必须详细记载，并由相关人员签章。涉及工作人员岗位调换或临时离岗由他人保管印章时，必须经上级批准，在监交人监督下办理交接，监交人原则上应为所在机构（或部门）负责人或上级指派人员。

印章保管人员要做好印章保养工作，防止碰损并及时清洗，以保持印迹清晰。

二、银行印章保管分类规定

（一）行政印章的保管

行政公章和法定代表人（或负责人）印章应分开保管，行政公章必须由办公室专人保管，且不得同时保管法定代表人（或负责人）印章。支行应将行政公章和法定代表人（或负责人）印章的保管人名单报总行办公室备案。

行政印章遗失，必须立即报告总行及公安等有关管理部门，并及时做好登报声明等相应补救和风险防范措施。

（二）会计专用印章的保管

会计专用印章由不同岗位人员分别保管：业务公章、转讫章、结算专用章、汇票专用章、本票专用章由营业网点负责人或主办会计保管；存单（折）专用章、业务清讫章、受理凭证专用章（收妥抵用）按办理该业务的柜员配备，通过编号进行区分；票据交换专用章由营业网点票据交换人员保管；假币专用章、残缺污损人民币兑换章、销户章、已更换章、托收存单拾得无效章、换折章、作废章、附件章、作次日账章、委托收款章、已享受教育储蓄优惠章、与原件核对无误再复印无效章、行名标识章、机构名称章的保管参照有关规定执行。

（三）财务专用章的保管

财务专用章由总行或支行的财务部门专人负责保管。

（四）贷款专用章的保管

贷款专用章由各分理处（含营业部）落实专人保管。

德技并修

案例：商业银行印章使用风险

银行职员偷盖银行印章是银行印章管理过程中操作风险发生频率最高的事件，以下为一起骗取客户理财金，银行被判赔偿100多万元的案例。

张三是农行某支行的大堂经理，在任职期间，利用其职务便利，在伪造的理财产品认购、申购委托书上加盖了农行办事处财务专用章，以此骗取客户资金，并将骗来的资金存进自己的账户，用于自己的消费。8年期间，前后共骗取了6人的申购资金，共692万元。客户得知被银行职员欺骗后，便起诉了银行。在一审中，法院判处农行某支行赔偿原告郭某186万元本金。法院认为银行对涉案的专用章在更名后并未上缴、未销毁；对凭证疏于管理，存在对公章使用管理、人员监管不当的行为，因此具有较大过错。

事实上，在金融行业里，因公司高管或员工私刻公章引发的纠纷屡见不鲜。这种现象发生的原因，归根到底是企业的法律风险管控做得不好，企业内部控制和风险管理的一个很重要的方面就是印章管理。印章管理直接体现了一个企业风险管控的水平，企业法律风险管控应从印章管理开始。

一、印章管理风险

1. 滥用印章形成的风险。

银行对印章的管理不严，印章的保管人员随意使用印章；对相关的文件、资料、协议、合同、空白介绍信等法律文件没有进行严格审核；没有履行登记、批准、授权、移交、销毁等相关手续；擅自或随意使用银行印章导致印章滥用而引发银行承担法律责任的风险。

2. 偷盖银行印章形成的风险。

银行的工作人员违反印章管理规定，利用银行印章管理中存在的漏洞，在印章保管人员不知情的情况下，私自偷盖银行印章引发银行与第三方之间的法律纠纷而承担责任的风险。

3. “关系章”“人情章”和“领导章”形成的风险。

银行印章的保管人员法律意识不强、思想觉悟不高，因来自银行内部的关系、人情或领导的非正当命令、威慑而违规使用印章形成的风险。这种情况导致银行承担法律责任的案件近年来呈上升趋势。

4. 利用职务之便或工作之便，为谋取个人利益使用印章而形成的风险。

在银行实践中表现为印章的保管人员为谋取个人利益而违规使用银行印章，如参与民间借贷、经商办企业等向他人提供加盖银行印章的担保、保函、承诺或签署非代表银行意志的协议、合同等。

二、风险规避措施

1. 加强培训，提高风险控制能力。

2. 合理设置岗位，加强制约。

3. 合理操作，规范使用各类印章。

4. 切实履行监督检查职责。

5. 加大印章管理使用过程中的技术支持力度，如智能印章。将印章“锁进”智能设备里，将印章管理与“智能硬件＋管理平台＋App”相结合，改变商业银行传统人工管理印章的模式。

（1）申请用印：实行远程申请，为员工省去烦冗流程，提升日常办公效率。

（2）在线审批：支持移动审批，满足了外勤监管人员移动办公的需求，让流程更规范、审批更高效。

（3）印章跟随：对从用印申请到用印审批、用印记录，再到印章销毁进行跟踪，实时掌握印章使用的过程，保障印章的安全使用。

（4）预警提醒：针对印章使用时可能存在的违规操作设置提醒，支持短信和App推送等多种方式提醒，实时掌握印章动态。

（5）数据归档：用印文件自动上传归档到后台，方便随时查阅，所有文件一目了然。

（6）印章台账：建立统一的印章台账，对所有印章的使用人员、使用时间等各项信息进行统一管理；通过导出功能，以表格形式展现所有用印数据，清晰明了。

党的二十大报告指出：坚持依法治国、依法执政、依法行政共同推进，坚持法治国家、法治政府、法治社会一体建设，全面推进科学立法、严格执法、公正司法、全民守法，全面推进国家各方面工作法治化。我们在实际工作中，更要以法律为准绳，按照法律标准、工作章程去办事，这样才能降低操作风险。

模块小结

（1）临柜柜员是负责办理直接面向客户的柜台业务及相关业务（查询、咨询等工作）的柜员。作为临柜柜员，其每天的工作流程包括：签到—出库—日间操作—日终轧账—签退。

（2）临柜柜员每天办理日常业务前必须进行柜员签到。

（3）临柜柜员在办理日间业务操作前，首先应从管库柜员处领取一定量的现金、重要空白凭证，这一过程称为出库。

（4）重要空白凭证是指无面额的经银行或客户填制金额并签章或加密后即具有特定效力的空白凭证及重要凭据。

模块练习

一、单项选择题

1. 作为临柜柜员，其每天的工作流程包括（　　）。

A. 出库—签到—日间操作—日终轧账—签退

B. 签到—日间操作—出库—日终轧账—签退

C. 签到—出库—日间操作—签退—日终轧账

D. 签到—出库—日间操作—日终轧账—签退

2. 临柜柜员在办理日间业务操作前，首先应从管库柜员处领取一定量的现金、重要空白凭证，这一过程叫作（　　）。

A. 出库　　B. 签到　　C. 日间操作　　D. 签退

3. 柜员领取现金时应填写（　　）交管库柜员。

A. 现金领用单　　B. 现金调拨单

C. 重要空白凭证　　D. 表外凭证

4. 重要空白凭证一律按每份（或每张）一元的假定价格纳入（　　）核算。

A. 借方科目　　B. 贷方科目

C. 表内科目　　D. 表外科目

二、多项选择题

1. 配款的一般原则是（　　）。

A. 从大数到小数搭配各种券别

B. 先配主币，再配辅币

C. 搭配券别要考虑适合市场主辅币流通比例的需要

D. 考虑计算上的方便

2. 以下是重要空白凭证的是（　　）。

A. 存折　　B. 现金支票　　C. 本票　　D. 电汇凭证

3. 柜员日终轧账处理包括（　　）。

A. 结平账务　　B. 结平现金

C. 记账　　D. 核对重要空白凭证

4. 每日营业终了，柜员应将经管的重要空白凭证与相关登记簿进行账实核对，确保（　　）核对相符。

A. 账实　　B. 账表　　C. 现金　　D. 账账

5. 下列关于印章使用的描述中，正确的是（　　）。

A. 各种专用印章不仅要有专人保管用印，而且不得散乱放置，要把印章存放在带锁的铁皮盒里

B. 营业终了，各柜台的柜员必须对所使用的印章进行认真清点，核对相符后，入箱上锁，随同现金入库保管

C. 营业时打开铁皮盒，如临时离岗，铁皮盒要上锁，做到“人在章在，人走章锁，严禁托人代管”

D. 印章保管人遇公差或休假，时间比较短，可以不办理交接手续

6. 下列关于印章使用的描述中，正确的是（　　）。

A. 严格各种专用印章的使用范围，个人之间不得私自授受专用印章

B. 因个人之间授受专用印章出了问题，原保管人员不需要承担连带责任

C. 印章的加盖应清晰到位

D. 重要单证上可以预留印章

实训操作

购买支票任务训练

一、任务描述

张先生为××公司的会计，2024 年 12 月 1 日，公司需要购买转账支票 2 本，请办理此业务。

一本支票 25 份，转账支票起始号码 110001。

单位名称：××公司。

单位账号：2170000282。

重要空白凭证科目下开立标准账户 70200001001 为核算转账支票。

手续费收入记入科目：511011000，结算手续费收入（支票）。

凭证工本费收入记入科目：513041000。

支票 1 本手续费收入 2 元，工本费收入 25 元。

请为客户购买支票，完成所有流程。

二、凭证使用

（1）商业银行业务收费凭证（一式三联）。

（2）表外付出凭证。

（3）特种转账贷方凭证。

三、印章使用

公司财务章、法人章、转讫章、人名章、附件章。

四、操作手册

1. 凭证审核

（1）综合柜员审核客户填写的一式三联业务收费凭证（使用现金购买的，第二联免填），凭证各要素必须填写齐全，账号、户名必须填写正确，摘要栏须注明所购支票的种类及数量。

（2）业务收费凭证第二联加盖单位预留银行印鉴，综合柜员进入验印系统核对印鉴必须一致。

2. 支票发售

（1）单位经办人员应持结算卡及经办员身份证件，经办员身份证件必须为购买本人的，购买现金支票的，银行还须审验单位开户许可证。

（2）综合柜员核对单位印鉴无误后，将业务收费凭证第一联交支票发售人员（转账支票打码），支票发售人员在业务收费凭证第一联指定位置填写支票起止号码，进入系统操作，另起表外付出凭证，盖转讫章、人名章，业务收费凭证第一联作表外付出凭证附件。

（3）转账支付手续费及工本费的，综合柜员在业务收费凭证第二联、第三联加盖转讫章，第二联加盖柜员名章，进入系统交易记账。手工填制转账贷方凭证（为了简化工作，当天购买支票的手续费可以起一张转账贷方凭证作入账凭证），加盖转讫章及柜员名章，收费凭证第一联作附件。

（4）使用现金支付手续费及工本费的，进入平衡记账，综合柜员在第二联、第三联加盖现讫章，手工填制现金收入传票，加盖现讫章及柜员名章，收费凭证第一联作附件。

（5）支票发售人员在现金支票上加盖的账号戳记以及在转账支票磁码域打印的账号必须与业务收费凭证上填写的账号一致，打印的磁码必须与业务收费凭证上填写的账号一致，打印的磁码必须符合人民银行清分机支票打码规定。

（6）综合柜员对以上内容进行复审，在购买支票专用证上填写支票起止号码及数量，与支票发售人员在收费凭证上所填的支票号码核对。

（7）审核无误后将支票、购买支票专用证、身份证件、开户许可证以及业务收费凭证第三联一并交客户。

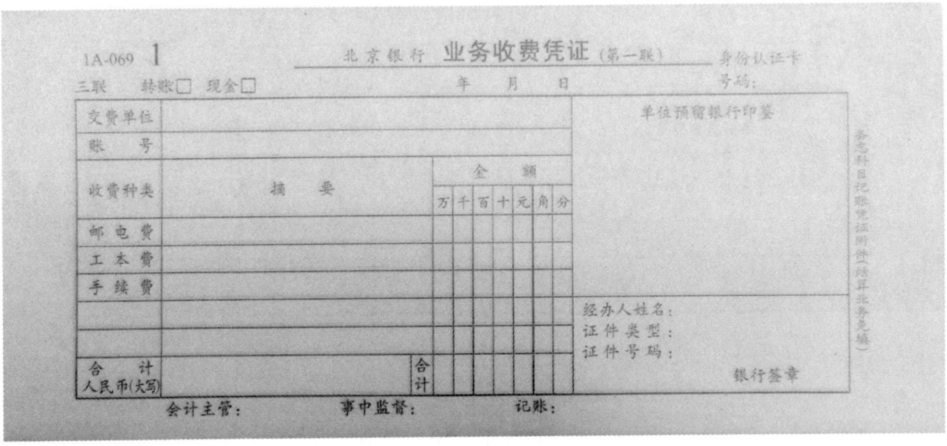
1A-069 1　北京银行 业务收费凭证（第一联）　身份认证卡号码：

三联　转账□　现金□　年　月　日

交费单位										单位预留银行印鉴
账号										
收费种类	摘要	金额								
		万	千	百	十	元	角	分		
邮电费										
工本费										
手续费										
										经办人姓名： 证件类型： 证件号码：
合计 人民币(大写)		合计								银行签章

会计主管：　事中监督：　记账：

备注科目记账凭证附件（结算业务免填）

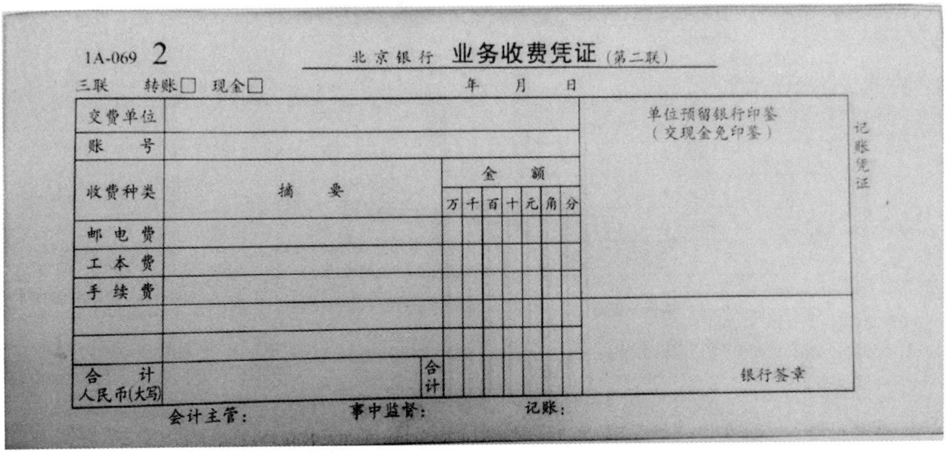
1A-069 2　北京银行 业务收费凭证（第二联）

三联　转账□　现金□　年　月　日

交费单位										单位预留银行印鉴（交现金免印鉴）
账号										
收费种类	摘要	金额								
		万	千	百	十	元	角	分		
邮电费										
工本费										
手续费										
合计 人民币(大写)		合计								银行签章

会计主管：　事中监督：　记账：

记账凭证

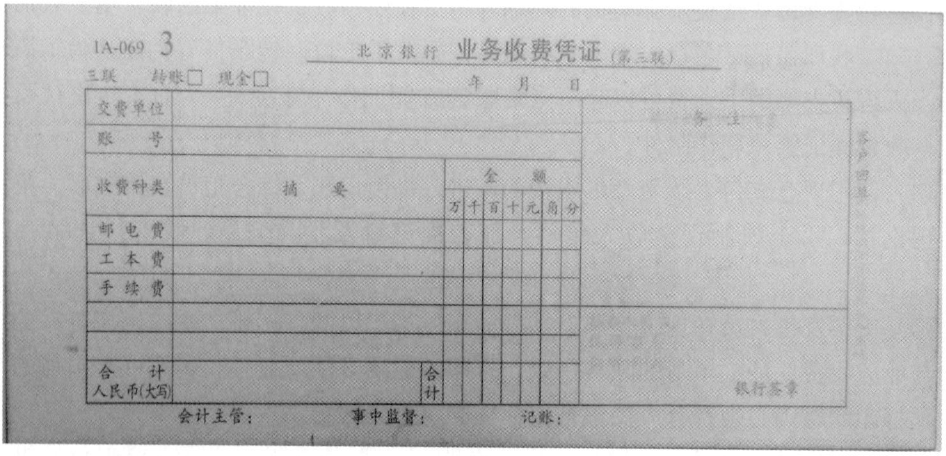
1A-069 3

北京银行 业务收费凭证（第三联）

三联 转账□ 现金□

年 月 日

交费单位			备注
账号			
收费种类	摘要	金额（万 千 百 十 元 角 分）	
邮电费			
工本费			
手续费			
合计人民币(大写)		合计	银行签章

会计主管： 事中监督： 记账：

客户回单

商业银行业务收费凭证（一式三联）

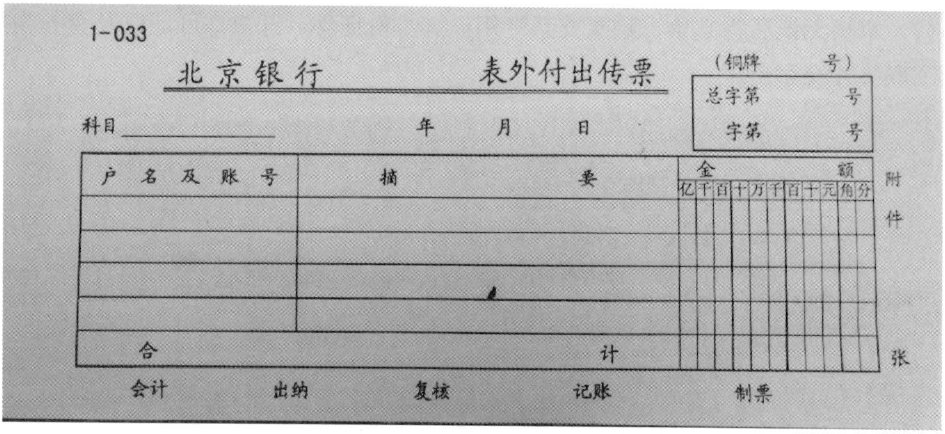
1-033

北京银行 表外付出传票

（铜牌 号）

总字第 号

字第 号

科目 年 月 日

户名及账号	摘要	金额（亿 千 百 十 万 千 百 十 元 角 分）
合	计	

附件 张

会计 出纳 复核 记账 制票

表外付出凭证

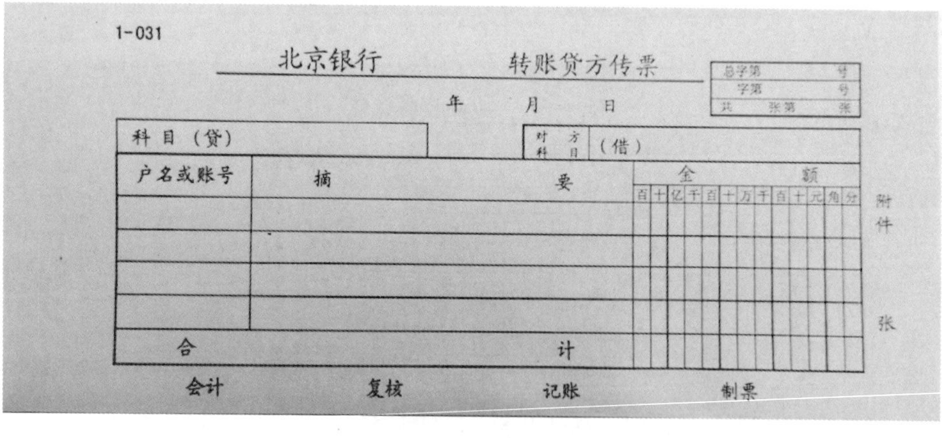
1-031

北京银行 转账贷方传票

总字第 号

字第 号

共 张第 张

年 月 日

科目（贷） 对方科目（借）

户名或账号	摘要	金额（百 十 亿 千 百 十 万 千 百 十 元 角 分）
合	计	

附件 张

会计 复核 记账 制票

特种转账贷方凭证

模块三

人民币储蓄业务

学习目标

知识目标

1. 了解储蓄业务的种类。
2. 熟悉各种储蓄业务流程。
3. 掌握各种储蓄业务办理的具体要求。

能力目标

1. 具备办理储蓄业务的计算能力。
2. 具备办理活期储蓄业务的工作能力。

素质目标

1. 具备合规意识和严格遵守流程规范的职业素质。
2. 具备认真、严谨的职业态度。

情景导入

张先生是一家事业单位的员工，他开立了几家银行的个人储蓄账户，用于平时的消费和理财。他在中国工商银行开立的个人储蓄账户，主要用于单位的工资支付，单位每月会定期把工资直接打到他的中国工商银行卡上。张先生平时直接从 ATM 机上提取现金用于日常消费，每月固定存 2 000 元钱到招商银行的卡中，做零存整取，这样可以更好地进行理财。工资卡上剩余的活期储蓄，他定期将其转存为定期存款。

张先生通过招商银行贷款买房，每月到还款期时，把资金从中国工商银行转账到招商银行，用于支付银行贷款。随着支付业务的增多，张先生发现自己越来越离不开银行业务了。

项目一

储蓄业务基础知识

储蓄业务是商业银行吸收存款的重要来源，是商业银行其他业务的基础。随着人们生活水平的提高，储蓄业务的类型越来越丰富，在社会经济生活中的地位越来越重要，发挥的作用也日益明显。

微课：储蓄业务的基础知识

那么，什么是储蓄呢？储蓄是指个人将属于其所有的人民币或外币收入的待用部分存入储蓄机构，储蓄机构开具存折、存单或卡作为凭证，个人凭其支取存款本金和利息，储蓄机构依照规定支付存款本金和利息的活动。

一、储蓄业务的原则

储蓄机构办理储蓄存款业务必须遵循“存款自愿，取款自由，存款有息和为储户保密”的原则。这是银行储蓄工作必须遵循的法律准则，也是储户保护自身权益的法律依据。

（一）存款自愿

存款自愿即居民参不参加储蓄，参加何种储蓄，存多少钱，存多长时间，存在哪一个储蓄机构，均由居民自主决定，任何机构和个人都无权干涉。

（二）取款自由

取款自由即储户在其存款额度内取款多少，什么时候取，有什么用途，都由储户自己决定，银行必须照章支付，不得加以限制或干预。

（三）存款有息

存款有息是指银行应按照国家规定的利率，按存款金额、期限长短和储蓄种类，支付给储户相应的利息。

（四）为储户保密

为储户保密是指银行承担对储户及其存款的一切情况保守秘密的义务。银行应对储户的姓名、性别、年龄、身份、地址、签章式样、存款金额、支取时间、支取笔数、过户、继承等情况保守秘密，不得向任何人和机构透露。

司法机构处理案件、纠纷行使司法权时，如有必要了解储户或存款的有关情况，必须按照相关法规和程序，由银行提供有关情况，司法部门在结案前也必须承担保密义务。

业务链接

储蓄账户实名制

个人存款账户实名制，是指个人在金融机构开立存款账户办理储蓄存款时，应当出示本人法定身份证件，使用身份证件上的姓名，而金融机构要按照规定进行核对，并登记身份证件上的姓名和号码，以确定储户对开立账户上的存款享有所有权的一项制度。

实行个人存款账户实名制的主要目的是保证个人存款账户的真实性，保护存款人的合法权益。存款人不使用实名有许多弊端：(1) 一旦存单（折）遗失或毁损需要到金融机构挂失时，由于本人身份证件上的姓名与要求挂失存单（折）上的户名不一致，按照《储蓄管理条例》的规定，金融机构不能受理其挂失请求，极易造成存款人的实际经济损失。(2) 当定期存款提前支取时，按照《储蓄管理条例》的规定，必须持存单（折）和存款人的法定身份证明办理，如果存单（折）上的户名与存款人出示的身份证件上的姓名不一致，是不能办理提前支取的。(3) 我国人口众多，同名同姓的人很多，因而在一些涉及存单纠纷的诉讼中，司法机关无法辨别存单的归属。实行个人存款账户实名制后，可以有效地克服上述弊端，使存款人在遗失存单（折）时切实行使挂失权，有效减少因同名同姓问题而引发的存单纠纷，提高个人存款的安全性，从而更加有利于保护公民的合法权益。

银行为存款人开立个人银行账户，存款人应出具以下有效证件：(1) 居住在中国境内 16 岁以上的中国公民，应出具居民身份证或临时身份证。军人、武装警察尚未申领居民身份证的，可出具军人、武装警察身份证件。居住在境内或境外的中国籍的华侨，可出具中国护照。(2) 居住在中国境内 16 岁以下的中国公民，应由监护人代理开立个人银行账户，出具监护人的有效身份证件以及账户使用人的居民身份证或户口簿。(3) 香港、澳门特别行政区居民，应出具港澳居民来往内地通行证；台湾居民，应出具台湾居民来往大陆通行证或其他有效旅行证件。(4) 外国公民，应出具护照或外国人永久居留证（外国边民，按照边贸结算的有关规定办理）。除以上法定有效证件外，银行还可根据需要，要求存款人出具户口簿、护照、工作证、机动车驾驶证、社会保障卡、公用事业账单、学生证、介绍信等其他能证明身份的有效证件或证明文件，以进一步确认存款人身份。

在银行开立个人存款账户的，银行柜员应要求开立人出示本人身份证件，进行核对后录入终端。代办开户的，还应出示代办人身份证件。

不出示本人身份证件或不使用本人身份证件实名的，银行不得为其开立个人存款账户。

德技并修

案例：冒用他人身份证件开户

一、案例经过

三名客户分别持三张身份证件到营业厅办理个人结算账户开卡业务，经办柜员在办理业务过程中均进行了身份证联网核查，并将身份证上的照片、系统反馈的相片与开户办理人进行核对，但均未能识别出不是本人办理，即开立了三个银行卡账户。随后，其中一名客户再次到另一网点办理开卡业务，该网点经办人员严格审核证件后发现非本人开户，经询问发现异常，其行为疑似持被盗的身份证进行开户，立刻向上级报告并报警，经公安机关审讯后发现其是一伙诈骗犯。次日，该行对未能识别证件开立账户的事件进行全行通报，提醒柜员提高警惕，加强开户风险防范，堵塞漏洞，防范同类风险事件发生。

二、案例分析

近年来金融案件频发，特别是一些不法分子利用虚假身份证件、盗抢得来或他人遗失的身份证件，企图办理开户的事件时有发生，凡属银行未能审核、审查出伪造的或冒用他人的身份证件而引发的案件，法院一般认定银行承担部分或全部责任。一旦柜员工作疏忽为犯罪分子办理开户业务，很容易被其利用开展诈骗活动，无论是盗窃银行资金还是诈骗客户资金，均会引发操作风险事件，影响银行声誉，甚至引发诉讼和经济方面的损害。

三、案例启示

1. 提高警惕，强化风险防范意识

柜面人员在日常工作中要留意识别客户办理业务过程中的疑点，加强与客户的沟通和交流，与客户核对预留信息（家庭地址、电话号码）等，不能疏忽业务办理过程中的任何一个细节，防止不法分子冒用他人证件办理银行业务。

2. 强化落实客户身份识别制度

针对当前基层操作人员对客户身份联网核查制度执行不严、联网核查走形式的情况，柜面人员要认真贯彻落实客户身份联网核查制度要求，强化客户身份识别工作，严格按照制度规定办理业务，对易发案操作如挂失、大额取款、开立账户业务等进行重点监控，仔细核对，确保落实开户实名制，控制开户和重要交易环节的风险。

3. 建立案件防控反馈交流机制

一方面，柜员要善于总结各类案件、案例的防控经验，并逐级上报，管理部门加强风险提示，加强网点间案例的学习交流；另一方面，在业务培训中，针对社会上的假冒证件等的培训需要与时俱进，用具体的案例教育员工，使员工及时掌握犯罪手段、方式不断翻新的新动向，提高员工防范风险的实际能力。

二、储蓄业务的种类

储蓄存款以基本储蓄种类即定期储蓄和活期储蓄为基准，可以分为活期储蓄存款、定期储蓄存款及其他储蓄存款。其中，定期储蓄业务包括定期整存整取储蓄存款、定期零存整取储蓄存款、定期教育储蓄存款以及定期存本取息储蓄存款。其他储蓄业务包括通知存款及定活两便储蓄存款。储蓄业务的种类如图 3－1 所示。

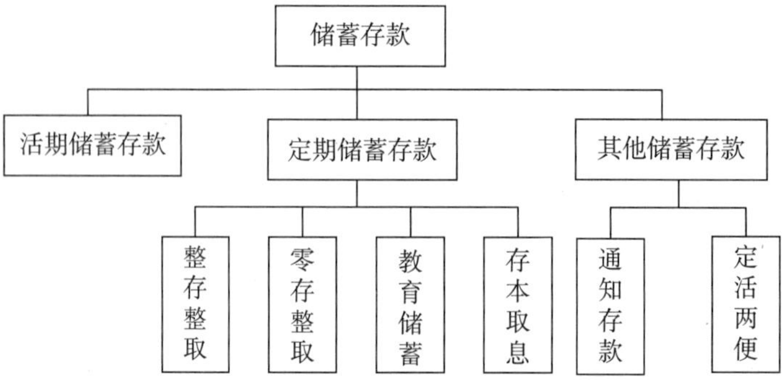

图 3－1　储蓄业务的种类

三、储蓄存款利率、计息的规定

（一）储蓄存款利率的概念及利息基本计算公式

储蓄存款利率即储蓄存款的利息率，是指一定时期内储户所得利息同存入银行本金的比例。储蓄存款利率是由国务院授权中国人民银行制定并颁布的法定储蓄基本利率，必须严格执行。

微课：活期利息储蓄技术

利息基本计算公式为：

利息＝本金×利率×存期

（二）计息时间

《中国人民银行关于人民币存贷款计结息问题的通知》（以下简称《通知》）中规定：从 2005 年 9 月 21 日起，我国对活期存款实行按季度结息，每季度末月的 20 日为结息日，次日付息。

（三）储蓄利率的表示方法

利率一般分为年利率、月利率、日利率，利率之间可以相互换算。换算公式如下：

年利率÷12(月)＝月利率

年利率÷360(日)＝日利率

月利率÷30(日)＝日利率

（四）计息方式

《通知》中规定：除活期存款和定期整存整取两种存款外，国内银行的通知存款、协定存款、定活两便、存本取息、零存整取、整存零取 6 个存款种类，只要不超过中国人民银行同期限档次存款利率上限，计结息规则由各银行自己把握。银行除仍可沿用普遍使用的每年 360 天（每月 30 天）计息期外，还可选择将计息期全部化为实际天数计算利息，即每年为365天（闰年为366天），每月为当月公历的实际天数。

《通知》中提供了两种计息方式的选择：一种是积数计息；另一种是逐笔计息。上述6种存款具体采用何种计息方式由各银行决定，储户只能选择银行，不能选择计息方式。

积数计息法是指按实际天数每日累计账户余额，以累计积数乘以日利率计算利息。目前，各家银行多使用积数计息法计算活期存款利息。计息公式如下：

利息＝累计计息积数×日利率

其中：

累计计息积数＝每日余额合计数

银行使用年利率除以360天折算出的日利率，相对于年利率除以365天（实际计息天数）折算出的日利率要高，实际上提高了储户的利息收益。

例题：

储户张军于2025年1月2日开立活期储蓄账户存折户，其账户如表3-1所示，假设年利率0.72%，计算销户日张军能够支取的现金有多少。

表3-1　储户张军活期储蓄账户情况

日期	摘要	存入	支取	存款余额	计算期	天数	计息积数	积数余额
2025.1.2	开户	5 000.00		5 000.00	2025.1.2—2025.2.14	43	43×5 000＝215 000	215 000
2025.2.14	支取		3 000.00	2 000.00	2025.2.14—2025.3.6	21	21×2 000＝42 000	257 000
2025.3.6	续存	4 000.00		6 000.00	2025.3.6—2025.3.20	14	14×6 000＝84 000	341 000
2025.3.20	销户		6 000.00	0				

答案：

2025年3月20日销户日应得利息＝341 000×0.72%/360＝6.82(元)

支取现金＝6 000＋6.82＝6 006.82(元)

业务链接

储蓄利息不计复息。

计息金额起点为元，元以下的角分不计利息。

利息金额算至厘位，计至分位，分位以下四舍五入。分段计算利息时，各段利息应先保留到厘位（厘位以下不再保留），各段相加得出的利息总额计至分位，再将分位以下的厘位四舍五入。

除活期储蓄存款按年度结息和储蓄自动转存外，其他储种无论存期多长，一律利随本清，不计复息。

项目二

人民币活期储蓄业务

现在一般商业银行均为客户办理人民币活期储蓄业务，该业务是商业银行资金来源的重要形式，也是商业银行日常业务的主要类型。

一、活期储蓄的概念

活期储蓄是指不规定存期，储户随时可以存取，每次存取金额不限的一种储蓄种类。

活期储蓄的存取方式为1元起存，多存不限，由银行发给存折或卡，开户后客户可凭存折或卡随时存取，预留银行印鉴或密码的，凭印鉴或密码支取。存折或卡记名，可以挂失。利息每季度结算一次，并计入本金起息，每季度末月的20日为结息日，清户或结息时按当日银行挂牌公告活期利率计息。

二、活期储蓄的特点

（1）活期储蓄时间、金额不受限制，随时存取，灵活、方便。

（2）利用活期储蓄可以有效进行理财，培养计划开支、节约的习惯。

（3）活期储蓄既可保障资金安全，又能得到利息收入。

三、活期储蓄存款结息

（一）在分户账上直接计算积数

活期储蓄存折户利息的计算方法常用的是在分户账上直接计算积数。

待结息日，用累计积数乘日利率即应付利息数。在结息日前结清账户的，积数算至结清日前一天为止。如闰月或大月时积数天数的计算方法为：

2月28日至3月1日，积数天数应为2天。

3月10日至3月31日，积数天数应为21天。

（二）结息

活期储蓄在两种情况下需要结息，一是结息日，二是销户日。

结息日计息：从2005年9月21日起，活期存款的结息方式由之前的每年结息一次改为每季度结息一次。新的结息方式将每季度末月的20日作为结息日，21日支付利息。例如第一季度3月20日营业终了，各储户存款账上的计息积数就是从上一年12月21日到3月20日的应计积数。结息时，按下面的公式计算应付储户的全部利息：

利息＝计息积数×月利率/30

然后按财政部规定扣除相应的利息税①，其差额于3月21日转入各户本金起息，结出新的存款余额。

结息后，储户第一次来银行办理业务时，应先将利息补登入存折，再办理存款手续。

销户日计息：销户时计算出最后一次的积数，按上述方法计算出支付给储户的利息和代扣的利息税，利息清单由储户签收后连同本金一同交储户。

人民币活期储蓄业务操作流程主要涉及四部分内容：人民币活期储蓄开户业务流程、人民币活期储蓄续存业务流程、人民币活期储蓄支取业务流程、人民币活期储蓄销户业务流程。

任务一　人民币活期储蓄开户业务

人民币活期储蓄开户业务是商业银行根据客户要求为其在账户管理系统中开设一个独立账户的业务，该账户是今后客户在办理活期储蓄业务时的唯一识别代码。人民币活期储蓄开户业务流程见图3-2。

微课：人民币活期储蓄开户

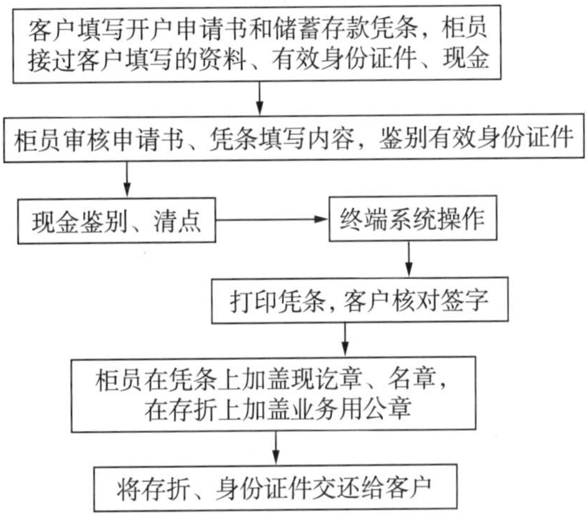

图3-2　人民币活期储蓄开户业务流程

人民币活期储蓄开户业务的操作步骤如下：

步骤一：受理。

客户填写储蓄存款凭条（见图3-3）和开户申请书（见图3-4），提交有效身份证件和现金。凭条内容包括户名、金额、地址、有效身份证件名称、有效身份证件号码、选择的储种和存期、是否约期转存、是否预留印鉴或密码等。

---

① 编者注：经国务院批准，财政部、国家税务总局联合下发了《财政部 国家税务总局关于储蓄存款利息所得有关个人所得税政策的通知》（财税〔2008〕132号），其中规定，自2008年10月9日起，对储蓄存款利息所得暂免征收个人所得税。暂免征收储蓄存款利息所得个人所得税是配合国家宏观调控政策需要，并不是永久性免征，故本书在介绍相关知识点时保留有关利息税的内容。

储蓄存款凭条

科目：(贷)　　　　年　　月　　日　　　　交易代码：

银行填写	
客户填写	储种：活期　活一本通　整整　定一本通　零整　教育　定活　通知　存本　整零　国债　其他 户名________　账号____________　密码　印鉴　通兑　其他 存期______　转存期______　币种______　钞　汇　假汇　金额________ 新开户填写：地址____________　电话______　备注______ 存款人证件类型________　代理人姓名________ 发证机关________　代理人证件类型______　发证机关______ 证件号码________　证件号码________

存款人对上述银行记录确认无误后签名________　事后监督　复核(授权)　柜员

图 3-3　储蓄存款凭条样式

××银行

开立个人银行账户申请书

网点：　　　　年　　月　　日　　　　编号：

<table>
<tr><td colspan="6">客户填写：（以下各项确认时在□内打“√”）</td></tr>
<tr><td>户名</td><td colspan="2"></td><td>□身份证　□其他军人证</td><td>证件号码</td><td></td></tr>
<tr><td>身份证地址</td><td colspan="3"></td><td>电话</td><td></td></tr>
<tr><td>现住址</td><td colspan="3"></td><td>邮政编码</td><td></td></tr>
<tr><td>代理人姓名</td><td colspan="2"></td><td>□身份证　□其他..........</td><td>证件号码</td><td></td></tr>
<tr><td>住址</td><td colspan="3"></td><td>电话</td><td></td></tr>
<tr><td>币种</td><td colspan="3">□人民币　□港币　□美元
□其他..........</td><td>金额</td><td>十 亿 千 百 十 万 千 百 十 元 角 分</td></tr>
<tr><td rowspan="9">账户种类</td><td rowspan="3">个人结算账户</td><td colspan="4">□活期一本通存折户　　申请借记卡　□是　□否</td></tr>
<tr><td colspan="4">□个人支票户</td></tr>
<tr><td colspan="4">开立活期一本通或借记卡，我行将为您开通电话查询服务，如果您不需要此服务，请选择□取消电话银行查询服务</td></tr>
<tr><td colspan="5">□定活两便</td></tr>
<tr><td colspan="5">□通知存款　种类　□一天　□七天</td></tr>
<tr><td colspan="5">□教育储蓄　□零存整取　存期..........</td></tr>
<tr><td colspan="5">□存本取息　□整存零取　存期..........</td></tr>
<tr><td colspan="5">□整存整取存单　存期..........　□到期约定转存..........个月取款（息）一次</td></tr>
<tr><td colspan="5">□国债　存期..........　□其他..........</td></tr>
<tr><td>支取方式</td><td colspan="5">□凭密码（密码必须为六位数字，不足六位无效）　□凭存折（只有凭密码方式才能通存通兑）</td></tr>
<tr><td>客户确认栏</td><td colspan="3">本人已详尽阅读并自愿遵守本申请书附加的《客户须知》和《个人人民币银行结算账户管理协议书》的规定，并保证本申请书上所填内容真实、有效、无误，如有伪造、欺诈，愿承担法律责任。
申请（代理人）签字：</td><td colspan="2">备注：</td></tr>
<tr><td colspan="6">银行填写</td></tr>
<tr><td colspan="6">开户银行审核意见：
经办人（签章）　　　　银行（业务用公章）
年　月　日</td></tr>
<tr><td colspan="6">账号..........　　　　客户编号..........</td></tr>
</table>

图 3-4　个人账户开户申请书样式

步骤二：审核。

柜员审核客户填写的内容，鉴别有效身份证件。如为代理人开户，同时审核代理人的有效身份证件。

步骤三：办理。

柜员按照现金收款程序进行现金鉴别、清点，并将清点无误的现金收入款箱，然后操作终端，进行系统录入，请客户留存密码或其他支取方式，打印存折（见图 3-5）和凭条（见图 3-6），请客户核对并签字。

活期一本通存折

账号______________　户名__________

办卡标志______________

开户网点名称______________

凭证号______________

银行签章

签发日期__________　通存通兑__________　印密__________

序号	交易日期	属性	注释	币种钞/汇	支出(－)或存入(＋)	结余	网点号	操作

图 3-5　活期一本通存折样式

××银行活期一本通存款凭条　　　　××银行活期一本通回单

<table>
<tr><td rowspan="2">储户填写</td><td colspan="12">账号：______________　币种：______________
金额：</td><td>账号</td><td colspan="2"></td></tr>
<tr><td>十</td><td>亿</td><td>千</td><td>百</td><td>十</td><td>万</td><td>千</td><td>百</td><td>十</td><td>元</td><td>角</td><td>分</td><td>户名</td><td colspan="2"></td></tr>
<tr><td></td><td></td><td></td><td></td><td></td><td></td><td></td><td></td><td></td><td></td><td></td><td></td><td></td><td>金额</td><td colspan="2"></td></tr>
<tr><td rowspan="3">银行确认栏</td><td colspan="4">账号</td><td colspan="4">金额</td><td colspan="4">储种</td><td>储种</td><td colspan="2"></td></tr>
<tr><td colspan="4">户名</td><td colspan="4">交易码</td><td colspan="4">存期</td><td>流水号</td><td></td><td>利率</td></tr>
<tr><td colspan="4">交易日期</td><td colspan="4">复核</td><td colspan="4">流水号</td><td>余额</td><td colspan="2"></td></tr>
</table>

本人确认银行打印记录正确无误，客户签字确认______________　经办：

图 3-6　活期一本通存款凭条样式

客户签字后收回存款凭条，在存款凭条上加盖现讫章、名章，若为授权业务，还应加盖授权人名章。核对存折打印记录上的户名、币种、金额等正确后，在存折上加盖业务公章，将存款凭条收入传票格，将存折、身份证件交还客户，结束该笔业务。

业务链接

有效身份证件是指身份证、户口簿、护照、军人身份证、港澳居民来往内地通行证、台湾居民来往大陆通行证。

柜员审核时应注意：客户填写的户名、证件种类和身份证件号码是否与提供的证件相符，币种、金额小写是否正确、规范。

留下客户详细的信息，如地址、电话等，一旦财务出现错误，可以立刻通过这些信息联系到客户。

现金收入，需要当面点清，一笔一清，并按“三先三后”程序操作，即先点大数、后点细数，先点主币、后点辅币，先点大面额票币、后点小面额票币。

收入现金必须坚持手工清点，并用带有检伪功能的点钞机进行两遍复点（其中第二遍采取翻面掉头复点的方式）。

德技并修

案例：依赖现金配款画面造成差错

一、案例经过

一名客户前来办理一笔现金支取，在客户输入密码后，由于当时柜员还没有做现金领用，一百元面额库存数不够而未能完成配款。柜员选择了退出配款画面继续该笔支取交易，接着把清点好的现金交客户让其离开。过后柜员才做现金领用。这时，另一名客户来办理两笔现金支取，因为多笔现金交易可以利用配款画面轧差复核，所以柜员对两笔支取交易当时都没有马上配款，而是办理好再做补配款处理。结果柜员由于对上一次交易没有完成配款，过后又忘记补配款，现金数目一并累加后多付了钱。

二、案例分析

现金收付完成时，实物要跟凭证金额进行核对是基本的操作，多笔现金交易还应该再用计算器打数复点，而该柜员只是单纯依赖配款画面数进行付款，存在很大的风险。该柜员在多笔支付后没有通过人机复核轧差支付现金，没有严格按照合规流程办理业务。

三、案例启示

每位柜员都清楚现金收付流程，不能只凭印象做到账实相符。没有按流程操作主要是因为工作时精神松懈，没有认真进行自我复核，对工作质量不够重视，导致风险意识淡薄。只利用电脑轧差的方式支付现金，容易造成现金差错。员工应认真吸取相关经验教训，牢固树立风险意识，严格做好复核流程，提高风险意识。

任务二　人民币活期储蓄续存业务

人民币活期储蓄续存业务是指商业银行根据客户的要求，在客户的账户内存入一定的现金的过程。人民币活期储蓄续存业务流程见图 3－7。

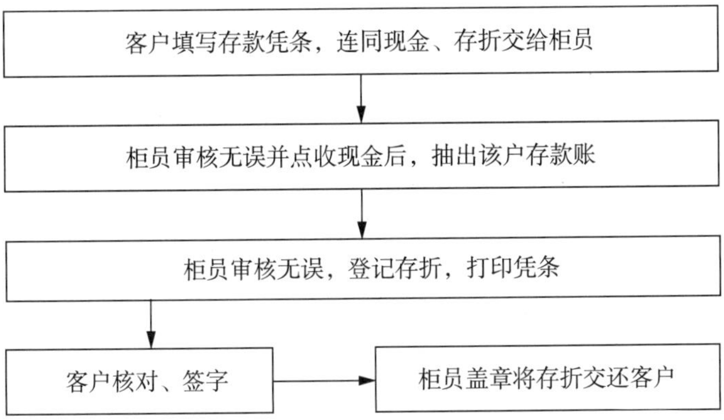

图 3－7　人民币活期储蓄续存业务流程

人民币活期储蓄续存业务的操作步骤如下：

步骤一：受理。

客户来行续存时，仍应填写存款凭条，连同现金、存折一并交给柜员。

步骤二：审核。

柜员经审核无误并点收现金后，根据凭条抽出该户存款账，将抽出的存款账与存折的账号、户名、存款余额核对相符。

步骤三：办理。

柜员登记存款账和存折，打印存折或凭条，请客户核对并签字，客户签字后收回存款凭条，在存款凭条上加盖现讫章、名章，若为授权业务，还应加盖授权人名章。核对存折打印记录上的户名、币种、金额等正确后，将存款凭条收入传票格，将存折交还客户，结束该笔业务。

业务链接

柜员在为客户办理续存业务时，应先收款、后记账。

收款金额一定要与客户在凭条上所填写的金额相符，账号、凭证号等信息是通过刷折由系统自动读取的磁条信息。

客户所持存折，类型选择为任意支取或凭印鉴支取的，须告知客户不能参加通存通兑，客户本人可凭身份证件加密后办理通存通兑业务。

任务三　人民币活期储蓄支取业务

人民币活期储蓄支取业务即商业银行根据客户要求，在客户的账户内取出一定的现金的过程。

微课：人民币活期储蓄取款

人民币活期储蓄支取业务的操作步骤如下：

步骤一：受理。

客户支取储蓄存款时，应填写活期储蓄取款凭条，连同存折一并交柜员。客户凭印鉴支取的，须在取款凭条上加盖预留印鉴。

步骤二：审核。

柜员根据凭条核对账、折（及印鉴）无误后，登记存折和存款账，审核客户有效身份证件。

步骤三：办理。

柜员进入系统录入，打印存折及取款凭条，请客户核对取款凭条打印内容，并签字确认。客户在取款凭条上签字后，柜员收回取款凭条，在取款凭条上加盖现讫章、名章，若为授权业务，还应加盖授权人名章。经复核账、折内容无误，配好款项后，柜员将现金连同存折、身份证件交客户。

业务链接

柜员在为客户办理支取业务时应先记账、后付款。

存折刷磁条后显示凭证号码和账号等内容，柜员应注意与存折信息进行核对。

凭密码支取的，客户通过密码键盘输入六位阿拉伯数字；凭印鉴支取的，取出预留印鉴底卡，与取款凭条上所盖印鉴折角核对；凭证件支取的，核对其出示的证件是否与机器相符；任意支取的，则直接跳过此项。

任务四　人民币活期储蓄销户业务

人民币活期储蓄销户业务即商业银行根据客户要求，注销该客户在该行内的账户，并进行结息。人民币活期储蓄销户业务流程见图 3－8。

人民币活期储蓄销户业务的操作步骤如下：

步骤一：受理。

客户根据最后存款余额，填写取款凭条连同存折、身份证件交柜员。

步骤二：审核。

柜员对客户填写的内容及身份证件进行审核。

步骤三：办理。

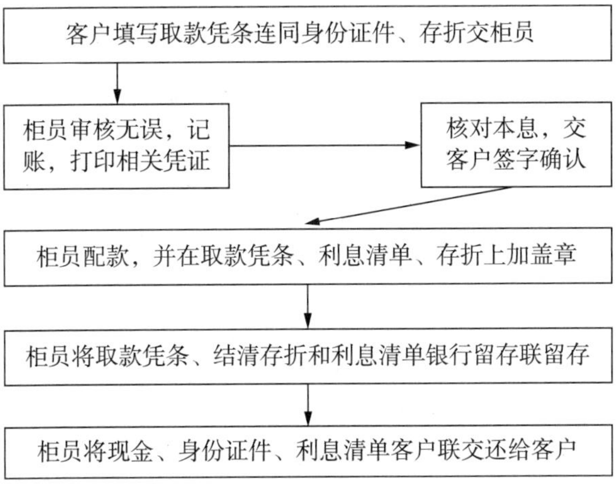

图 3-8　人民币活期储蓄销户业务流程

柜员审核无误后，进入系统录入相关内容，打印存折、取款凭证和利息清单。核对本息金额，将利息清单（见图 3-9）银行留存联交客户签字。按照利息清单上本息金额在计算器上计数，据此配款，并按不同票面金额进行减数，余额清零。

储蓄存款利息清单

币种：　　　　　　　　年　　月　　日　　　　　　交易序号：

户名					账号		
储种	本金	类别	利率(%)	利息	应税利息	利率(%)	税金
网点号	现金标志	税后利息	税后本息合计			备注	操作

事后监督　　　　　　　　复核(授权)　　　　　　　　柜员

图 3-9　储蓄存款利息清单样式

在取款凭条上加盖现讫章、名章、结清章，若为授权业务，还应加盖授权人名章。在利息清单客户联和银行留存联加盖名章、现讫章。在存折上加盖结清章、附件章，作取款凭条附件。将取款凭条、结清存折和利息清单银行留存联收入传票格，并将现金、身份证件、利息清单客户联交还客户，结束该笔业务。

业务链接

柜员在计算本息时，注意按财政部规定的利息税率计算利息税。

若客户留存已销户的活期存折，柜员应破坏活期存折磁条的完整性，在最后一笔交易记录的下一行批注“某年某月某日销户，以下空白”字样（或加盖印章），并在存折封皮上加盖“销户”印章后交客户。

德技并修

案例：现金重复记账引起反交易

一、案例经过

网点经办柜员受理一位客户业务时，客户提交了银行卡、现金以及身份证。柜员准确清点现金后，将款项存入客户银行卡，并请客户在业务凭证上签名确认，之后便将现金放置在桌面上。

柜员在与客户沟通中发现该客户对理财产品较感兴趣，于是热情地为其介绍银行理财产品，但该客户最终认为理财产品的收益率、期限结构以及风险特性不适合其理财需求，要求将款项存为定期存单，柜员遂以现金存入的方式为其开立一张定期存单。

午间清点钱箱时，柜员发现现金短款。经过回忆，柜员发现自己将客户的现金款项重复存入其银行卡及定期存单。柜员随即拨打电话与客户沟通解释，得到客户理解后，请客户来网点进行反交易。

二、案例分析

该经办柜员在办理业务时，没有做到“一笔一清”，未按照操作流程办理完一笔现金存款业务后，立即将现金款项收妥，而是仍将现金置于桌面，导致自己在办理其他业务时意识疏忽，误将桌面上的现金当成下一笔业务的款项来源。

三、案例启示

(1) 人们常说“细节决定成败”，临柜柜员应该树立“细节体现素质”的意识。一个柜员的操作细节、服务细节体现出一个柜员的业务素质。严格遵守操作流程细节，养成良好的操作习惯，既能够降低业务差错概率，也有助于加快业务服务速度，提高柜员业务素质。

(2) 严格按照操作流程办理业务，是临柜人员必须牢记的准则；准确快速办好每笔业务是对临柜人员的基本要求；服务好每个客户是临柜人员每天必须做到的最终目标。每个柜员都应该努力提高自身业务素质，增强制度意识，增强工作责任心。

(3) 现场管理人员需定期给临柜人员培训，监督临柜人员大额现金支付情况，检查临柜人员业务操作习惯，杜绝因不按操作流程办理业务而出现业务差错。

项目三

人民币定期储蓄业务

人民币定期储蓄业务是约定存期，一次或按期分次存入本金，整笔或分期、分次支取本息的一种储蓄方式。按存取方式的不同，可分为整存整取、零存整取、存本取息、定期教育储蓄四种形式（见表 3－2）。

微课：定期储蓄存款

表 3－2　人民币定期储蓄存取方式

类型	续存	存期	起存金额	支取或销户
整存整取	—	三个月、六个月、一年、二年、三年、五年	50 元	到期支取、逾期支取、全部提前支取、部分提前支取
零存整取	现金续存	一年、三年、五年	5 元	到期支取、全部提前支取
	转账续存			
存本取息	—	一年、三年、五年	5 000 元	支取利息、全部提前支取
定期教育储蓄	现金续存	一年、三年、六年	50 元，本金合计最高限额 2 万元	全额提前支取，到期全额支取
	转账续存			

任务一　人民币整存整取储蓄业务

一、人民币整存整取储蓄业务的概念

整存整取是指一次存入一定数额，约定期限到期一次支取本息的储蓄存款业务。起存点为 50 元，多存不限，存期分为三个月、六个月、一年、二年、三年、五年。

微课：整存整取利息计算

二、整存整取利息计算

（一）存款利率

定期存款利率视期限长短而定，通常情况下，期限越长，利率越高。如果储户在存款到期前要求提前支取，必须持存单和存款人的身份证明办理，并按支取日挂牌公告的活期存款利率计付利息。

（二）到期支取的定期存款计息

到期支取的定期存款按约定期限和约定利率计付利息。目前，各家银行多使用逐笔

计息法计算整存整取定期存款利息。

逐笔计息法：按预先确定的计息公式逐笔计算利息。

计息期为整年（月）的，计息公式为：

利息＝本金×年(月)数×年(月)利率

计息期有整年（月）又有零头天数的，计息公式为：

利息＝本金×年(月)数×年(月)利率＋本金×零头天数×日利率

（三）逾期支取的定期存款计息

超过原定存期的部分，除约定自动转存外，按支取日挂牌公告的活期存款利率计付利息，并全部计入本金。

（四）提前支取的定期存款计息

支取部分按活期存款利率计付利息，提前支取部分的利息同本金一并支取。

存期内遇有利率调整，仍按存单开户日挂牌公告的相应定期存款利率计息。

例题：

储户孙维2024年7月28日开立一年期整存整取定期储蓄存款账户，存入10 000元，于2025年8月4日到期支取。整存整取一年期利率为3.5%，2025年8月4日活期存款挂牌年利率为0.72%，请计算支取日孙维支取的本金及利息。

答案：

整存整取利息＝10 000×1×3.5%＝350(元)

逾期的活期利息＝10 000×7×0.72%/360＝1.4(元)

利息和＝350＋1.4＝351.4(元)

支取日本息和＝10 000＋351.4＝10 351.4(元)

业务链接

人民币整存整取利息的基本计算公式为：利息＝本金×月数×月利率。

计算储蓄存款利息时以元为起点，元以下的本金不计息。计算存期时，按对年、对月、对日计算，“算头不算尾”。利息算至分位，分以下四舍五入。

子任务一　人民币整存整取开户业务

人民币整存整取开户业务的操作步骤如下：

步骤一：受理。

客户存款时，应填写储蓄存款凭条（见图3－10），填明姓名、身份证号、存款金额和存期等，然后连同现金、身份证一并交柜员。

步骤二：审核。

柜员审查开户的所有资料是否真实、正确。

储蓄存款凭条

科目：(贷)　　　　　　　　年　　月　　日　　　　　　　交易代码：

银行填写	
客户填写	储种：活期　活一本通　整整　定一本通　零整　教育　定活　通知　存本　整零　国债　其他 户名______　账号______　密码　印鉴　通兑　其他 存期______　转存期______　币种______　钞　汇　假汇　金额______ 新开户填写：地址______　电话______　备注______ 存款人证件类型______　代理人姓名______ 发证机关______　代理人证件类型______　发证机关______ 证件号码______　证件号码______

存款人对上述银行记录确认无误后签名______　事后监督　复核(授权)　柜员

图 3-10　储蓄存款凭条样式

步骤三：办理。

柜员审核并清点现金无误后，进入系统录入相关内容，打印一联“整存整取定期储蓄存单”（见图 3-11）或“定期一本通存折”（见图 3-12），加盖经办行业务公章后交储户收执；同时在储蓄存款凭条上加盖现金收讫章，作为商业银行记账凭证以备查。

整存整取定期储蓄存单（普通）

科目：(借)　　　　　　　　凭证号：　　　　　　　存单号

存入日	起息日	属性	印密	通兑	存期	约定转存期	年利率(%)	到期日	到期利息	操作

账号______　户名______

存入金额：人民币______　¥______

银行签章

客户印鉴　事后监督　支取时：复核（授权）柜员　存入时：复核（授权）柜员

图 3-11　整存整取定期储蓄存单样式

定期一本通存折

账号______　户名______

办卡标志______　币种______

开户网点名称______

凭证号______

银行签章

签发日期______　通存通兑______　印密______

序号	交易日期	属性	注释	存期	到期日期	转存期	币种钞/汇	本金利息	利率(%)	利息税	网点号	操作

图 3-12　定期一本通存折样式

子任务二　人民币整存整取到期支取业务

人民币整存整取到期支取业务的操作步骤如下：

步骤一：受理。

客户到期支取时，应携带到期的整存整取定期储蓄存单并交到柜员手中。

步骤二：审核。

柜员接到存单后，核对存单的真伪。

步骤三：办理。

柜员经核对无误，按规定通过系统计算出利息和代扣的利息税后，收回客户的存单，打印出两份利息清单（见图 3－13），一份经客户签字后，作为商业银行的记账凭证，另一份加盖现金付讫章，配款后，将本息与利息清单一并交给客户。

储蓄存款利息清单

币种：　　　　　　　　　　　　年　　月　　日　　　　　　　　交易序号：

<table>
<tr><td>户名</td><td colspan="4"></td><td>账号</td><td colspan="2"></td></tr>
<tr><td>储种</td><td>本金</td><td>类别</td><td>利率(%)</td><td>利息</td><td>应税利息</td><td>利率(%)</td><td>税金</td></tr>
<tr><td></td><td></td><td></td><td></td><td></td><td></td><td></td><td></td></tr>
<tr><td>网点号</td><td>现转标志</td><td>税后利息</td><td colspan="3">税后本息合计</td><td>备注</td><td>操作</td></tr>
<tr><td></td><td></td><td></td><td colspan="3"></td><td></td><td></td></tr>
</table>

事后监督　　　　　　　　　　　　复核(授权)　　　　　　　　　　　　柜员

图 3－13　储蓄存款利息清单样式

子任务三　人民币整存整取过期支取业务

人民币整存整取过期支取业务的操作步骤如下：

步骤一：受理。

客户过期支取时，应携带过期的整存整取定期储蓄存单到银行并交到柜员手中。

步骤二：审核。

柜员接到存单后，核对存单的真伪。

步骤三：办理。

柜员经核对无误，按规定通过系统计算出利息和代扣的利息税，除了要计算定期利息外，还要按规定计算过期利息（逾期部分根据实际天数按当日银行挂牌公告活期利率计息），然后收回客户的存单，打印出两份利息清单，一份经客户签字后，作为商业银行的记账凭证，另一份加盖现金付讫章，配款后，将本息及利息清单一并交给客户。

子任务四　人民币整存整取提前支取业务

人民币整存整取提前支取业务的操作步骤如下：

步骤一：受理。

客户要求提前支取时，应携带本人身份证及整存整取定期储蓄存单并交到柜员手中。

步骤二：审核。

柜员接过客户的身份证及存单，应查验真伪。

步骤三：办理。

柜员经审核无误后，将证件名称、发证机关及证件号码摘录在存单上，如凭印鉴支取，则应在存单上加盖预留印鉴，然后在存单上加盖“提前支取”戳记，并按规定通过系统计算出利息和代扣的利息税后，收回客户的存单，打印出两份利息清单，一份经客户签字后，作为商业银行的记账凭证，另一份加盖现金付讫章，配款后，将本息及利息清单一并交给客户。

任务二　人民币零存整取储蓄业务

零存整取是存款时约定存期，在存期内分次存入本金，到期一次支取本息的一种定期储蓄存款业务。

零存整取 5 元起存，每月存额固定，存期分为一年、三年、五年三个档次。在零存整取业务存入过程中如有漏存，应在次月补齐，未补存者，视为违约，违约部分按活期计息。

微课：人民币零存整取储蓄业务

子任务一　人民币零存整取开户业务

人民币零存整取开户业务的操作步骤如下：

步骤一：受理。

开户时由客户填写储蓄存款凭条，连同现金、身份证件一并交柜员。

步骤二：审核。

柜员审核存单填写是否正确，有无涂改，审核身份证件是否真实。

步骤三：办理。

柜员经审查凭证无误后，点收现金。然后进入系统录入相关内容，打印存折/存单、凭条。客户签字后收回存款凭条，加盖现讫章、名章，登记“开销户登记簿”编列账号。核对存折打印记录中的户名、币种、金额等正确后，在存折上加盖业务公章及名章，然后将存折交给客户。

客户按月续存时，柜员收款并核对账、折无误后，登记账、折，其余处理手续与开户时基本相同。

子任务二　人民币零存整取支取业务

人民币零存整取支取业务的操作步骤如下：

步骤一：受理。

办理人民币零存整取支取业务时，客户应将存折交柜员。

步骤二：审核。

柜员审核账、折是否相符。

步骤三：办理。

柜员对账、折核对无误后，按规定结出利息，填写利息清单，分别在存折、账页上填写本金数、利息数和本息合计数并加盖“结清”戳记及名章，以存折代现金付出传票（或另编传票）。

柜员复核利息和账、折无误后，按本息配款并交与客户，其余处理手续与整存整取到期支取相同。

如过期支取，其过期部分应计过期利息。如提前支取，除查验个人身份证件外，应按支取日挂牌公告的活期储蓄存款利率计付利息。其余手续与到期支取相同。

业务链接

人民币零存整取储蓄利息计算公式为：利息＝本金×月数×月利率＝月计息积数×月利率。

累计存款分户账每月余额与存期（月数）之积为计息月积数，月积数乘以月利率即利息。

任务三　人民币存本取息储蓄业务

存本取息是指本金一次存入，约定存款期限和支取利息的期次，按约定取息期次平均支取利息，到期支取全部本金的一种储蓄方式。开户起存金额为 5 000 元，多存不限。存期分一年、三年、五年。支取利息的期次，可定为一月一次或几月一次，由客户与储蓄机构协商确定。这种储蓄方式比较适合有整笔款项收入，在短期内又没有大额支出，不需动用本金，只需按期支取利息的客户。

人民币存本取息业务开户及到期支取流程与整存整取业务流程相似，在此不再赘述，下面对存本取息中的利息计算方式进行介绍。

客户存入本金时，商业银行按本金和约定的存期计算出每期应付的利息数，开给客户存单，以后客户可以凭存单分次支取利息，到期时一次取回本金。客户如果没有按期支取每期到期利息，以后随时可取，但不计复息。

由于存本取息定期储蓄的利息是在开户时就算好的，因此该储种一般不能办理提前支取，如因急需必须提前支取本金时，商业银行要从本金中扣回以前已分期付给的利息，存款利息改按支取日挂牌公告的活期利率计算。如到期未支取，过期部分按支取日活期储蓄存款利率计算利息。

任务四　人民币定期教育储蓄业务

定期教育储蓄存款是国家为了给小学四年级（含）以上的学生和接受九年制义务教育以外的全日制高中、大中专、大学本科、硕士和博士一定的存款优惠条件而设立的一种特殊的零存整取定期储蓄存款。存期为一年、三年和六年。起存金额为 50 元，本金合计最高限额为 2 万元。

微课：人民币定期教育储蓄业务

子任务一　人民币定期教育储蓄开户业务

人民币定期教育储蓄开户业务的操作步骤如下：

步骤一：受理。

办理开户时，须持储户本人（学生）户口簿或居民身份证到储蓄机构以储户本人（学生）的姓名开立存款账户。每一账户本金合计最高限额为 2 万元。开户时，储户应与银行约定每月固定存入的金额，分次存入，中途如有漏存，漏存金额应在次月补齐，未补存者，视同违约，不再享受教育储蓄待遇。

步骤二：审核。

柜员审核客户填写的储蓄存款凭条（见图 3－14）上的户名、月存金额、地址等项目是否齐全，身份证件是否有效，证件号码与客户提供的证件是否一致，并根据储蓄存款凭条的金额清点现金。

储蓄存款凭条

科目：（贷）　　　　　年　　月　　日　　　　　交易代码：

银行填写	
客户填写	储种：活期　活一本通　整整　定一本通　零整　教育　定活　通知　存本　整零　国债　其他 户名______　账号______　密码　印鉴　通兑　其他 存期______　转存期______　币种______　钞　汇　假汇　金额______ 新开户填写：地址______　电话______　备注______ 存款人证件类型______　代理人姓名______ 发证机关______　代理人证件类型______　发证机关______ 证件号码______　证件号码______

存款人对上述银行记录确认无误后签名______　事后监督　复核(授权)　柜员

图 3－14　储蓄存款凭条样式

步骤三：办理。

柜员审核凭条并清点现金无误后，进入系统操作，打印存款凭证、教育储蓄存折并核对各项内容。在教育储蓄存折上加盖存折专用章，存款凭证上加盖业务用公章和现讫章，将存折、身份证件交客户，存款凭证作为业务凭证送交监督中心。

子任务二　人民币定期教育储蓄到期支取业务

人民币定期教育储蓄到期支取业务的操作步骤如下：

步骤一：受理。

定期教育储蓄存款到期，客户凭存折和学校提供的正在接受非义务教育的学生证明一次支取本金和利息。

步骤二：审核。

柜员审核客户提供的证明是否齐全，单据是否真实。

步骤三：办理。

审核无误，进入系统录入相关内容，打印教育储蓄存折、销户凭证并核对内容后，交由客户签字确认；然后配款，在教育储蓄存折和销户凭证上加盖现讫章，将现金及销户回单交与客户。

在原教育储蓄存折上加盖“已享受教育储蓄优惠”等字样的印章，并盖销户印章，与打印的销户凭证一起作为入账凭证。

子任务三　人民币定期教育储蓄提前支取业务

若提前支取定期教育储蓄存款，则必须全额支取。提前支取时，储户能提供证明材料的，按实际存期和开户日同期同档次定期整存整取储蓄存款利率计付利息，免征利息税；储户未能提供证明材料的，按实际存期和支取日活期储蓄存款利率计付利息，并按有关规定征收利息税。

子任务四　人民币定期教育储蓄逾期支取业务

定期教育储蓄存款逾期支取，其超过原定存期的部分，按支取日活期储蓄存款利率计付利息，并按有关规定征收利息税。定期教育储蓄存款在存期内遇利率调整，仍按开户日利率计息，不分段计付利息。

项目四

人民币其他储蓄业务

人民币储蓄业务除了常见的活期储蓄、定期储蓄业务外，还有定活两便储蓄存款业务及个人通知储蓄存款业务。

任务一　人民币定活两便储蓄存款业务

定活两便储蓄存款是以存单为取款凭证，存款时不约定存期，随时可以提取，利率随存期长短而变动的一种介于活期和定期之间的储蓄种类。开户起存金额为50元，一次存入，一次整笔支取，存单面额固定。定活两便存单分为记名式和不记名式两种，记名式可挂失，不记名式不可挂失。

微课：人民币定活两便储蓄存款业务

子任务一　人民币定活两便储蓄存款开户业务

人民币定活两便储蓄存款开户业务的操作步骤如下：

步骤一：受理。

客户填写储蓄存款凭条（见图3－15），连同有效身份证原件、现金一并交给柜员。

储蓄存款凭条

科目：(贷)　　　　　年　　月　　日　　　　　交易代码：

银行填写	
客户填写	储种：活期　活一本通　整整　定一本通　零整　教育　定活　通知　存本　整零　国债　其他 户名________　账号________________　密码　印鉴　通兑　其他 存期______　转存期______　币种______　钞　汇　假汇　金额____________ 新开户填写：地址________________　电话________　备注________ 存款人证件类型____________　代理人姓名________ 发证机关____________　代理人证件类型________　发证机关________ 证件号码____________　证件号码________________

存款人对上述银行记录确认无误后签名________　事后监督　复核(授权)　柜员

图3－15　储蓄存款凭条样式

步骤二：审核。

柜员审核凭条上的户名、金额是否清晰，有无涂改，资料是否填写齐全。

步骤三：办理。

柜员审核资料并清点现金无误后，进入系统进行基本资料录入，并打印存款凭条和定活两便储蓄存单，存款凭条交客户签字确认后收回。

柜员在打印的存款凭条上加盖现讫章、在定活两便存单上加盖业务用公章，完成后将定活两便储蓄存单、身份证件、客户留存凭证交与客户。

子任务二　人民币定活两便储蓄存款销户业务

人民币定活两便储蓄存款销户业务的操作步骤如下：

步骤一：受理。

客户向柜员提交定活两便储蓄存单、身份证件。

步骤二：审核。

柜员审核存单的各项要素是否完整，印章是否齐全，身份证件是否真实、有效。

步骤三：办理。

资料审核无误后，柜员进入系统操作，打印定活两便储蓄存单、取款凭条和利息清单并核对，将取款凭条、利息清单交由客户签字确认，按取款凭条配款。

柜员在定活两便储蓄存单和利息清单上加盖现讫章，将现金、利息清单第二联交与客户，定活两便储蓄存单和利息清单第一联留存作为入账凭证。

业务链接

定活两便储蓄存款存期不限，存期在三个月以内的按活期计算；存期在三个月以上且不满半年的，整个存期按支取日定期整存整取三个月存款利率打六折计息；存期在半年（含）以上且不满一年的，整个存期按支取日定期整存整取半年期存款利率打六折计息；存期在一年以上（含一年）的，无论存期多长，整个存期一律按支取日定期整存整取一年期存款利率打六折计息。

利息的计算公式为：利息＝本金×存期×利率×60％。

任务二　人民币个人通知储蓄存款业务

一、人民币个人通知储蓄存款的概念

个人通知储蓄存款是一种不约定存期，支取时须提前通知银行，约定支取日期和金额方能支取的存款种类。个人通知储蓄存款不论实际存款期限，按存款人提前通知的期限长短划分为一天通知存款和七天通知存款。一天通知存款必须提前一天通知约定支取存款，七天通知存款则必须提前七天通知约定支取存款。通知存款的币种为人民币。

微课：人民币个人通知储蓄存款业务

二、人民币个人通知储蓄存款的特点

（一）资金灵活

适用于拥有大额款项，在短期内需要支取该款项的客户，或需要分期多次支取的客户，或短期内不确定取款日期的客户。

（二）利率高

个人通知存款利率收益较活期存款高。

（三）智能理财，省心、高效

通知到期日，系统自动将客户一卡通中已办理取款通知的通知存款转入活期储蓄存款账户，为客户节省时间和提高资金利用率。

（四）管理大额资金的好方式

开户及取款起点较高，开户起存金额为 5 万元，最低支取金额为 5 万元。

子任务一　人民币个人通知储蓄存款开户业务

人民币个人通知储蓄存款开户业务的操作步骤如下：

步骤一：受理。

客户填写储蓄存款凭条，连同有效身份证件及现金一并交给柜员。

步骤二：审核。

柜员审核凭条上的户名、金额是否清晰，有无涂改，资料是否填清、填全。

步骤三：办理。

柜员审核无误后，进入系统操作，打印存款凭条和个人通知存款存单，存款凭条交客户签字确认后收回。在打印的存款凭条上加盖现讫章，个人通知存款存单上加盖业务用公章，完成后将存单、身份证件、客户留存凭证交给客户。

子任务二　人民币个人通知储蓄存款销户业务

人民币个人通知储蓄存款销户业务的操作步骤如下：

步骤一：受理。

客户向柜员提交个人通知存款存单与身份证件办理销户。

步骤二：审核。

柜员审核存单的各项要素是否完整，印章是否齐全，存单是否由本行签发，身份证件是否真实、有效。

步骤三：办理。

凭证审核无误后，柜员进入系统操作，打印个人通知存款存单、取款凭条和利息清单并核对打印的内容，然后由客户签字确认，按取款凭条配款。

柜员在已销户的个人通知存款存单和利息清单上加盖现讫章，将现金、利息清单第二联交与客户，个人通知存款存单和利息清单第一联留存作为入账凭证。

业务链接

实际存期不足通知期限的，按活期存款利率计息。未提前通知而支取的，支取部分按活期存款利率计息。已办理通知手续而提前支取或逾期支取的，支取部分按活期存款利率计息。

支取金额不足或超过约定金额的，不足或超过部分按活期存款利率计息。支取金额不足最低支取金额的，按活期存款利率计息。

一天通知存款或七天通知存款，按支取日挂牌公告的相应利率水平和实际存期计息，利随本清。通知存款如已办理通知手续而不支取或在通知期限内取消通知的，通知期限内不计息。

一天通知存款必须提前一天约定支取存款，七天通知存款必须提前七天约定支取存款。

通知方式包括传真、书面。

模块小结

（1）储蓄是指个人将属于其所有的人民币或外币收入的待用部分存入储蓄机构，储蓄机构开具存折、存单或卡作为凭证，个人凭其支取存款本金和利息，储蓄机构依照规定支付存款本金和利息的活动。

（2）储蓄机构办理储蓄存款业务必须遵循“存款自愿，取款自由，存款有息和为储户保密”的原则。

（3）储蓄存款利率即储蓄存款的利息率，是指一定时期内储户所得利息同存入银行本金的比例。

（4）活期储蓄是指不规定存期，储户随时可以存取，每次存取金额不限的一种储蓄种类。

（5）人民币定期储蓄业务是约定存期，一次或按期分次存入本金，整笔或分期、分次支取本息的一种储蓄方式。

（6）整存整取是指一次存入一定数额，约定期限到期一次支取本息的储蓄存款业务。起存点为 50 元，多存不限，存期分为三个月、六个月、一年、二年、三年、五年。

（7）零存整取是存款时约定存期，在存期内分次存入本金，到期一次支取本息的一种定期储蓄存款业务。零存整取 5 元起存，每月存额固定，存期分为一年、三年、五年三个档次。

（8）存本取息是指本金一次存入，约定存款期限和支取利息的期次，按约定取息期次平均支取利息，到期支取全部本金的一种储蓄方式。

（9）定期教育储蓄存款是国家为了给小学四年级（含）以上的学生和接受九年制义务教育以外的全日制高中、大中专、大学本科、硕士和博士一定的存款优惠条件而设立的一种特殊的零存整取定期储蓄存款。

（10）定活两便储蓄存款是以存单为取款凭证，存款时不约定存期，随时可以提取，利率随存期长短而变动的一种介于活期和定期之间的储蓄种类。

（11）个人通知储蓄存款是一种不约定存期，支取时须提前通知银行，约定支取日期和金额方能支取的存款种类。个人通知储蓄存款不论实际存款期限，按存款人提前通知的期限长短划分为一天通知存款和七天通知存款。

模块练习

一、单项选择题

1. 个人通知储蓄存款的本金起存金额为（　　）。

A. 1 000 元　　B. 5 000 元

C. 10 000 元　　D. 50 000 元

2. 储户张军 2024 年 1 月 8 日开立活期储蓄账户存折户，2025 年 3 月 2 日销户，实际存款天数为（　　）。

A. 52　　B. 53　　C. 54　　D. 55

3. 储户张军 2024 年 1 月 15 日开立活期储蓄账户存折户，存入 10 000 元，2024 年 3 月 2 日，取款 3 000 元，3 月 15 日销户，采用活期积数计息法计息，则销户日累计积数余额为（　　）元。

A. 470 000　　B. 460 000　　C. 509 000　　D. 561 000

4. 储户田宇于 2024 年 3 月 30 日存入 1 年期整存整取定期储蓄存款 10 000 元，于 2024 年 8 月 10 日提前支取 4 000 元，其余存至到期日，活期利率为 0.81%，一年期定期利率为 2.79%，提前支取部分利息为（　　）元。

A. 8.7　　B. 9.7　　C. 11.88　　D. 12.97

5. 储户田宇于 2024 年 3 月 30 日存入 1 年期整存整取定期储蓄存款 10 000 元，于 2024 年 8 月 10 日提前支取 4 000 元，其余存至到期日，活期利率为 0.81%，一年期定期利率为 2.79%，到期日提取利息为（　　）元。

A. 167.4　　B. 170.19　　C. 182.16　　D. 185.16

二、多项选择题

1. 储蓄机构办理储蓄存款业务必须遵循（　　）的原则。

A. 存款自愿　　B. 取款自由

C. 存款有息　　D. 为储户保密

2. 定期储蓄业务包括（　　）。

A. 定期整存整取储蓄存款

B. 通知存款

C. 定期零存整取储蓄存款

D. 定期存本取息储蓄存款

3. 关于储蓄业务操作，以下描述正确的是（　　）。

A. 客户存款时，应先收款、后记账

B. 客户取款时，应先记账、后付款

C. 转账业务先记付款账户，再记收款账户

D. 以上都正确

实训操作

实训一：活期储蓄开户业务任务训练

一、任务描述

储户王丽（身份证号：110101200112012229）于 2025 年 1 月 2 日来银行网点办理活期储蓄开户业务，在开户的同时存入人民币 10 000 元整（开户账号：00030044133345）。请为客户办理活期储蓄开户业务。

二、实训条件

（1）办理活期储蓄开户业务需要的证件和票据为：身份证、个人客户业务申请书、存款凭条、身份证复印件、储蓄存折。

（2）票据结算所需要的印章包括现讫章、业务用公章、储蓄专用章、柜员人名章、附件章。

（3）实训组织：小组分工合作，设置大堂经理、客户、综合柜员三个角色，分角色扮演并上台展示。

三、操作手册

（1）接待客户，客户填写申请书并签字。

（2）将身份证与个人银行账户申请书的实名审核。

（3）在收款过程中，先收款、后记账，手点一遍，验钞机机点正反两遍。

（4）唱收唱付，记账后请客户签字。

（5）客户签字后盖章，存款单盖现讫章，存款单正面加盖一个现讫章，存款单正联与客户联齐缝加盖一个现讫章，盖柜员人名章；个人银行账户申请书三联分别盖业务用公章。

（6）把身份证、存款凭条、卡、申请书客户联递交客户，送别客户。

（7）存款单作记账凭证，身份证复印件及个人银行账户申请书银行留存联作附件，盖附件章。

ICBC 中国工商银行　　**个人客户业务申请书**
PERSONAL CUSTOMER BUSINESS APPLICATION FORM

姓　名 Name		证件类型 ID Type		证件号码 ID Number	
		证件类型（佐证）ID Type(Evidence)		证件号码（佐证）ID Number(Evidence)	

账户申请 Account Application

账户介质 Account Medium	□理财金账户卡 Elite Club Account Card　□灵通卡 Money Link Card　□两卡一U盾 Two kinds of cards and USB-shield □活期一本通 All-in-One Current Account　□联名卡：________ Co-Branded Card	介质类型 Type of medium	□磁条 Magnetic　□芯片 Chips　□磁条+芯片 Magnetic+Chips
币　种 Currency	钞/汇 C/E	金　额（大写）Amount in Words	金　额（小写）Amount in figures：亿 千 百 十 万 千 百 十 元 角 分
通讯地址 Address		邮政编码 Zip Code	
手机号码 Mobile		固定电话 Telephone	发证机关所在地 ID Issuer Address
开通自助设备对外转账：□是 Yes □否 No Open the outward transfer function of self-service equipment		开通自助设备取现：□是 Yes □否 No Open the Withdraw cash function of self-service equipment	开通pos消费和转账：□是 Yes □否 No Open the function

代理开户，请填写以下信息
To open a bank account, an agent should also fill in the following information

代理人(监护人)姓名 Name of Agent (Guardian)		证件类型 ID Type		证件号码 ID Number	
通讯地址 Address				邮政编码 Zip Code	
手机号码 Mobilie				固定电话 Telephone	
代办理由 Reasan of Agency					

电子银行服务申请 E-Banking Services Application

注册账（卡）号 Registered Account (Card) Number

□网上银行 Internet Banking
- □新注册 New Registration
  - 开通对外转账：□是 Yes □否 No　Open Transfer Function
  - 开通电子商务：□是 Yes □否 No　Open E-Commerce Function
  - 开通缴费：□是 Yes □否 No　Open Online Payment Function
  - 身份确认工具 Certificate Medium：□U盾 USB-Shield（□自备 Self-Owned）　□电子银行口令卡 E-banking Password Card
- □添加为注册账户，原注册账（卡）号：Add As Registered Card, Original Registered Card Number
- 开通短信认证：□是 Yes □否 No　Open SMS Certification Function　短信认证手机号码：Mobile Number for SMS Certification

□电话银行 Telephone Banking
- □新注册 New Registration
  - 开通对外转账：□是（□向任意账户转账 □向约定账户转账）□否　Open Transfer Function Yes (Transfer to any Account / Transfers to a Designated Account) No

序号 No.	约定转账账号/卡号 Designated Account/Card Number for Telephone Banking Transfer
1	
2	
3	

  - 身份确认工具：Certificate Medium　□申领电子银行口令卡 E-banking Password Card
- □添加为注册账户，原注册账（卡）号：Add as Registered Card, Original Registered Card Number
- 限定消费支付电话号码：Designated Phone Number for Telephone Banking Payment　1.________ 2.________ 3.________ 4.________

□手机银行（WAP）Mobile Banking
- □新注册 New Registration
  - 注册手机号码：Registered Mobile Number
  - 开通对外转账：□是 Yes □否 No　Open Transfer Function
  - 开通电子商务：□是 Yes □否 No　Open E-Commerce Function
  - 开通缴费：□是 Yes □否 No　Open Online Payment Function
- □添加为注册账户，原注册账（卡）号：Add as Registered Card, Original Registered Card Number

□余额变动提醒 Balance Change Reminder
- 开通余额变动提醒：□是 Yes □否 No　Balance Change Reminding
- 接收短信手机号码：Mobilenumber for Receiving Sms
- 服务期限：________月 Service Term Months
- 到期自动展期：□是 Yes □否 No　Automatic Exiension of Sercice

其他申请事项 Other Application Items	
您关注的其他业务 Other Businesses of Interest	□基金业务 Fund Business　□理财业务 Wealth Management　□保险业务 Insurance Business　□个人贷款 Personal Lending □外汇业务 Foex　□信用卡业务 Credit Card　□黄金业务 Gold Business　□第三方存管 Third-party Depository Business　□其他 Other ________

第一页第一联　开户银行留存

个人客户业务申请书　第一联

ICBC 中国工商银行　　个人客户业务申请书
PERSONAL CUSTOMER BUSINESS APPLICATION FORM

姓　名 Name		证件类型 ID Type		证件号码 ID Number	
		证件类型（佐证）ID Type(Evidence)		证件号码（佐证）ID Number(Evidence)	

账户申请 Account Application

账户介质 Account Medium	□理财金账户卡 Elite Club Account Card　□灵通卡 Money Link Card　□两卡一U盾 Two kinds of cards and USB-shield □活期一本通 All-in-One Current Account　□联名卡：＿＿＿＿ Co-Branded Card	介质类型 Type of medium	□磁条 Magnetic □芯片 Chips □磁条＋芯片 Magnetic+Chips
币　种 Currency	钞/汇 C/E	金　额（大写）Amount in Words	金　额（小写）Amount in figures：亿 千 百 十 万 千 百 十 元 角 分
通讯地址 Address		邮政编码 Zip Code	
手机号码 Mobile		固定电话 Telephone	发证机关所在地 ID Issuer Address
开通自助设备对外转账：□是 Yes □否 No Open the outward transfer function of self-service equipment		开通自助设备取现：□是 Yes □否 No Open the Withdraw cash function of self-service equipment	开通pos消费和转账：□是 Yes □否 No Open the function

代理开户，请填写以下信息
To open a bank account, an agent should also fill in the following information

代理人(监护人)姓名 Name of Agent (Guardian)		证件类型 ID Type	证件号码 ID Number
通讯地址 Address		邮政编码 Zip Code	
手机号码 Mobile		固定电话 Telephone	
代办理由 Reasan of Agency			

电子银行服务申请 E-Banking Services Application

注册账（卡）号 Registered Account (Card) Number

□网上银行 Internet Banking
- □新注册 New Registration
  - 开通对外转账：□是 Yes □否 No　Open Transfer Function
  - 开通电子商务：□是 Yes □否 No　Open E-Commerce Function
  - 开通缴费：□是 Yes □否 No　Open Online Payment Function
  - 身份确认工具 Certificate Medium：□U盾 USB-Shield（□自备 Self-Owned）　□电子银行口令卡 E-banking Password Card
- □添加为注册账户，原注册账（卡）号：Add As Registered Card, Original Registered Card Number
- 开通短信认证：□是 Yes □否 No　Open SMS Certification Function
- 短信认证手机号码：Mobile Number for SMS Certification

□电话银行 Telephone Banking
- □新注册 New Registration
  - 开通对外转账：□是（□向任意账户转账 □向约定账户转账）□否　Open Transfer Function: Yes (Transfer to any Account / Transfers to a Designated Account) No

序号 No.	约定转账账号/卡号 Designated Account/Card Number for Telephone Banking Transfer
1	
2	
3	

  - 身份确认工具：Certificate Medium:　□申领电子银行口令卡 E-banking Password Card
- □添加为注册账户，原注册账（卡）号：Add as Registered Card, Original Registered Card Number
- 限定消费支付电话号码：Designated Phone Number for Telephone Banking Payment　1.＿＿＿＿ 2.＿＿＿＿ 3.＿＿＿＿ 4.＿＿＿＿

□手机银行(WAP) Mobile Banking
- □新注册 New Registration
  - 注册手机号码：Registered Mobile Number
  - 开通对外转账：□是 Yes □否 No　Open Transfer Function
  - 开通电子商务：□是 Yes □否 No　Open E-Commerce Function
  - 开通缴费：□是 Yes □否 No　Open Online Payment Function
- □添加为注册账户，原注册账（卡）号：Add as Registered Card, Original Registered Card Number

□余额变动提醒 Balance Change Reminder
- 开通余额变动提醒：□是 Yes □否 No　Balance Change Reminding
- 接收短信手机号码：Mobilenumber for Receiving Sms
- 服务期限：＿＿＿＿月 Service Term ＿＿＿＿ Months
- 到期自动展期：□是 Yes □否 No　Automatic Exiension of Sercice

其他申请事项 Other Application Items

您关注的其他业务 Other Businesses of Interest
□基金业务 Fund Business　□理财业务 Wealth Management　□保险业务 Insurance Business　□个人贷款 Personal Lending
□外汇业务 Foex　□信用卡业务 Credit Card　□黄金业务 Gold Business　□第三方存管 Third-party Depository Business　□其他 Other＿＿＿＿

第一页第二联　客户留存

个人客户业务申请书（第二联）

ICBC 中国工商银行　　**个人客户业务申请书**
PERSONAL CUSTOMER BUSINESS APPLICATION FORM

姓　名 Name		证件类型 ID Type		证件号码 ID Number	
		证件类型（佐证）ID Type(Evidence)		证件号码（佐证）ID Number(Evidence)	

账户申请 Account Application

账户介质 Account Medium	□理财金账户卡 Elite Club Account Card　□灵通卡 Money Link Card　□两卡一U盾 Two kinds of cards and USB-shield □活期一本通 All-in-One Current Account　□联名卡：______ Co-Branded Card	介质类型 Type of medium	□磁条 Magnetic □芯片 Chips □磁条+芯片 Magnetic+Chips
币　种 Currency	钞/汇 C/E	金　额（大写）Amount in Words	金　额（小写）Amount in figures 亿 千 百 十 万 千 百 十 元 角 分
通讯地址 Address		邮政编码 Zip Code	
手机号码 Mobile		固定电话 Telephone	发证机关所在地 ID Issuer Address
开通自助设备对外转账：□是 □否 Open the outward transfer function of self-service equipment　Yes　No		开通自助设备取现：□是 □否 Open the Withdraw cash function of self-service equipment　Yes　No	开通pos消费和转账：□是 □否 Open the function　Yes　No

代理开户，请填写以下信息
To open a bank account, an agent should also fill in the following information

代理人(监护人)姓名 Name of Agent (Guardian)	证件类型 ID Type		证件号码 ID Number
通讯地址 Address		邮政编码 Zip Code	
手机号码 Mobile		固定电话 Telephone	
代办理由 Reasan of Agency			

电子银行服务申请 E-Banking Services Application

注册账（卡）号 Registered Account (Card) Number

□网上银行 Internet Banking

□新注册 New Registration	开通对外转账：□是 □否 Open Transfer Function Yes No 开通电子商务：□是 □否 Open E-Commerce Function Yes No 开通缴费：□是 □否 Open Online Payment Function Yes No
	身份确认工具 Certificate Medium　□U盾 USB-Shield　（□自备）Self-Owned　□电子银行口令卡 E-banking Password Card
□添加为注册账户，原注册账（卡）号： Add As Registered Card, Original Registered Card Number	
开通短信认证：□是 □否 Open SMS Certification Function Yes No	短信认证手机号码： Mobile Number for SMS Certification

□电话银行 Telephone Banking

□新注册 New Registration

开通对外转账：□是（□向任意账户转账□向约定账户转账）□否
Open Transfer Function　Yes　Transfer to any Account　Transfers to a Designated Account　No

序号 No.	约定转账账号/卡号 Designated Account/Card Number for Telephone Banking Transfer
1	
2	
3	

身份确认工具：Certificate Medium:　□申领电子银行口令卡 E-banking Password Card

□添加为注册账户，原注册账（卡）号：
Add as Registered Card, Original Registered Card Number

限定消费支付电话号码：1.______ 2.______ 3.______ 4.______
Designated Phone Number for Telephone Banking Payment

□手机银行（WAP）Mobile Banking

□新注册 New Registration	注册手机号码：Registered Mobile Number 开通对外转账：□是 □否 Open Transfer Function Yes No 开通电子商务：□是 □否 Open E-Commerce Function Yes No 开通缴费：□是 □否 Open Online Payment Function Yes No
□添加为注册账户，原注册账（卡）号： Add as Registered Card, Original Registered Card Number	

□余额变动提醒 Balance Change Reminder

开通余额变动提醒：□是 □否 Balance Change Reminding Yes No	接收短信手机号码： Mobilenumber for Receiving Sms
服务期限：______月 Service Term Months	到期自动展期：□是 □否 Automatic Exiension of Sercice Yes No

其他申请事项 Other Application Items

您关注的其他业务 Other Businesses of Interest：
□基金业务 Fund Business　□理财业务 Wealth Management　□保险业务 Insurance Business　□个人贷款 Personal Lending
□外汇业务 Foex　□信用卡业务 Credit Card　□黄金业务 Gold Business　□第三方存管 Third-party Depository Business　□其他 Other ______

第一页第三联　中国人民银行当地分支行留存

个人客户业务申请书（第三联）

××银行活期一本通存款凭条

<table>
<tr><td rowspan="2">储户填写</td><td colspan="12">账号：………… 币种：…………
金额：</td></tr>
<tr><td>十</td><td>亿</td><td>千</td><td>百</td><td>十</td><td>万</td><td>千</td><td>百</td><td>十</td><td>元</td><td>角</td><td>分</td></tr>
<tr><td rowspan="3">银行确认栏</td><td colspan="4">账号</td><td colspan="4">金额</td><td colspan="4">储种</td></tr>
<tr><td colspan="4">户名</td><td colspan="4">交易码</td><td colspan="4">存期</td></tr>
<tr><td colspan="4">交易日期</td><td colspan="4">复核</td><td colspan="4">流水号</td></tr>
</table>

本人确认银行打印记录正确无误，客户签字确认………… 经办：

××银行活期一本通回单

<table>
<tr><td>账号</td><td colspan="3"></td></tr>
<tr><td>户名</td><td colspan="3"></td></tr>
<tr><td>金额</td><td colspan="3"></td></tr>
<tr><td>储种</td><td colspan="3"></td></tr>
<tr><td>流水号</td><td></td><td>利率</td><td></td></tr>
<tr><td>余额</td><td colspan="3"></td></tr>
</table>

活期一本通存折

账号………… 户名…………

办卡标志…………

开户网点名称…………

凭证号…………

银行签章

签发日期………… 通存通兑………… 印密…………

序号	交易日期	属性	注释	币种钞/汇	支出(－)或存入(＋)	结余	网点号	操作

实训二：整存整取储蓄开户业务任务训练

任务描述

储户李阳（身份证号：110108199412012229）于 2025 年 5 月 2 日来银行网点办理整存整取开户业务，在开户的同时存入人民币 50 000 元整（开户账号：0005004416443233），一年期整存整取利率为 1.72%。请为客户办理整存整取开户业务。

储蓄存款凭条

科目：(贷)　　　　　　　　　年　　月　　日　　　　　　　　交易代码：

银行填写	
客户填写	储种：活期　活一本通　整整　定一本通　零整　教育　定活　通知　存本　整零　国债　其他 户名______ 账号______ 密码　印鉴　通兑　其他 存期______ 转存期______ 币种______ 钞　汇　假汇　金额______ 新开户填写：地址______ 电话______ 备注______ 存款人证件类型______ 代理人姓名______ 发证机关______ 代理人证件类型______ 发证机关______ 证件号码______ 证件号码______

存款人对上述银行记录确认无误后签名______　事后监督　复核(授权)　柜员

整存整取定期储蓄存单（普通）

科目：(借)　　　　　　　　　凭证号：　　　　　　　　存单号

存入日	起息日	属性	印密	通兑	存期	约定转存期	年利率(%)	到期日	到期利息	操作

账号______　户名______

存入金额：人民币______　¥______

银行签章

客户印鉴　事后监督　支取时：复核（授权）柜员　存入时：复核（授权）柜员

定期一本通存折

账号......　户名......

办卡标志......　币种......

开户网点名称......

凭证号......

银行签章

签发日期......　通存通兑......　印密......

序号	交易日期	属性	注释	存期	到期日期	转存期	币种钞/汇	本金利息	利率(%)	利息税	网点号	操作

实训三：整存整取到期支取业务任务训练

任务描述

储户李阳（身份证号：110108199412012229）于 2024 年 5 月 2 日存入人民币 50 000 元整，2025 年 5 月 2 日来银行网点办理整存整取到期支取业务（开户账号：0005004416443233），一年期整存整取利率为 1.72%。请为客户办理整存整取到期支取业务。

整存整取定期储蓄存单（普通）

科目：（借）　　　　凭证号：　　　　存单号

存入日	起息日	属性	印密	通兑	存期	约定转存期	年利率(%)	到期日	到期利息	操作

账号________________ 户名____________

存入金额：人民币________________ ￥____________

银行签章

客户印鉴　　事后监督　　支取时：复核（授权）柜员　　存入时：复核（授权）柜员

储蓄存款利息清单（客户回单）

币种：　　　　年　　月　　日　　　　交易序号：

户名					账号		
储种	本金	类别	利率(%)	利息	应税利息	利率(%)	税金
网点号	现转标志	税后利息	税后本息合计			备注	操作

事后监督　　　　复核(授权)　　　　柜员

储蓄存款利息清单（银行记账凭证）

币种：　　　　年　　月　　日　　　　交易序号：

户名					账号		
储种	本金	类别	利率(%)	利息	应税利息	利率(%)	税金
网点号	现转标志	税后利息	税后本息合计			备注	操作

事后监督　　　　复核(授权)　　　　柜员

模块四

代理业务

学习目标

知识目标

1. 了解代理业务的类型。
2. 熟悉代理业务的内容。
3. 掌握各种代理业务的办理流程以及业务办理的具体要求。

能力目标

1. 能够为客户办理代发工资业务。
2. 能够为客户办理代理证券业务。
3. 能够为客户办理代理保险业务。

素质目标

1. 具备合规意识和严格遵守流程规范的职业素质。
2. 增强道德观念、诚信观念和自觉防范职业风险的意识。

情景导入

王先生是某事业单位的员工，他在中国工商银行开立了一个个人储蓄账户。王先生所在的单位由工商银行代发工资，平时的工资收入由单位直接打到他在工商银行的卡上，王先生家里的自来水费、电费每月都通过工商银行的卡进行支付。

王先生在业余时间对理财非常感兴趣，也非常关注股市，因此也通过证券代理公司买了一些股票，并与工商银行签订了银证转账协议，可以通过银证转账系统在股市与银行间自由地调配资金进行炒股。

同时，鉴于理财的需要及对未来保障的需要，王先生也通过银行给自己的孩子购买了一份成长保险，并在银行办理了保管箱业务，把自己的贵重物品存放到银行中，以确保安全。

我们可以看到，银行在王先生的生活中是不可或缺的，王先生很多的日常事务都通过银行来办理。在本模块中，我们将会详细介绍银行为了方便客户所开办的代理业务。

项目一
代理业务基础知识

代理业务是银行传统的中间业务，是银行中间业务手续费收入的重要来源。随着商业银行业务竞争的加剧，代理业务在银行竞争中的地位越来越重要。

微课：代理业务基础知识

一、代理业务的概念

代理业务是指银行按照同委托单位签订的协议，接受客户委托，以代理人的身份代表委托人办理一些双方协定的经济事项的业务。在代理业务中，银行作为中介人，应与委托人签订符合法律法规的协议，明确代理的内容、范围、对象、时间、方式和费用以及双方的权利、义务等。

二、代理业务的范围

银行代理业务涉及通信、物业管理、社会保障、税务、交通、行政事业等九大类近100个品种。

（一）通信类

如市内电话费、长途电话费、移动电话费、传真费、报务费、电子银行服务费等。

（二）物业管理类

如自来水费、电费、燃气费、物业管理费、有线电视收视费、租赁管理费、房租、城建费等。

上面两类属于代缴费业务，它是银行代理收费单位（邮电、电力、燃气、供水等部门）向其用户收取费用的一种转账结算业务。

（三）社会保障类

如医疗保险金、失业保险金、养老保险金、工伤保险金等。

（四）税务类

如税费、纳税保证金等。

（五）交通类

如出租车管理费、汽油费、交通罚款、交通安全保证金、票款及验车费、过桥费、机动车年审费、交通养路基金、路桥基金、交通管理费、交通保险费、城市道路建设费、运输费、交警培训费、航空票费、火车票费、客车票费等。

（六）行政事业类

公共事业费、代发救济款和救灾款、代付教育经费、取保候审费、各种行政罚款、防汛费、发票押金、国土征用费、堤围水利管理费、教育附加费、环境监测费、代收农机罚没款、缉毒缉私罚没款、人民银行对金融机构及其他单位和个人的各类罚款、公用设施配套款、河道工程修建维护费、排污费、水资源费、企业注册登记费、防伪代码费、土地使用费、旧城改造费、教育补偿费、社会福利有奖募捐、彩券销售款等。

（七）代发工资类

代发工资、代发奖金等。代发工资业务是银行受国家机关、行政事业单位及企业的委托，通过单位职工在银行开立的个人结算账户（活期储蓄存款账户），直接向单位职工发放工资的业务。

（八）代理股票交易业务

这主要包括银证转账业务和银证通业务。银证转账业务是通过银行网点柜台、电话银行和自助终端等，为客户提供银行存款账户与证券保证金账户之间的相互转账服务。银证通业务是为了方便投资人认购和交易股票，当发生股票交易时，银行用投资人活期存款账户为其办理股票交易资金收付和清算。

（九）其他

如代企业清收欠款、代付货款，代收房地产公积金、房改基金、学生学杂费、学校赞助费、评估费、咨询费，代办验资费，代收单位集资款、律师事务费、伙食费、医药费、“爱心工程”捐款、报刊费等。

业务链接

有多少“费”可以由银行代收

燃气费、自来水费、电费、通信费、卫生费、房贷……一个月下来，老百姓需要按时缴纳的各项费用少说也得有四五项，如果再算上供暖费、有线电视收视费以及用户需要缴纳的税费等，许多家庭每个月都得花费一定的时间奔波于不同的收费点。

自从有了银行代收费服务，老百姓缴费轻松了许多。由于各家银行推出的代收费项目不同，不少市民倾向于选择离自己家近，又能同时缴纳多种费用的银行网点。银行代收费项目包括燃气费、自来水费、固定电话费、移动电话费等，代收费的方式有柜台服务、ATM 自助柜员机、电话银行、手机银行等。

业务链接

随着科技的飞速发展和金融服务的不断创新，代理业务形式也渐渐地从单一的现金收付发展到批量代发、转账批扣、客户自助等多种方式。

使用代理方式应注意以下事项：

(1) 银行在与委托单位办理代收代付业务时必须事先签订委托协议，详细规定双方的权利、义务和责任，本着“谁委托谁交费”的原则，银行要收取一定的费用。

(2) 个人客户在委托银行办理代收费业务时，应保证用于扣款的账户在扣款时有足够的款项，否则，银行无法进行正常扣费。

(3) 用于办理代缴费的个人结算账户，其储蓄存折或储蓄卡如丢失，挂失换折(卡) 时，有的银行会将该账户注销，另开新账户或补发新卡号的卡，这样，原签约账户将不再具有代缴费的功能。因此，办理挂失、换折（卡）的客户，应与银行网点重新办理签约手续。

(4) 客户在银行办理了代缴费业务后，若不再想委托银行进行代缴费，应携带相关证件及时到联网网点撤销代理，否则极易造成重复扣费。

(5) 在银行办理代缴费业务发生重复扣费时，客户可到银行联网储蓄网点，提供相关证件并说明情况，待银行与委托单位对账核实后，根据具体情况进行相应的退款处理，非银行负责处理的情况除外。

项目二

代收自来水费、移动话费及有线电视收视费业务

代收业务是银行利用自身网点、人员等优势，接受行政管理部门、社会团体、企事业单位和个人的委托，代为办理指定范围的收款的服务性中间业务。

使用代收业务时，收费单位与用户均应在代理银行开立活期存款账户，银行定期在协议规定的收费日，从用户存款账户中按收费单位所列收费清单扣划款项给收费单位，并按交易笔数收取手续费。

微课：代收自来水费、移动话费及有线电视收视费业务

代收业务按银行处理方式的不同，可分为实时代缴和主机批量扣划两类。实时代缴是指利用收费单位与银行之间的计算机专线联网，及时传送标准统一的收费数据和收费结果，为缴款人提供“即缴即通”的服务，主要实现方式为柜台缴费、电话缴费、自助缴费、网上缴费等。主机批量扣划是指银行接受缴款人委托，在其指定的账户上为其缴纳有关费用，并在指定日期将扣款通过收费单位提供的数据盘转至收款单位，主要实现方式为银行代缴。

代收业务具有省时、方便、快捷，资金结算及时，便于统管资金，查询准确、快捷的优点，其内容包括开立、代收代扣。下面我们对代收自来水费、移动话费及有线电视收视费业务进行一一讲解。

任务一　代收自来水费业务

代收自来水费是指自来水公司为了进一步提高服务质量，方便居民缴纳自来水费，与银行签订委托协议，由银行柜台根据客户提供的自来水费缴费通知单（交款单），直接代自来水公司进行收费，收费金额计入自来水公司账户。代收自来水费是一项常见的代理业务。

代收自来水费业务的操作步骤如下：

步骤一：受理。

柜员接到客户交来的自来水费缴费通知单（见图 4－1）、现金或存折、储蓄卡。

自来水费缴费通知单

20××年　　月　　　　　　　　　　　　　A

<table>
<tr><td colspan="13">用户编号：</td></tr>
<tr><td rowspan="2">表示数</td><td colspan="3">上次：</td><td colspan="3">单　价</td><td colspan="4">元/m^3</td><td colspan="2">最迟缴费日期：
月　　日</td></tr>
<tr><td colspan="3">本次：</td><td colspan="3">使用量</td><td colspan="4"></td><td colspan="2">营业站电话：</td></tr>
<tr><td rowspan="2">本次应缴水费金额</td><td>千</td><td>百</td><td>十</td><td>万</td><td>千</td><td>百</td><td>十</td><td>元</td><td>角</td><td>分</td><td rowspan="2">计费日</td><td rowspan="2">月　　日</td></tr>
<tr><td></td><td></td><td></td><td></td><td></td><td></td><td></td><td></td><td></td><td></td></tr>
<tr><td>说明</td><td colspan="10">1. 请自计费次日起十日内交中国工商银行、中国农业银行、广东发展银行、浦东发展银行、华夏银行、兴业银行、招商银行。
2. 过期按日加收1%滞纳金。
3. 本收执若经涂改，即行作废。
4. 本收执经加盖银行收款章即为有效。
5. 可凭收执在两个月内向自来水销售部门更换正式发票。
6. 此收执请保留一年，以备查询。</td><td>计费员</td><td rowspan="2">收款章

收款员：</td></tr>
<tr><td colspan="12">用户编号：</td></tr>
</table>

图 4-1　自来水费缴费通知单样式

步骤二：审核。

柜员审核凭证，核对用户编号以及所缴自来水费金额。柜员须审核缴费通知单上用户编号、自来水使用字数是否清晰，有无涂改，资料是否填写清楚且齐全。

步骤三：办理。

柜员根据缴费通知单清点现金，审核无误后收入款箱，进行系统操作，将相关内容录入系统，提交后打印代收发票、贷方传票。将贷方凭证及缴费凭证留存联加盖现讫章，银行留存联附在相应贷方凭证后收妥。将存折或储蓄卡、缴费凭证客户留存联给客户。

业务链接

从 2008 年 1 月 1 日起，国内银行在代收水、电、气、暖等费用后，需要为顾客开具专门的银行代收费业务专用发票。2007 年 9 月 26 日，国家税务总局和中国人民银行联合公布了《关于银行代收费业务使用税务发票有关问题的通知》。通知规定，为了简化银行代收费业务流程，方便单位和个人取得发票，国家税务总局决定推出统一的银行代收费业务专用发票。专用发票的使用范围有两类：一类是代收水、电、气、暖和报刊等费用；另一类是代收通信费、有线电视收视费、上网费等。专用发票分为计算机开具的平推式发票和卷式发票两种。专用发票的具体内容包括发票号码、开票日期、付款人、银行卡卡号等。

代收电费、天然气费的业务流程及操作与代收自来水费相同，可参照上述做法。

任务二　代收移动话费业务

代收移动话费是移动通信公司为了方便用户，与商业银行签订协议，由用户到柜面缴纳移动话费，银行柜台代收的一种代收费业务。

一般来说，商业银行代收移动话费的时间为全年 365 天，正常开机用户、已停机用户均可到银行缴纳移动话费。用户可以通过现金、支票（包括系统内支票、系统外支票）、ATM 转账、电话银行等方式缴纳话费。

代收移动话费业务的操作流程如下：

步骤一：受理。

用户到商业银行缴纳话费时须口头或书面填写缴费申请单（见图 4－2）并告知柜员用户号码。

缴费申请单

年　　月　　日

缴费种类	□移动电话　□市话费　□上网费 □电费　□收视费　□其他		
单位代码		用户代码	
缴费金额或购电度数		用户姓名	

图 4－2　缴费申请单样式

步骤二：审核。

柜员将用户提交的缴费申请单与用户资料进行核对，核对无误后确认缴费。

步骤三：办理。

柜员在系统内输入，选择缴费交易，将电话号码输入后提交，核实电话号码与用户名是否一致，按终端显示话费金额向用户收费。柜员收妥用户所缴话费款后，提交打印代收业务发票。发票各联均需加盖现讫章，第一联作记账凭证附件，第二联交用户。

业务链接

用户应按实际发生金额进行缴费，使用活期储蓄存折付费的，用户须填写取款凭条金额栏连同存折一并交银行柜员，取现后再缴费。

发票内容包括付款单位名称、收费项目名称、收费金额、收费单位名称或号码、缴费日期、批号（网点流水号）、主机流水号等。

任务三　代收有线电视收视费业务

代收有线电视收视费是商业银行依据有线电视公司提供的数据信息，将用户应缴纳的有线电视收视费，从其对应的卡或活期储蓄存折账户中划至有线电视公司在商业银行开立的结算账户的一项业务。

目前在北京，代收有线电视收视费业务主要是银行接受歌华有线电视网络股份有限公司的委托，为有线电视用户办理预约登记以及储蓄卡缴费、续存等业务。

此代理业务一般采用主机批量扣划的形式，由有线电视公司提供数据盘，在客户申请日主机自动划款，次日返回扣划成功与不成功清单。通常情况下，扣划时间在每季度中期，即 2 月 15 日、5 月 15 日、8 月 15 日、11 月 15 日。

代收有线电视收视费业务的操作流程如下：

步骤一：受理。

第一次缴纳有线电视收视费需要进行开户，柜员进行信息登记。客户填写“××有线电视网络股份有限公司用户银行缴费登记表”后，将其与现金、有效身份证件一同直接递交柜员。

步骤二：审核。

柜员登记有线电视用户信息之前，应认真审查“银行缴费登记表”，并审查身份证件是否合法、有效。确认扣款银行为本银行后，再将“银行缴费登记表”所记载的内容逐项录入终端。录入内容包括序号、用户代码、用户姓名、联系电话、身份证号码、收视地址、付费银行账号、存款户名、缴费截止期等。

步骤三：办理。

收点现金，为客户开立储蓄卡账户。柜员打印“银行缴费登记表”和“有线电视客户回执”后，沿带有一连串小孔的虚线撕开“银行缴费登记表”，其中“有线电视客户回执”在加盖支行储蓄公章后作为银行已录入有线电视用户信息的回单交送用户，“银行缴费登记表”上半部分在加盖支行储蓄公章后，专夹保管。

业务链接

代收有线电视收视费包括登记用户信息和代扣收视费两部分内容。“银行缴费登记表”为银行登记有线电视用户信息的依据。“银行缴费登记表”发送到每位有线电视用户，用户按要求填写。

项目三

代发工资业务

代发工资具有安全、快捷的特点。现在很多企业都委托银行代发工资，这样既方便了企业，减少了现金在社会中的流通量，又在无风险的情况下，为银行带来了中间业务手续费收入。

微课：代发工资业务

一、代发工资业务的概念

代发工资业务是指商业银行接受委托单位的委托，将委托单位向本单位职工发放的工资、奖金等收入，通过转账划入指定职工在银行开立的活期储蓄账户内的一项业务。

代发工资业务从领款形式上看，包括活期存折、储蓄卡、信用卡三种形式。

二、代发工资业务的特点

企业可以在银行网点柜台现场办理代发工资业务，企业如有意向，可本着互惠互利的原则，先与商业银行签订代发工资协议。如企业使用网上银行企业财务室功能，则可以获得更优质、高效的服务。代发工资业务具有如下四大特点。

（一）操作灵活，方便快捷

网上银行企业财务室操作简单、方便，超越时间、空间限制，企业自行掌握办理业务的时间，随时随地享受银行方便、快捷的服务。

（二）批量处理，入账及时

企业如果通过网银贵宾室的企业财务室发放工资，工资将被实时处理，实时入账；如果通过付款业务的企业财务室功能发放工资，银行一天有 4 个批次通过计算机自动进行处理，保证工资及时到账；财务人员可以及时打印工资入户明细清单和处理结果。

（三）信息保密，降低风险

相较于传统的磁盘代发工资方式，银行代发工资减少了交接环节，提升了工资信息的私密性。除企业财务经办人员以外，任何人都无法知道发放的企业员工的工资金额（包括银行工作人员），企业员工可以通过个人网上银行的账户查询功能查询电子工资单，轻松查询到本人的工资，避免了纸质工资单的传递，从而降低了财务人员的工作强度，减少了财务成本。

（四）交易安全，全国统一

企业在网上银行企业财务室发放工资、奖金，既可以避免领取、运送、保管现金所带来的安全问题，还可以避免用现金发放工资、奖金出现的差错。网上银行发放工资和奖金的范围广，只要企业员工在全国各地的指定银行开立银行账户，企业都可以及时地将工资、奖金发放到员工手中。

三、代发工资业务的流程

企业委托开户行代发员工工资，在实务操作中各大商业银行既有区别又有共性，这里我们综合北京几家主要商业银行办理类似业务的共性部分，简单介绍其流程。

步骤一：签订协议。

委托单位与开户行就代发工资相关事宜签订委托代理协议。

步骤二：开户。

委托单位按照现行银行实名制的要求提供职工姓名、身份证号码等相关代发清单资料，开户行根据清单办理批量开户手续。

步骤三：资金划拨。

发放工资时，委托单位按照协议约定时间将代发工资资金足额划转到委托单位在开户行开立的指定账户，并向开户行提供书面代发工资明细清单。

步骤四：履约上账。

开户行按照委托协议约定及委托单位提供的代发清单资料按时将应发金额足额转入每位职工的储蓄账户。

步骤五：客户取款。

工资上账后，委托单位的职工即可自由办理取款业务。职工取款时需递交工资存折活期一本通或结算卡并填写储蓄取款凭条（见图 4－3），柜员审核客户填写的凭条内容是否正确，基本内容是否齐全，账号与户名是否相符。审核无误后，打印取款凭条并交客户确认，客户确认无误后签字。柜员在存折、取款凭条上加盖个人名章，并在取款凭条上加盖现讫章。

储蓄取款凭条

科目：（借）　　　　　　年　　月　　日　　　　　交易代码：

<table>
<tr><td rowspan="3">客户填写</td><td colspan="11">储种：活期□　活期一本通□　定期一本通□　存本□　整零□　其他________</td></tr>
<tr><td rowspan="2">户名：
账号：
定期一本通序号：
币种_____钞　□汇　□　假汇　□</td><td>千</td><td>百</td><td>十</td><td>万</td><td>千</td><td>百</td><td>十</td><td>元</td><td>角</td><td>分</td></tr>
<tr><td></td><td></td><td></td><td></td><td></td><td></td><td></td><td></td><td></td><td></td></tr>
<tr><td>银行填写</td><td colspan="11"></td></tr>
</table>

事后监督　　　　　　　　　　　　复核（授权）　　经办

图 4－3　储蓄取款凭条样式

德技并修

案例：代发工资业务

一、案例经过

业务处理中心在监督银行网点代发养老金业务时，发现网点上传的工资清单中户数、金额与回盘文件中的信息不一致，立即打电话与网点沟通，要求认真核实户数、金额后再进行处理。网点答复：填表时漏合计几笔，造成代发养老金表中应代发数与实际发放数不符。

二、案例分析

代发工资业务是银行存款与中间业务的重要组成部分，是提高银行对公对私存款业务竞争力的有效途径，同时也是高风险业务。在办理此类业务时，银行网点受理人员如果未认真审核汇总就上传代发工资文件，就可能产生错发或漏发的风险事件，给银行和客户资金带来损失。

三、案例启示

第一，代发工资业务是银行的一项重要工作，是充分发挥银行整体实力、促进客户资金不断向银行整体归集的有效手段。因此，代发工资银行网点一定要在代发各环节上保持高度的责任心，不能有丝毫的马虎，否则将会造成被代发工资单位的连锁反应，给银行声誉造成风险。

第二，规范员工业务操作行为，严格按照《代发工资业务管理办法》规章制度办理，坚持按操作流程审核户数金额，提高员工落实制度的自觉性和责任心。

第三，强化代发工资业务岗位人员职责的履行，受理岗、操作岗、监督岗认真履职。代发工资监督人员应加强与前台受理人员的沟通，把好业务监督关，切实有效控制业务风险，保障银行代发工资业务持续健康发展。

项目四

代理证券业务

商业银行代理证券业务是随着我国证券市场的建立和发展而逐步发展起来的。随着我国证券市场的建立，商业银行以各种形式积极参与资本市场业务，个人证券代理业务逐渐兴起，并在近二十年的时间里得到了迅速发展。

微课：代理证券业务

一、代理证券业务的概念

商业银行代理证券业务是指商业银行作为中介机构从事代理证券发行、交易、托管和交易资金清算等相关业务，为个人客户提供服务，从而获取手续费收入的经济活动。

在代理证券业务中，商业银行与委托人以签订代理协议的方式规定双方的权利和义务，包括代理证券业务的范围、内容、期限、代理费用、违约责任和纠纷的处理等，由此形成一定的法律关系。在代理证券业务中，商业银行运用其丰富的专业知识和技能以及良好的信誉提供金融服务，不参与证券投资收益的分配，只收取代理手续费和佣金。

二、代理证券业务的特点

（一）广泛性

目前，商业银行个人证券代理产品主要包括凭证式国债、记账式国债、金融债券、企业债券、开放式基金、封闭式基金和银证业务等，业务对象具有广泛性的特点。

（二）中介性

商业银行代理证券业务属于中间业务，银行资产、负债规模和比例不会因此发生变化，商业银行充当证券交易的代理人，按一定的业务规则，公开、公平、公正、安全、高效地执行投资人的交易委托，具有中介性的特点。

（三）效益性

开展代理证券业务，能给商业银行带来可观的手续费收益，同时有利于改变商业银行的收入结构，有利于稳定和扩大优质客户资源，提高银行的盈利能力。

（四）风险低

商业银行办理代理证券业务，与投资者之间形成的是代理关系，不承担债务人违约的连带责任；商业银行在业务办理过程中不以自有资金参与证券交易，也不会承担证券市场价格波动的风险，具有风险低的特点。

任务一　凭证式国债代理业务

凭证式国债是指不印制实物债券，而采用填制“中华人民共和国凭证式国债收款凭证”的方式，通过商业银行和邮政储蓄柜台，面向城乡居民个人和各类投资者发行的国债。

凭证式国债作为国家债券的一个品种，于1994年正式推出。其特点主要表现在以下几个方面：

（1）信用等级最高。储蓄存款是以银行信用作为基础，凭证式国债虽然也通过商业银行和邮政储蓄柜台销售，但它代表的是国家信用，属于零风险投资品种。

（2）发售网点多，购买方便。全国银行及邮政储汇局的网点可办理凭证式国债的销售和兑付业务，大部分城乡居民都可以就近买到凭证式国债。

（3）变现灵活，安全性高。凭证式国债虽不能上市交易但可提前兑取，如遇特殊需要，可以随时到原购买网点兑取现金。凭证式国债可以记名、挂失，如不慎遗失了相关凭证，可到原购买网点办理挂失手续，以确保债券安全。

（4）收益相对较高。凭证式国债持有到期的兑付收益高于相同期限存款缴税后的实际收益。提前兑取时按持有时间设定分档利率计算利息，大大高于银行存款提前支取的收益。

（5）具有融资功能。投资者在购买凭证式国债的同时，即获得了一个优良的融资工具，当需要小额贷款时，可用凭证式国债作为质押物，到原购买银行进行质押融资。

一、凭证式国债的发行流程

凭证式国债代理业务的操作步骤如下：

步骤一：受理。

客户填写“储蓄存款凭条”（见图4-4），连同有效身份证原件、现金一并交柜员。

步骤二：审核。

柜员审查存款凭证各要素是否填写完整、正确，是否预留印鉴或密码，身份证件号码是否准确。

步骤三：办理。

柜员当面点收现金，一笔一清，并按“三先三后”程序操作。然后进入系统，启动债券发行交易，根据提示录入户名、购买金额、凭证号码等要素，打印国债认购凭条和债券收款凭证，审核无误后在债券收款凭证上加盖柜员名章和业务公章后交给客户，在国债认购凭条上加盖现讫章或转讫章后留存。

储蓄存款凭条

科目：（贷）　　　　年　月　日　　　　交易代码：

银行填写	
客户填写	储种：活期　活一本通　整整　定一本通　零整　教育　定活　通知　存本　整零　国债　其他 户名________ 账号______________ 密码　印鉴　通兑　其他 存期______ 转存期______ 币种______ 钞　汇　假汇　金额____________ 新开户填写：地址______________ 电话________ 备注________ 存款人证件类型__________ 代理人姓名________ 发证机关__________ 代理人证件类型________ 发证机关________ 证件号码__________ 证件号码______________

存款人对上述银行记录确认无误后签名______　事后监督　复核（授权）　柜员

图 4-4　储蓄存款凭条样式

业务链接

若客户预留密码，则到期时可到认购银行下属的任何网点通存通兑；若不留密码，则到期时只能到认购行兑付。

二、凭证式国债到期兑付流程

步骤一：受理。

客户提交凭证式国债、有效身份证件。

步骤二：审核。

柜员审核凭证式国债及身份证件的真实性。

步骤三：办理。

审核无误后，进入系统操作，打印国债凭证、利息清单。利息清单交客户确认无误后签字。柜员兑付现金交客户。

业务链接

凭证式国债具有通兑功能，允许在同城范围内实行通兑。凡在发行期内售出的凭证式国债，均按对年、对月、对日的方法，不计复利来确定到期日并付息；在发行期结束后售出的凭证式国债，以售出日为起息日，终止日为该国债规定的到期日（即再售出截止日），逾期兑付的不计逾期利息。

发行期内银行储蓄存款利率如发生变动，尚未发行的凭证式国债利率也将做相应的调整。所得国债利息不纳税。

三、凭证式国债提前兑付流程

步骤一：受理。

客户提前兑付凭证式国债须提交凭证式国债、有效身份证件。

步骤二：审核。

柜员审核凭证式国债、有效身份证件的真实性。

步骤三：办理。

柜员审核无误后，进入系统操作，打印国债凭证、利息清单。利息清单交客户确认，客户确认无误后签字。柜员兑付现金交客户。

业务链接

根据中华人民共和国财政部公告2015年第10号和第27号的有关规定，中国人民银行2015年5月11日调整金融机构人民币存款基准利率后，2015年凭证式（二期）国债（以下简称本期国债）的票面利率及提前兑取分档利率调整情况如下：

1. 2015年5月11日（含）以后购买的本期国债，其票面利率为三年期4.67%、五年期5.07%。

2. 2015年5月11日（含）以后购买的本期国债，投资者提前兑取按实际持有时间和相对应的分档利率计付利息，具体为：从购买之日起，三年期和五年期本期国债持有时间不满半年不计付利息，持满半年不满一年按年利率1.41%计息，持满一年不满两年按3.14%计息，持满两年不满三年按4.16%计息；三年期本期国债持有时间满三年，按年利率4.67%计息；五年期本期国债持有时间满三年不满四年按4.66%计息，满四年不满五年按4.8%计息，满五年按5.07%计息。

3. 2015年5月10日购买的本期国债，其票面利率和提前兑取分档利率仍按中华人民共和国财政部公告2015年第27号执行。

4. 2015年5月11日至19日（含），如遇中国人民银行调整金融机构人民币存款基准利率，利率调整日（含）以后发行的本期国债利率及提前兑取分档利率的调整情况另行通知。

2015年凭证式（二期）国债提前兑取分档利率见表4-1。

表4-1　2015年凭证式（二期）国债提前兑取分档利率

券种	期限	发行期	分档利率							
			不满半年	持满半年不满一年	持满一年不满两年	持满两年不满三年	持满三年	持满三年不满四年	持满四年不满五年	持满五年
2015年凭证式（二期）国债	3年	5月11日—5月19日	不计	1.41%	3.14%	4.16%	4.67%	—	—	—
	5年		不计	1.41%	3.14%	4.16%	—	4.66%	4.8%	5.07%

任务二　证券投资基金代理业务

证券投资基金代理业务是指银行接受基金管理人的委托，从事代理销售证券投资基金及注册登记的业务。证券投资基金具有组合投资、分散风险、专业管理、规避风险、税负合理等特点。

证券投资基金一般分为开放式基金和封闭式基金两种。

子任务一　代理开放式基金业务

开放式基金指基金发行总额不固定，基金单位总数可以根据市场供求情况增加或减少，投资人可以按基金的净值在规定的营业场所申购或者赎回基金单位的一种基金。

一、代理开放式基金业务柜面认购流程

新基金在发行期内买入称为认购，认购价为 1 元，但在发行期及封闭期内不能赎回。封闭期过后进入开放期，此时买入称为申购，申购价按基金净值来计算。投资人申购基金的业务操作流程基本同认购基金。

步骤一：签约及开户。

客户申请办理基金业务，首先应进行签约及开户，签约的目的是录入客户的资料，设定基金业务的资金账户。客户在银行只能开立一个基金交易的资金账户。

开户是指银行代理客户向基金公司申请开立其在基金公司的基金账户，客户在一家基金公司只能有一个基金账户。

步骤二：进行开户系统操作。

柜员审核后通过“基金交易账户开户”交易，录入投资人提交的资料等有关信息，将投资人基金交易账户与基金资金账户建立唯一对应关系。

步骤三：柜员审核代理基金申/认购申请表。

投资人认购新发的基金时，应按认购金额填写代理基金申/认购申请表（见表 4－2），认购金额大于最低认购金额，是交易级差的整数倍。机构投资人还须加盖预留印鉴，并按认购金额填写转账支票（基金资金账户）一张，连同基金交易卡、基金资金账户卡一并提交给柜员。

表 4－2　代理基金申/认购申请表（样表）

<table>
<tr><td rowspan="7">客户填写</td><td>申请人</td><td colspan="12"></td></tr>
<tr><td>借记卡号</td><td colspan="12"></td></tr>
<tr><td>基金代号</td><td colspan="12"></td></tr>
<tr><td>基金名称</td><td colspan="12"></td></tr>
<tr><td colspan="2" rowspan="2">申/认购金额或份额（大写）</td><td>亿</td><td>千</td><td>百</td><td>十</td><td>万</td><td>千</td><td>百</td><td>十</td><td>元</td><td>角</td><td>分</td></tr>
<tr><td></td><td></td><td></td><td></td><td></td><td></td><td></td><td></td><td></td><td></td><td></td></tr>
<tr><td>分红方式类型</td><td colspan="12">红利再投资（　　）　　　　派现（　　）</td></tr>
</table>

续表

<table>
<tr><td colspan="5">声明：本人/本公司接受《基金契约》所载明的所有法律条款，承诺依据《基金契约》行使权利、承担义务，并确保已详阅所买基金的《公开说明书》，自愿办理中国××银行代理的基金业务，明白投资基金的风险，自担投资风险。
申请人或经办人签字：　　　　机构投资人预留印鉴：</td></tr>
<tr><td rowspan="7">银行填写</td><td>申请人</td><td colspan="3"></td></tr>
<tr><td>借记卡号</td><td colspan="3"></td></tr>
<tr><td>基金代码</td><td></td><td>基金账号</td><td></td></tr>
<tr><td colspan="4">申/认购金额或份额（大写）　　　　¥</td></tr>
<tr><td colspan="4">冻结金额（大写）　　　　¥</td></tr>
<tr><td>分红方式类型</td><td colspan="3"></td></tr>
<tr><td>委托号</td><td></td><td>受理时间</td><td></td></tr>
</table>

柜员接到申请后，应审核该申请表是否按要求填写，并审核客户资金账户上是否有足够的认购资金。

业务链接

个人办理签约、开户需要提供：银行卡、本人身份证原件及复印件、填妥的××行代理开放式基金账户业务申请表。

机构客户办理签约、开户需要提供：一般账户或基本账户信息、基金业务授权委托书、被授权的经办人身份证原件及复印件、营业执照复印件、组织机构代码证书复印件、法定代表人身份证复印件、填妥的××行开放式基金账户类业务申请表。

个人投资者在申请表上签名或盖章，机构投资者加盖印鉴（机构投资者加盖的印鉴应与在该银行开立的结算账户预留的印鉴一致）。

投资者在代销银行进行开放式基金交易，代销银行首先为其开立相应的基金账户。基金账户是代销银行代理基金注册登记机构为投资者以实名设立的，用于准确记载投资者所持有的基金种类、名称、数量和相应权益及其变动情况的账户。每个投资者针对同一基金登记注册机构只可开立唯一的基金账户，仅限投资者本人使用。

个人投资者姓名、身份证件名称及号码等发生变化时，须及时向联网网点申办资料变更；机构投资者的法定代表人、机构证件号码、被授权人等发生变化时，须及时向开户网点申办资料变更。

投资者申请销户，其基金账户内应无余额、无权益、无挂失、无冻结、无未完成的交易委托等。

步骤四：办理认购。

柜员经审查无误后，通过“认购”交易，根据系统提示录入有关信息，按投资者意愿准确选择不同基金公司的基金产品。

柜员打印基金申/认购单（见表 4－3）并交客户确认，客户确认无误后签字，柜员将有效身份证件、客户信息确认书和交易确认书、基金交易卡、基金资金账户卡交给客户。

表 4－3　基金申/认购单（样表）

基金名称：	基金销售网点：
市场代码：	申购时间：
证券代码：	交易流水号：
投资者名称：	认购金额：　　　　元
客户交易号：	认购费率：
借记卡号：	折算认购份额：　　　　（份）
（理财卡号）	卡密码：
其中手续费：	认购净金额：
扣款金额：	扣款金额大写：

二、代理开放式基金业务柜面赎回流程

证券投资基金赎回是指在基金存续期间，将手中持有的基金份额按一定价格卖给基金管理人并收回现金的行为。

开放式基金赎回流程如下：

步骤一：受理。

客户提交给柜员有效身份证件、基金交易卡、基金资金账户卡、基金账号等。

步骤二：审核。

柜员应认真审核客户提供的有关资料是否准确、真实，审查客户填妥的代理基金赎回申请表（见表 4－4），确认客户是否将该只基金的份额全部赎回。若不是全部赎回，则在账户内保留的基金份额不得低于该只基金的最低持有量（不同基金账户的最低持有量不同）。

表 4－4　代理基金赎回申请表（样表）

<table>
<tr><td rowspan="2">基本资料</td><td>申请人名称</td><td></td><td>申请日期</td><td>年　　月　　日</td></tr>
<tr><td>基金名称</td><td></td><td>基金代码</td><td></td></tr>
<tr><td>基金赎回</td><td colspan="4">1. 赎回数量：　　　　份　　　　2. 收费模式：前端（　　）　后端（　　）
3. 预约赎回日期：　年　月　日　　4. 巨额赎回处理方式：顺延（　　）　不顺延（　　）</td></tr>
</table>

步骤三：办理。

柜员审核无误后，通过“赎回”交易，根据系统提示录入有关信息。然后打印代理

基金赎回申请表一式两联，客户确认无误后签字，柜员将现金、身份证、基金业务回执交客户。

业务链接

赎回后的剩余基金份额不能低于基金公司规定的最小剩余份额；未被基金公司确认的基金不能做赎回业务。

子任务二　代理封闭式基金业务

封闭式基金是指基金规模在发行前已确定，在存续期内基金单位总数固定不变，基金上市后投资人可以通过交易所市场或柜台市场转让基金单位的一种基金。

投资人在代理发行银行网点登记其交易所证券账户（上海或深圳证券交易所股东卡），然后认购封闭式基金，基金上市后可通过证券公司在证券交易所进行交易。中国建设银行是全国首家办理封闭式基金代理发行业务的商业银行，此项业务突破了以往传统的通过证券公司网络认购的方式，有效地扩大了基金募集的渠道，方便了广大投资人认购基金。

业务链接

封闭式基金代理发行业务主要包括登记证券账户、认购、登记账户变更、取消登记证券账户、投资人查询、登记资料转移等业务。投资人到代理发行银行办理封闭式基金认购，须事先开立相关市场证券账户卡/折，如上海证券交易所证券账户卡/折。

投资人可在一般网点办理登记证券账户、认购、登记账户变更、取消登记证券账户、投资人查询等交易。申请办理封闭式基金有关业务须由投资人本人办理，不得代办。投资人在代理发行银行办理封闭式基金业务，须先申请办理登记证券账户（如登记上海证券交易所证券账户）业务。登记的证券账户若为非正常状态，如挂失、冻结、止付等，则不允许进行变更登记。投资人办理证券账户登记后当日即可办理认购。认购封闭式基金当日不可办理登记账户变更交易。登记账户变更当日投资人即可办理认购交易。取消登记证券账户是指投资人对已登记的证券账户的取消，拟取消的证券账户须无余额、当日无交易。

代理封闭式基金业务的操作步骤如下：

步骤一：登记账户。

经办人员根据投资人填写的开户申请表，对法定身份证件、拟登记的证券账户卡/折审核无误后，办理登记账户委托。

步骤二：认购。

经办人员根据投资人填写的基金认购委托单，办理基金认购委托。投资人可以在规定的时间内到联网网点办理交割手续，以确定认购份额在相关证券登记结算机构登记成功。

步骤三：登记账户变更。

经办人员根据投资人填写的信息变更申请表，对法定身份证件、拟变更的证券账户卡/折审核无误后，办理登记账户变更委托。

步骤四：取消登记账户。

经办人员根据投资人填写的申请表，对法定身份证件、拟取消的证券账户卡/折审核无误后，办理取消登记账户委托。

步骤五：投资人查询。

投资人办理封闭式基金网下发行认购业务，经办人员在为投资人办理完认购手续后，即可为投资人办理成交查询，以确定投资人的认购委托是否已成交。

项目五 代理第三方存管业务

一、第三方存管业务的概念

第三方存管业务是指证券公司将客户交易结算资金（俗称保证金）独立于自有资金，交由独立于证券公司的第三方存管机构存管。银行负责客户交易结算资金的存管，为投资者提供银证转账、客户交易结算资金存取及查询资金变动等功能。第三方存管是一种新的保证金管理模式，投资者必须选定一家存管银行。“第三方存管”的核心是“券商托管证券、银行监管资金”。

微课：代理第三方存管业务

二、第三方存管业务实现的主要功能

（一）自助服务渠道提供的主要功能

第三方存管业务的自助渠道包括电话银行、一网通个人银行大众版及专业版、自助终端、手机银行等。

（二）电话银行及网上银行的主要功能说明

活期转证券保证金：将客户一卡通活期账户中的资金转账到对应的证券公司证券保证金账户（简称：银转证）。

证券保证金转活期：将客户在证券公司的证券保证金账户中可提取的资金转账到对应的一卡通活期账户（简称：证转银）。

查询保证金账户余额：供客户实时查询证券保证金账户的可用余额和可提取余额。其中：可用余额为当前可用于买股票的余额；可提取余额为当前可进行证转银的资金余额。

修改转账限额：客户可设置单笔银转证限额及单日银转证累计限额；合作券商系统可设置客户单日证转银累计限额。其中，单日银转证累计限额指单日银转证和证转银轧差后银转证限额。客户转账时，双方系统自动检查是否超限，若超限则拒绝转账。

查询簿记账户历史账页：客户可通过网上银行、电话银行等查询簿记账户余额及历史账页。银行各渠道展示的客户簿记余额为上一工作日清算后的余额，非保证金账户的实时余额。

业务链接

将第三方存管业务与银证转账、银证通业务对比：银证转账是在以往非银行存管的模式下为客户提供的一种银行资金与保证金账户划转的途径；银证通的资金是由银行管理，但没有为每个客户单独立户管理证券交易保证金；第三方存管业务为每个客户单独立户管理证券交易保证金，从源头上杜绝了券商挪用客户保证金的事件发生，更好地体现了国家监管机构对于投资者的保护。

第三方存管业务与以往的银证转账、银证通业务的根本区别在于第三方存管业务为每个客户单独立户管理证券交易保证金；共同之处在于客户的证券交易习惯无须改变，客户的委托方式未发生变化。

三、代理第三方存管业务的操作步骤

步骤一：开立证券公司保证金账户。

客户本人携带身份证件、证券账户卡等，到证券公司营业部柜台，开立证券保证金账户，指定一个商业银行为资金存管银行，并签署相应的《××银行、××证券公司客户交易结算资金银行存管协议书》（以下简称《存管协议书》）。

步骤二：客户指定银行受理流程。

客户本人携带身份证件、指定银行的结算卡及由证券公司营业部签署的《存管协议书》，到指定银行网点柜台办理存管银行确认手续，填写客户证券交易结算资金第三方存管业务申请表（见表4－5），交与柜员。

表4－5　客户证券交易结算资金第三方存管业务申请表（样表）

申请日期：　　年　　月　　日

<table>
<tr><td colspan="6">客户填写栏</td></tr>
<tr><td colspan="6">业务类型：□建立存管关系　□变更银行账号　□修改银行端簿记联系资料</td></tr>
<tr><td colspan="2">申请人/机构名称</td><td colspan="4"></td></tr>
<tr><td colspan="2">开户银行</td><td></td><td colspan="2">银行账号</td><td></td></tr>
<tr><td colspan="2">证券公司名称</td><td></td><td colspan="2">证券保证金账号</td><td></td></tr>
<tr><td colspan="2">证券类型</td><td></td><td colspan="2">证件号码</td><td></td></tr>
<tr><td colspan="2">联系地址</td><td colspan="4"></td></tr>
<tr><td colspan="2">邮　编</td><td></td><td>固定电话</td><td></td><td>传真</td></tr>
<tr><td colspan="2">E-mail 地址</td><td></td><td colspan="2">手机</td><td></td></tr>
<tr><td rowspan="3">机构填写栏</td><td>法定代表人名称</td><td></td><td colspan="2">经办人姓名</td><td></td></tr>
<tr><td>法定代表人证件类型</td><td></td><td colspan="2">经办人证件类型</td><td></td></tr>
<tr><td>法定代表人证件号码</td><td></td><td colspan="2">经办人证件号码</td><td></td></tr>
</table>

续表

<table>
<tr><td colspan="2">币　种</td><td colspan="14">□人民币　□港币　□美元　（开通多币种时，需按币种分别填写申请表）</td></tr>
<tr><td rowspan="4">设定转账限额</td><td rowspan="2">单笔银转证限额</td><td rowspan="2">□不限</td><td rowspan="2">□限额</td><td>十</td><td>亿</td><td>千</td><td>百</td><td>十</td><td>万</td><td>千</td><td>百</td><td>十</td><td>元</td><td>角</td><td>分</td></tr>
<tr><td></td><td></td><td></td><td></td><td></td><td></td><td></td><td></td><td></td><td></td><td></td><td></td></tr>
<tr><td rowspan="2">单日银转证累计限额（指单日银转证和证转银轧差后银转证限额）</td><td rowspan="2">□不限</td><td rowspan="2">□限额</td><td>十</td><td>亿</td><td>千</td><td>百</td><td>十</td><td>万</td><td>千</td><td>百</td><td>十</td><td>元</td><td>角</td><td>分</td></tr>
<tr><td></td><td></td><td></td><td></td><td></td><td></td><td></td><td></td><td></td><td></td><td></td><td></td></tr>
<tr><td colspan="2" rowspan="2">变更银行账号</td><td colspan="2">原银行账号</td><td colspan="12" rowspan="2"></td></tr>
<tr><td colspan="2">新银行账号</td></tr>
<tr><td colspan="2" rowspan="2">银行填写栏</td><td colspan="14">推荐人单位：</td></tr>
<tr><td colspan="8">推荐人姓名：</td><td colspan="6">员工编号：</td></tr>
<tr><td colspan="16">银行打印栏</td></tr>
<tr><td colspan="16">本人已详细阅读《客户证券交易结算资金第三方存管业务协议书》及相关业务规定，接受协议书及业务规定中所载明的所有法律条款，充分知晓客户证券交易结算资金第三方存管的各项业务规定和风险提示，并自愿申请办理客户证券交易结算资金第三方存管业务。本人保证提供的资料和填写的信息完全合法、真实和准确，并自愿承担因信息瑕疵给证券公司和银行带来的全部损失。
个人客户签字：　　　　机构客户签字：</td></tr>
</table>

经办：　　　　复核：　　　　经办网点（章）：

步骤三：客户指定银行审核流程。

柜员审核客户填写的申请表要素是否齐全、填写是否正确。

步骤四：客户指定银行办理流程。

经办员查验无误后，建立存管关系，通知客户已开通银证转账功能。客户收回有关证件和经办员已盖业务用公章的客户证券交易结算资金第三方存管业务申请表第二联。

业务链接

客户开通第三方存管功能后，除了可以在柜台办理银证转账外，还可以通过电话转账、自助转账的方式进行。

以华夏银行为例，第三方存管流程如图 4－5 所示。

目前，商业银行第三方存管业务仅开展人民币业务。客户存管确认时，提供的身份证件及保证金账户应与预指定时一致，且未与其他银行建立第三方存管业务。

第三方存管业务的服务时间取决于证券公司的服务时间，一般为营业日 9:00—15:00，具体时间以证券公司的规定为准。

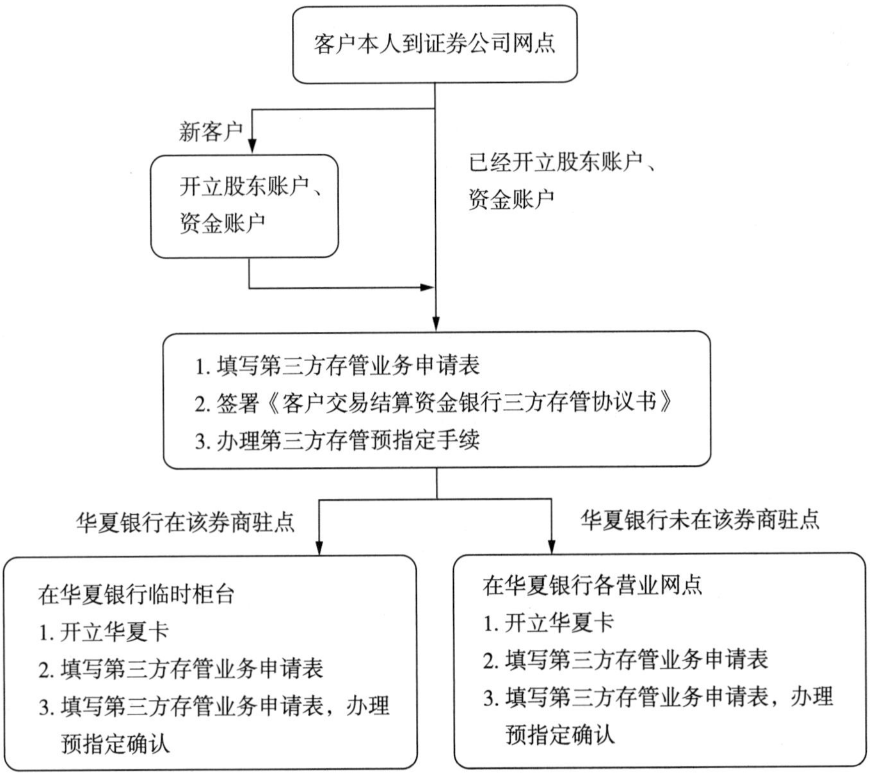
客户本人到证券公司网点
新客户
开立股东账户、
资金账户
已经开立股东账户、
资金账户
1. 填写第三方存管业务申请表
2. 签署《客户交易结算资金银行三方存管协议书》
3. 办理第三方存管预指定手续
华夏银行在该券商驻点
华夏银行未在该券商驻点
在华夏银行临时柜台
1. 开立华夏卡
2. 填写第三方存管业务申请表
3. 填写第三方存管业务申请表，办理
预指定确认
在华夏银行各营业网点
1. 开立华夏卡
2. 填写第三方存管业务申请表
3. 填写第三方存管业务申请表，办理
预指定确认

图 4-5　第三方存管流程

项目六

代理保险业务

随着我国市场经济的发展，很多银行正逐步向商业银行过渡，发展代理保险业务是商业银行业务发展的需要，代理保险成为各商业银行竞相开办的热点业务。各银行纷纷与保险公司签订代理合作协议，代理保险业务迅速在各个银行网点全面推开。

微课：代理保险业务

一、代理保险的概念

代理保险是指商业银行接受保险人的委托，向保险人收取代理手续费，并在保险人授权范围内代其销售保险产品和提供保险服务的行为，是商业银行中间业务的重要组成部分。

目前，银行代理保险业务不仅包括代收保险费、代付保险费、代理销售保险产品等传统业务，而且还涉及协议存款、资金网络结算、保单质押贷款等新业务领域。但银行在其代办险种的范围内，一旦保险标的遭受损失，应由保险公司予以赔偿，代理银行不承担经济责任。

二、银行开展个人保险代理业务的作用

在我国金融体系中，银行是连接证券、保险的桥梁，也是广大消费者最信赖的金融服务机构，三者的业务各有侧重，但又相互渗透。商业银行介入保险市场，是金融市场资源整合的产物，发挥了银行和保险公司资源共享的优势，有着重要的意义和积极的作用。

（一）资源共享，扩大银行客户和资金来源

保险公司营业网点相对较少，扩大市场的能力受到限制。保险公司需要借助银行完善的市场网络及广泛的公司、个人客户关系，增强市场渗透力，拓展销售渠道，通过银保合作，实现资源共享。商业银行从中可达到两个目标：一是扩大客户资源，银行通过兼营代理保险业务，使保险公司的客户成为银行的客户；二是扩大资金来源，在银保合作中，保险公司在银行的存款也是银行资金来源的一个重要组成部分。

（二）全方位服务，走向一体化经营

商业银行的经营理念是“以客户为中心、以市场为导向、以效益为目标”。在市场经济条件下，银行必须有正确的定位，充分满足客户的合理要求，而中间业务发展缓慢，严重制约了银行为客户提供满意的服务。代理保险业务作为中间业务的重要组成部

分，它的发展必将带动其他中间业务的发展。金融系统一体化经营是大势所趋，谁进入得早，谁受益就大。

（三）拓展中间业务，增加银行业务收入

中间业务收入是商业银行经营成果的重要组成部分。我国四大国有商业银行中间业务收入占总收入的比重较小。因此，中间业务是未来商业银行利润的最大增长点，而代理保险手续费收入是中间业务收入的重要组成部分。

（四）提高资产质量，防范金融风险

防范金融风险是商业银行在经营活动中必须面对的永恒话题，只有资金安全，才能创造利润。银行在开展信贷业务时，有时需要保险公司对消费者进行承保，将经营风险转移给保险公司承担，保证自身的资金安全。

（五）提高员工素质，强化服务意识

银保合作的过程，也是银行引入保险公司市场营销理念的过程。银行不仅能在代理保险业务中取得一定的收入，同时也将增强员工的保险意识以及对消费者的服务意识。

三、代理保险业务的操作步骤

步骤一：投保。

投保人（代理投保人）应准确、完整、如实地填写一式三联投保单。采用分期缴款方式时，投保人应填写委托银行代扣保险费授权书，并提供可以转账的支付载体，将投保单、保费交代理机构。投保单必须由投保人亲自签名确认；如为代理投保，代理行还应审核代理投保人的身份证和委托授权书。

步骤二：代理行初审。

代理行对投保单进行初审。对投保金额在 5 万元以下的保险代理业务可采用柜员制形式，对投保金额超过 5 万元的保险代理业务必须经过授权复核。

步骤三：代理行核保。

核保程序：审核是否符合承保条件，确认后在保险单上加盖保险代理业务专用章和经办人私章，在投保人和保险公司留存联上加盖保险代理业务专用章；将保险单、投保单和险种条款交投保人核对；投保人在保险单回单联上签名确认；将相关材料交保险公司核保。

步骤四：代理行受理。

保险公司核保后，代理行作收费处理。客户提交有效身份证件、保险费委托代收授权书、活期一本通及填写的取款凭条。

步骤五：代理行审核。

柜员审核客户提交的有效身份证件、保险费委托代收授权书，审核客户递交的活期一本通及填写的取款凭条。

步骤六：代理行办理。

柜员进行保险投保开户业务操作，打印一式五联的保险费收据及活期一本通存折并加盖业务公章、名章。由银行柜台出单的保险产品，在核保后，直接向投保人出具保险单。然后将保险单正本、收费凭证客户联、有效身份证件、活期存折交给客户。

业务链接

客户保险缴费的方式可选择趸缴和分期缴纳两种方式。

趸缴，即一次性付清保费。其优点在于手续简单，缺点则是一般的投保人承担不起。

分期缴纳，按照保险合同的约定有年缴或季缴、月缴等方式。缴费期越长，其分摊在每一年中的保险费用自然越少。银行划款给保险公司时，通常采用系统内部主机自动批量划款的方式进行。

模块小结

（1）代理业务是指银行按照同委托单位签订的协议，接受客户委托，以代理人的身份代表委托人办理一些双方协定的经济事项的业务。

（2）代收业务是银行利用自身网点、人员等优势，接受行政管理部门、社会团体、企事业单位和个人的委托，代为办理指定范围的收款的服务性中间业务。

（3）代收自来水费是指自来水公司为了进一步提高服务质量，方便居民缴纳自来水费，与银行签订委托协议，由银行柜台根据客户提供的自来水费缴费通知单（交款单），直接代自来水公司进行收费，收费金额计入自来水公司账户。

（4）代收移动话费是移动通信公司为了方便用户，与商业银行签订协议，由用户到柜面缴纳移动话费，银行柜台代收的一种代收费业务。

（5）代收有线电视收视费是商业银行依据有线电视公司提供的数据信息，将用户应缴纳的有线电视收视费，从其对应的卡或活期储蓄存折账户中划至有线电视公司在商业银行开立的结算账户的一项业务。

（6）代发工资业务是指商业银行接受委托单位的委托，将委托单位向本单位职工发放的工资、奖金等收入，通过转账划入指定职工在银行开立的活期储蓄账户内的一项业务。

（7）商业银行代理证券业务是指商业银行作为中介机构从事代理证券发行、交易、托管和交易资金清算等相关业务，为个人客户提供服务，从而获取手续费收入的经济活动。

（8）凭证式国债是指不印制实物债券，而采用填制“中华人民共和国凭证式国债收款凭证”的方式，通过商业银行和邮政储蓄柜台，面向城乡居民个人和各类投资者发行的国债。

（9）证券投资基金代理业务是指银行接受基金管理人的委托，从事代理销售证券投资基金及注册登记的业务。

(10) 第三方存管业务是指证券公司将客户交易结算资金（俗称保证金）独立于自有资金，交由独立于证券公司的第三方存管机构存管。

(11) 代理保险是指商业银行接受保险人的委托，向保险人收取代理手续费，并在保险人授权范围内代其销售保险产品和提供保险服务的行为，是商业银行中间业务的重要组成部分。

模块练习

一、单项选择题

1. 代理业务在商业银行中属于哪类业务？（ ）

A. 资产业务 B. 负债业务 C. 中间业务 D. 结算业务

2. 以下哪个信用工具信用等级最高？（ ）

A. 凭证式国债 B. 金融债券

C. 企业债券 D. 开放式基金

3. 代理业务的主要收入来源是（ ）。

A. 利息收入 B. 代理手续费收入

C. 资本利得 D. 投资收益

4. 银行代理业务在银行的地位日益重要，主要原因是（ ）。

A. 利率市场化 B. 存款竞争加剧

C. 业务竞争加剧 D. 资本充足率要求提高

5. 下列哪项业务不属于银行代理业务的范围？（ ）

A. 物业管理费 B. 储蓄存款

C. 医疗保险金 D. 出租车管理费

6. 银证转账业务的主要作用是什么？（ ）

A. 存款和取款

B. 证券买卖

C. 银行存款账户与证券保证金账户转账

D. 兑换外币

二、多项选择题

1. 银行代理业务涉及的业务范围很广，它包括（ ）等业务。

A. 通信 B. 物业管理 C. 社会保障 D. 交通

2. 银行代理业务的优点包括（ ）。

A. 增加手续费收入 B. 拓展客户群体

C. 提高银行服务效率 D. 降低银行运营成本

3. 代理业务中，银行与委托人签订协议时，应明确哪些内容？（　　）

A. 代理的费用　　B. 代理的期限

C. 双方的权利和义务　　D. 代理的范围和对象

4. 代收业务相比传统缴费方式有哪些优点？（　　）

A. 省时　　B. 方便快捷

C. 资金结算及时　　D. 安全性更高

5. 银行在办理代收业务时，需要注意哪些事项？（　　）

A. 与委托单位签订委托协议

B. 确保客户账户余额充足

C. 提供“即缴即通”服务

D. 定期与委托单位对账

实训操作

代理业务实训

一、实训方式

小组成员分工合作，交流讨论，查看几家大型商业银行官网。

二、实训内容

（1）在各银行网页主要宣传的业务中，挑出代理业务。

（2）在各银行官网上查看每个银行主要经营的特色代理业务，对该行最突出的代理业务做详细介绍。

（3）请小组做出 PPT，准备 5～8 分钟的陈述，可以在 PPT 中做链接，在网页上直接讲解。要求讲解时吐字清晰，条理明确，思路清晰，阐述要精要简练，重点突出，脱稿展示。

附：代理业务实训工单

代理业务实训工单

实训时间：________________________________

调研商业银行：________________________________

____

小组成员及分工：________________________________

____

____

____

调研主要内容：____

____

____

____

____

____

____

____

模块五

其他个人业务

学习目标

知识目标

1. 熟悉存款证明、挂失等个人其他业务的含义。
2. 了解存款证明、挂失等个人其他业务的种类和特征。
3. 掌握存款证明、挂失等个人其他业务的办理流程和具体要求。

能力目标

1. 能够为客户办理存款证明业务。
2. 能够为客户办理挂失业务。
3. 能够协助有权机关办理查询、冻结、扣划业务。

素质目标

1. 具备合规意识和严格遵守流程规范的职业素质。
2. 增强道德观念、诚信观念和自觉防范职业风险的意识。

情景导入

李先生是一个公司的白领，他在某商业银行开立了个人储蓄账户，领取了 1 个活期存折和 1 张银联借记卡。每到月底，公司把工资直接打到他的借记卡上。他使用借记卡直接从 ATM 机上提取现金或在特约商户刷卡消费。他定期把活期存款转存为定期存款，并有 1 本定期一本通。他最近要计划出国旅游，目的地是欧洲，旅行社要求他提供 3 万元的存款证明，期限是 3 个月。不幸的是，他的定期一本通丢失了。

通过分析，我们发现李先生目前急需的金融服务是开存款证明，但是由于他的定期一本通丢失，因此他必须马上打电话给银行进行口头挂失。第二天他去银行办理正式书面挂失的时候，发现忘记了密码，只得重设密码并办理书面挂失。在更换了新的凭证，重新设置了密码以后，他才顺利地开出了 3 万元的存款证明。

项目一

开具证明类业务

商业银行一般均可为客户办理个人存款证明等开具证明类业务，该业务是商业银行中间业务的一种形式，主要包括个人存款证明和个人余额证明等业务。现在有的银行推出了“资信通”一揽子业务，包含的业务种类更多，但是实质上主要还是围绕个人储蓄存款来开展业务，只是增加了部分理财产品的相关证明业务。本书主要介绍最基本的业务种类，只要掌握了该业务的办理流程，其他业务大同小异。

微课：开具证明类业务

任务一　个人存款证明业务

一、个人存款证明业务的概念

随着越来越多的国内公民出国旅游和出国留学，开具存款证明成为一项越来越常见的业务，游客和留学生是主要的需求群体。

个人存款证明业务是商业银行根据客户的要求为其开具任一时点和时段的存款证明的业务。

二、个人存款证明业务的特点

（一）一致性

存款证明书上的姓名等各要素与实际存款完全一致。

（二）限定性

存款证明书上的金额不得超过实际存款余额。

（三）时段性

存款证明涉及的期限是一段时间，而不是某一个时点。

三、个人存款证明业务的操作步骤

步骤一：受理。

客户持本人身份证明到同城任一网点申请开立存款证明，填写开立存款证明申请书（见表 5－1）。

表 5－1　开立存款证明申请书

<table>
<tr><td colspan="7">客户填写栏</td></tr>
<tr><td colspan="7">客户姓名________　英 文 名________　申请日期________
证件名称________　证件号码________　开立份数________
证明用途________________　证明截止日期________</td></tr>
<tr><td></td><td>卡号/账号</td><td>储种</td><td>定期存款顺序号</td><td>币种</td><td>钞汇类型</td><td>金额</td></tr>
<tr><td>1</td><td></td><td></td><td></td><td></td><td></td><td></td></tr>
<tr><td>2</td><td></td><td></td><td></td><td></td><td></td><td></td></tr>
<tr><td>3</td><td></td><td></td><td></td><td></td><td></td><td></td></tr>
<tr><td>4</td><td></td><td></td><td></td><td></td><td></td><td></td></tr>
<tr><td>5</td><td></td><td></td><td></td><td></td><td></td><td></td></tr>
<tr><td colspan="7">客户声明：本人需贵行提供本人名下上述存款的存款证明书。本人同意，从贵行同意并办理存款证明之日（含当日）起将上述存款冻结至证明截止日（含），并保证自收到存款证明书之日起，在冻结期间不提取上述存款。本人愿遵守贵行的有关规定，同时声明本人提供的有关资料均真实，除上述证明用途外，此存款证明书不做其他用途，否则由此造成的法律责任均由本人承担。
客户签字</td></tr>
<tr><td colspan="7">银行确认栏</td></tr>
<tr><td colspan="7"></td></tr>
<tr><td colspan="7">本人确认以上打印的资料准确无误，并与本人提出的申请一致。
客户签字</td></tr>
</table>

步骤二：审核。

柜员审核申请人填写的申请书和提交的相关材料、证件，确认无误后签章，交网点业务主管。

步骤三：办理。

开具一式两联存款证明书，在两联存款证明书上由网点业务主管签字并加盖业务专用章，同时收取手续费；对全部存款或部分存款金额作冻结处理，打印一式三联个人挂失/冻结申请书，注明冻结时间、冻结期限、开立份数等要素，请客户签名确认。个人挂失/冻结申请书第一、二联由网点专夹保管，待冻结期满后为客户办理解冻手续，第三联交事后监督人员专夹保管；将存款证明书正本、卡/折/单、身份证明原件及相关材料交申请人，存款证明书副本、开立存款证明申请书与个人挂失/冻结申请书第三联送交事后监督人员；冻结期满后，网点凭专夹保管的个人挂失/冻结申请书第一、二联办理解冻手续，解冻后送交事后监督人员。

业务链接

除已经冻结的存款外，客户对存入的各种记名式存款，均可申请开具存款证明。

存款证明不办理挂失，不得用于质押、抵押等担保及其他用途。

网点在开具存款证明时，应将相应的存款作冻结处理。冻结时间原则上不得少于1个月，客户因验资等情况要求冻结时间少于1个月的，由主管酌情处理。

网点为客户办理存款证明，应按业务收费标准收取手续费。

代理人代办时，还需要同时出具代理人的身份证明原件。

若客户在境外不能提供身份证明原件，可委托国内代理人进行申请，但必须提交原存款人签章的书面委托书及出境护照传真件、卡/折/单原件和代理人身份证明原件。

客户在冻结期内要求解冻存款，如客户无法提供完整的份数，须由网点负责人在个人挂失/冻结申请书上签字批准。

开具金额在20万元人民币（或等值外币）及以下的存款证明书，由网点业务主管复核有关证件无误和存款情况属实后在申请书上注明“验证属实”，加盖储蓄业务专用章。

开具金额在20万元人民币（或等值外币）及以上的存款证明书，还需要该营业场所负责人审批，并在申请书上“网点负责人”处签章。

客户如在冻结期内要求解冻存款，需持所开立的存款证明书正本、卡/折/单、身份证明到原冻结网点办理。网点审核无误后办理解冻手续，将存款证明书正本以及个人挂失/冻结申请书第一、二联送交事后监督人员。

任务二　余额证明业务

一、余额证明业务的概念

随着我国信用建设的不断加强，在商务往来中，资信证明成为双方确认信用的重要手段，要求开户行开具余额证明的业务也在不断增加。

余额证明业务是商业银行根据客户的要求出具的证明该客户各活期、定期储蓄打印时点的存款余额的业务。

二、余额证明业务的特点

（一）一致性

余额证明书上的姓名等各要素应与实际完全一致。

（二）时点性

余额证明涉及的期限是某一个时点，而不是一段时间。

三、余额证明业务的操作步骤

步骤一：受理。

网点接到客户提交的卡/折/单，录入电脑终端，请客户输入正确的查询密码。

步骤二：办理。

柜员打印一式两份证明书，收取手续费，核对打印位置无误后加盖储蓄业务专用章，一份交客户，另一份编号保管。

业务链接

余额证明书不得用于质押、抵押等担保及其他用途。

打印余额证明书须收取手续费。

商业银行对客户在开出时点的存款余额予以承认和保护。

余额证明书开出后，客户若想核对余额，应持证明书原件，在原开具证明书的营业网点办理。网点首先应将客户提供的证明书上的数据、印章、银行核准标志等与原开出时的留存联认真核对，确认该证明书为该网点开出后，再就余额情况为客户查询历史交易，并将结果告知客户。

如果出现余额证明书余额与实际余额不一致等特殊情况，应及时报告业务主管或分行个人银行部，并请客户留下通信地址和联系电话，以便查清后告知。

项目二

挂失业务

由于工作节奏的加快，人们忙乱之中丢失或遗忘凭证或密码的情况时有发生。为了最大限度地保护客户利益，将客户的损失降到最低，各商业银行均开展各类挂失业务。按照挂失对象的不同，挂失业务分为凭证挂失（卡/折/单挂失）、密码挂失和印鉴挂失三大类。本项目主要介绍凭证挂失相关业务。

微课：凭证挂失业务

任务一　凭证口头挂失业务

当客户发现凭证丢失，最要紧的是在第一时间给银行打电话或通过网络进行口头挂失，从而避免发生损失。

凭证口头挂失业务是指客户以口头形式向银行提出对其存款进行挂失的业务。

根据客户申请挂失的渠道，口头挂失可分为柜台办理和电话银行、网络银行等自助设备办理两类。柜台办理的具体方式是客户到网点，或通过电话、信函的方式致电或致函网点，申请办理口头挂失。

凭证口头挂失业务的操作步骤如下：

步骤一：受理。

网点收到客户的口头挂失申请后，立即在储蓄系统中作口头挂失处理，并打印一式三联个人挂失/冻结申请书（见表 5－2）。

表 5－2　个人挂失/冻结申请书

客户填写
户　　名：＿＿＿＿＿＿　卡、账号：＿＿＿＿＿＿　联系电话：＿＿＿＿＿＿ 证件类型：＿＿＿＿＿＿　证件号码：＿＿＿＿＿＿ 挂失类别（只选其一） □ 口头挂失　一卡通/存折请选择：　冻结资金　□是　□否 □ 书面挂失　一卡通/存折请选择：　冻结资金　□是　□否　指定领卡/解挂网点：＿＿＿＿ □ 支取方式挂失　挂失内容：＿＿＿＿＿＿　指定领卡/解挂网点：＿＿＿＿ 遗失印鉴形状及字体：＿＿＿＿＿＿ □ 卡片损坏　冻结资金　□是　□否　指定领卡/解挂网点：＿＿＿＿ □ 其他：＿＿＿＿＿＿ 代办人姓名：＿＿＿＿＿＿　联系电话：＿＿＿＿＿＿ 证 件 类 型：＿＿＿＿＿＿　证件号码：＿＿＿＿＿＿

续表

银行确认栏
本人已阅读并自愿遵守××银行客户须知有关规定（见背面），本人保证上述资料正确无误，并对银行冻结的账号、类型及时间予以确认。如今后发生经济纠纷，本人愿承担全部责任。 申请人签字
解挂确认栏
本人对上述银行解挂的账号、类型及时间予以确认。如今后发生经济纠纷，本人愿承担全部责任。 客户签字

步骤二：审核。

审核打印在个人挂失/冻结申请书上的信息与客户提供的信息是否一致，冻结类型是否为“口头冻结”。

步骤三：办理。

在申请书上注明挂失时间，将三联个人挂失/冻结申请书送交事后监督人员。

业务链接

口头挂失后，客户必须在5日内到开户行办理正式的书面挂失手续。

如果客户需要回执，可将个人挂失/冻结申请书复印件加盖储蓄业务章后交给客户。

德技并修

案例：由他人代办个人账户挂失销户业务

一、案例经过

网点一位新入行柜员上传一笔个人账户挂失销户业务，该笔业务挂失时为代理人办理，理由为持卡人不方便。此销户业务上传的影像资料里，有客户本人证件和代理人证件。远程授权员通过电话核实，确认该笔业务为代理挂失销户，即以“挂失销户必须由客户本人办理”为由拒绝授权。

二、案例分析

（1）《关于储蓄账户挂失业务处理有关问题的通知》明确规定正式挂失期满后，储户办理补领新存单（折）或支取存款手续，必须由存款人本人办理；也明确规定挂失开户业务、挂失销户业务、挂失换卡（折）业务、密码重置业务均严禁他人代办。

（2）根据银保监会的有关规定：对于因老弱病残、出国、意外事件等特殊原因，无法办理须由持卡人本人亲自办理业务的特殊客户，各银行业金融机构应开设绿色通道，做到特事特办，急事急办，做好柜台延伸业务，必要时可提供上门服务。

（3）柜员因为代理人说持卡人本人不方便则受理了该笔业务，极易造成业务被他人代办而引发冒领或盗取客户存款的情况，导致客户与银行潜在的资金纠纷。

三、案例启示

（1）注重学习。加强柜员责任心和新入行柜员业务技能的培训，老员工做好“传、帮、带”，新员工多“看、学、问”，正确引导柜员严格按规章制度办理业务，把握各类业务的风险点，有效防范操作风险。

（2）加强履职。加强现场管理人员的履职能力，起到事中把关作用，规范柜员操作，养成良好的操作习惯，提高风险意识，确保服务质量，杜绝风险事件的发生。

任务二　凭证书面挂失业务

客户进行口头挂失之后，必须在指定时间携带有关证件到银行进行正式的书面挂失。

凭证书面挂失业务是指客户本人或其代理人持身份证明以书面形式向银行正式声明挂失的业务。

凭证书面挂失业务的操作步骤如下：

步骤一：受理。

客户提交本人身份证明，填写个人挂失/冻结申请书。

步骤二：审核。

审核个人挂失/冻结申请书上填写的身份证明名称、号码与身份证明原件及挂失人是否为同一人，存款银行是否为本行，客户提供的存款资料等情况以及个人挂失/冻结申请书上各要素与系统保留资料是否相符。

步骤三：办理。

在储蓄系统中做书面挂失/冻结处理，确认打印的挂失/冻结类型无误，注明挂失时间，请客户在申请书上签名，按照收费标准向客户收取挂失手续费。将客户身份证明、个人挂失/冻结申请书第一联交给客户，并告知其解挂时须客户本人凭身份证明和该申请书第一联办理，个人挂失/冻结申请书第二联与需留存的身份证明复印件一并留网点专夹保管，个人挂失/冻结申请书第三联送交事后监督人员。

业务链接

对规定金额以上的挂失，应留存客户身份证明复印件；对规定金额以下的挂失，经办员认为有必要的，也可留存客户身份证明复印件，以便核查。

在书面挂失后七天内，对规定金额以上的或有必要核实的挂失，网点应采取与开户留存身份证明复印件核对、与客户本人开户申请书比较核对、上门与客户本人核实、电话与客户本人核实、与客户的身份证件发证机关核实等方式进行核对，由核对人在申请书上注明核实情况、日期并签章。

任务三　凭证解挂业务

挂失止付的期限是七天，客户必须在挂失七天后凭本人身份证明、个人挂失/冻结申请书第一联到开户行办理解挂手续。

凭证解挂业务是指客户向银行提出对原挂失凭证的挂失止付进行解除的业务。

凭证解挂业务的操作步骤如下：

步骤一：受理。

客户提交本人身份证明和个人挂失/冻结申请书第一联。

步骤二：审核。

网点按规定审核客户资料，特别应重点审核客户提交的身份证明与解挂申请人是否为同一人，同时对客户留存的身份证明复印件事后核查的情况记录进行审核。

步骤三：办理。

网点在储蓄系统中作凭证解冻处理，在个人挂失/冻结申请书上注明新卡/折/单的凭证号和解冻时间，请客户签名确认，然后将身份证明、新卡/折/单或现金等交还客户，个人挂失/冻结申请书第一、二联和留存的身份证明复印件一并送交事后监督人员。

业务链接

补领的卡/折/单保持原客户不变。

如果客户要求解挂后销户的，应细致了解客户销户的原因，并尽量劝说客户予以保留。

对大额提取现金等异常情况，则必须由网点业务主管审核处理，必要时及时向上级主管部门或主管领导报告。

任务四　凭证取消挂失业务

客户申请凭证挂失后，如果找到卡/折/单，可由客户本人凭身份证明和卡/折/单到开户行办理取消挂失业务。

凭证取消挂失业务是指客户要求银行将其已经挂失的凭证解除挂失、重新启用的业务。

凭证取消挂失业务包括凭证取消口头挂失业务、凭证取消书面挂失业务。

凭证取消挂失业务的操作步骤如下：

步骤一：受理。

客户提交本人身份证明、找到的卡/折/单，填写个人挂失/冻结申请书。

步骤二：审核。

网点按规定审核身份证明是否与申请人一致，卡/折/单与原个人挂失/冻结申请书上登记的内容是否一致。

步骤三：办理。

在储蓄系统中作不换凭证解冻处理，打印个人挂失/冻结申请书，在个人挂失/冻结申请书上注明取消挂失时间，请客户签名确认，将个人挂失/冻结申请书一式三联一并交事后监督人员。

业务链接

取消书面挂失，除填写个人挂失/冻结申请书外，还应出示原个人挂失/冻结申请书第一联。

取消书面挂失时，需要客户输入取款密码。

项目三

协助有权机关查询、冻结、扣划业务

一、概念界定

协助有权机关查询、冻结、扣划是指金融机构依法协助有权机关查询、冻结、扣划单位或个人在金融机构存款的行为。

（1）协助查询是指金融机构依照有关法律或行政法规的规定以及有权机关查询的要求，将单位或个人存款的金额、币种以及其他存款信息告知有权机关的行为。

（2）协助冻结是指金融机构依照法律的规定以及有权机关冻结的要求，在一定时期内禁止单位或个人提取其存款账户内的全部或部分存款的行为。

（3）协助扣划是指金融机构依照法律的规定以及有权机关扣划的要求，将单位或个人存款账户内的全部或部分存款资金划拨到指定账户上的行为。

金融机构是指依法经营存款业务的金融机构（含外资金融机构），包括政策性银行、商业银行、城市和农村信用合作社、财务公司、邮政储蓄机构等。金融机构协助有权机关查询、冻结和扣划存款，应当在存款人开户的营业分支机构具体办理。

有权机关是指依照法律、行政法规的明确规定，有权查询、冻结、扣划单位或个人在金融机构存款的司法机关、行政机关、军事机关及行使行政职能的事业单位（见表 5－3）。

表 5－3　有权查询、冻结、扣划单位或个人存款的执法机关一览表

单位名称	查询		冻结		扣划	
	单位	个人	单位	个人	单位	个人
人民法院	有权	有权	有权	有权	有权	有权
税务机关	有权	有权	有权	有权	有权	有权
海关	有权	有权	有权	有权	有权	有权
人民检察院	有权	有权	有权	有权	无权	无权
公安机关	有权	有权	有权	有权	无权	无权
国家安全机关	有权	有权	有权	有权	无权	无权
军队保卫部门	有权	有权	有权	有权	无权	无权
监狱	有权	有权	有权	有权	无权	无权
走私犯罪侦查机关	有权	有权	有权	有权	无权	无权
监察机关（包括军队监察机关）	有权	有权	无权	无权	无权	无权

续表

单位名称	查询		冻结		扣划	
	单位	个人	单位	个人	单位	个人
审计机关	有权	无权	无权	无权	无权	无权
工商行政管理机关	有权	无权	暂停结算	暂停结算	无权	无权
证券监管管理机关	有权	无权	无权	无权	无权	无权

注：根据有关规定，工商行政管理机关现为市场监督管理机关。

资料来源：2002 年 1 月 15 日中国人民银行发布的《金融机构协助查询、冻结、扣划工作管理规定》。

二、协助查询、冻结和扣划业务基本规定

（1）在接到协助冻结、扣划存款通知书后，不得再扣划应当协助执行的款项用于收贷收息，不得向被查询、冻结、扣划单位或个人通风报信，帮助其隐匿或转移存款。

（2）协助执行时应为客户保密，严禁非执法人员接触银行账户资料，严禁执法人员接触非被执行人账户资料。

（3）冻结单位或个人存款的期限不超过六个月（冻结当日生效，期限从冻结次日算起）。有权机关应在冻结期满前办理续冻手续，逾期不办理续冻手续，视为自动撤销冻结。

（4）在冻结期限内，只有在原做出冻结决定的有权机关做出解冻决定并出具解除冻结存款通知书的情况下，金融机构才能对已经冻结的存款予以解冻。被冻结存款的单位或个人对冻结提出异议的，金融机构应告知其与做出冻结决定的有权机关联系。

有权机关在冻结、解冻工作中发生错误，其上级机关直接做出变更决定或裁定的，金融机构接到变更决定书或裁定书后，应当予以办理。

（5）受理有权机关扣划时，应当将扣划的存款直接划入有权机关指定的账户。有权机关要求提取现金的，金融机构不予协助。

（6）办理冻结、解冻业务要坚持执行“谁冻结谁解冻”的原则，冻结、解冻业务应在账户开户行办理。

（7）异地有权机关委托当地机关代为送达，邮寄送达的解除冻结、续冻存款通知书的，银行应与有权机关直接送达的解除、续冻存款通知书同等对待。

（8）被冻结的款项，不属于赃款的，冻结期间应计付利息；属于赃款的，冻结期间不计付利息。如冻结有误，解除冻结时应补计冻结期间利息。

（9）两个以上有权机关要求对被执行人的同一账户予以冻结的，金融机构应按照收到有权机关协助冻结存款通知书的先后顺序办理冻结手续。其他有权机关要求对已经部分冻结存款的账户予以冻结的，金融机构在接受相关手续后，应告知先前已冻结的事实，并在“协助查询、冻结、扣划登记簿”中记明先后收到通知书的事实，再在系统里做部分冻结手续（冻结存款的扣划顺序也同样，若后冻结有权机关先来扣划冻结款，需保证先冻结有权机关的冻结存款额度，再进行划款）。

（10）对作为证据使用的赃款，如数额巨大不宜随案移送的，由金融机构向有权机

关出具冻结该款项的证明或专户存款凭证，将证据材料随案移送。

（11）如果被执行人是银行时，被执行银行收到执行部门（主要是人民法院）发出的限期履行通知书后，应尽可能在通知书规定的期限内（一般是15天）履行。如果被执行行对执行部门的通知书有异议，应及时与执行部门协商，同时向上级行有关部门报告。

（12）在协助冻结、扣划单位或个人存款时，经办人员应当审查以下内容：

1）协助冻结、扣划存款通知书填写的需被冻结或扣划存款的单位或个人开户金融机构名称、户名和账号、大小写金额。

2）协助冻结、扣划存款通知书上的义务人应与所依据的法律文书上的义务人相同。

3）协助冻结、扣划存款通知书上的冻结或扣划金额应当是确定的。如发现缺少应附的法律文书，以及法律文书有关内容与协助冻结、扣划存款通知书的内容不符，应说明原因，退回协助冻结、扣划存款通知书或所附的法律文书。

4）有权机关对个人存款账户不能提供账号的，应当要求有权机关提供该个人的居民身份证号码或其他足以确定该个人存款账户的情况。

任务一　协助冻结存款业务

协助冻结存款业务的操作步骤如下：

步骤一：受理。

有权机关到商业银行申请协助冻结业务时，应提供法律文书：

（1）有权机关执法人员的双人双证（工作证与执行证，或根据有关规定出示一项证明）。

（2）有权机关县团级（含）以上机构签发的协助冻结存款通知书，法律、行政法规规定应当由有权机关主要负责人签字的，应当由主要负责人签字。

（3）人民法院出具的冻结存款裁定书、其他有权机关出具的冻结存款决定书。

步骤二：审核。

（1）办理协助冻结业务时，经办人员应当核实受理的证件和法律文书。

（2）营业网点经办人员审核执法机关经办人证件、有关公函、协助冻结存款通知书等，无误后交会计主管审核，除人民法院外的有权机关应根据支行分管行长或有权人在协助冻结存款通知书上签署同意冻结的意见。

（3）审核协助冻结通知书时，如发现协助冻结存款通知书中内容与有关法律文书不符，或者与被冻结人户名和账号不符时，应说明原因不予协助，并退回相应的证件、材料。

步骤三：办理。

（1）符合冻结条件的，由会计主管在协助冻结通知书上签字，交由经办员按照有权机关冻结通知书要求，在系统中单击“存款公共业务”→“冻结”交易进行冻结操作。

（2）输入账户信息。

1）输入账号，若是凭证为卡的个人账户，可以输入卡号，并选择相应的子户号，界面返显户名、产品名称、账户余额、可用余额、账户状态和凭证状态。

2）选择冻结的执行类别，可选只进不出、不进不出、部分冻结和分期冻结。若冻结类别为只进不出或不进不出，返显冻结金额；若冻结类别为部分冻结，需输入冻结金额；若冻结类别为分期冻结，需输入冻结金额和分期冻结总金额（返显分期冻结月份数）。

3）选择执行机构，可选择税务机关、海关、人民检察院、公安机关、国家安全机关、军队保卫部门、监狱、走私犯罪侦查机关、市场监督管理机关和人民法院。输入执行单位和两位执行人名称和证件号。

4）可输入冻结到期日，默认为1年期限，且需大于当前柜面日期。

5）若冻结类别为分期冻结并且执行机构为人民法院、税务机关、海关时，需选择是否分期扣划，若选择是，则需输入分期扣划账号和账户户名。

信息输入无误后，单击“提交”按钮，打印一联通用凭证。

（3）客户回单处理。

经办柜员在查询回执单上填写冻结执行情况并签字，加盖业务公章，交还执行单位。

（4）柜员凭证摆放。

经办柜员打印一联通用凭证并加盖业务公章作为主凭证，复印一套“通知书”、执行人执行证件和相关法律文书或决定书作为传票附件交事后复核留存。

（5）相关资料保管。

填写存单查询、冻结、扣划登记簿，留存“通知书”、执行人执行证件和相关法律文书或决定书复印件，并粘贴在存单查询、冻结、扣划登记簿后。

任务二　协助扣划存款业务

协助扣划存款业务的操作步骤如下：

步骤一：受理。

有权机关到商业银行申请协助扣划业务时，应提供法律文书：

（1）有权机关执法人员的双人双证（工作证与执行证，或根据有关规定出示一项证明）；

（2）有权机关县团级（含）以上机构签发的协助扣划存款通知书，法律、行政法规规定应当由有权机关主要负责人签字的，应当由主要负责人签字；

（3）有关生效法律文书或行政机关的有关决定书。

步骤二：审核。

（1）营业网点经办人员审核执法机关经办人证件和有关公函等，无误后交会计主管审核，除人民法院以外的有权机关应根据支行分管行长或有权人在协助扣划存款通知书上签署同意扣划的意见，受理扣划业务。

（2）审核协助扣划通知书，如发现协助扣划存款通知书中内容与有关法律不符，或者与被扣划人户名不符，应说明原因不予协助，并退回相应的证件。如发现缺少应附的法律文书副本，应说明原因不予协助，并退回相应的证件、通知书；如果是缺少部分不主要的内容，则应根据实际情况协商处理。

（3）符合扣划条件的，会计主管在协助扣划存款通知书上签字同意后，交由经办员按照有权机关扣划通知书要求办理。

步骤三：办理。

（1）经办员在系统中单击“存款公共业务”→“强行扣划”交易进行扣划操作。

（2）输入账户信息。

1）输入账号，可以选择普通存折、储蓄存单、单位定期存单、单位定期存款证实书、一卡通、金融 IC 卡等和无凭证。当选择普通存折、储蓄存单、单位定期存单和单位定期存款证实书时，需输入凭证号码和账号；当选择一卡通、金融 IC 卡等时，需输入卡号，且该卡下有多个账号时，选择相应的子户号；当选择无凭证时，需输入账号。输入卡号或账号后，界面返显户名、产品名称、账户余额和可用余额。

2）选择扣划机构，单击“获取登记号”按钮，弹出列表。

3）输入通知扣划金额，返显扣划方式、利息和实际扣划金额。

4）输入扣划通知书编号、执行单位、两位执行人的姓名和证件号码。选择转入类型，可以选择系统内转账、转入大额支付系统、转入小额支付系统和同城交换，输入转入账号或科目，返显转入户名。

5）单击“提交”按钮，交易成功，打印一联通用凭证。

（3）客户回单。经办柜员在查询回执单上填写扣划执行情况并签字，加盖业务公章，交还执行单位。

（4）柜员凭证摆放。经办柜员打印一联通用凭证并加盖业务公章作为主凭证，复印一套“通知书”、执行人执行证件和相关法律文书或决定书作为传票附件交事后复核留存。

（5）相关资料保管。登记存单查询、冻结、扣划和登记簿，或在原存单查询、冻结、扣划和登记簿中登记扣划情况，留存“通知书”、执行人执行证件和相关法律文书或决定书复印件，并粘贴在存单查询、冻结、扣划登记簿后。

模块小结

（1）个人存款证明业务是商业银行根据客户的要求为其开具任一时点和时段的存款证明的业务。

（2）余额证明业务是商业银行根据客户的要求出具的证明该客户各活期、定期储蓄打印时点的存款余额的业务。

（3）凭证口头挂失业务是指客户以口头形式向银行提出对其存款进行挂失的业务。

（4）凭证书面挂失业务是指客户本人或其代理人持身份证明以书面形式向银行正式声明挂失的业务。

（5）凭证解挂业务是指客户向银行提出对原挂失凭证的挂失止付进行解除的业务。

（6）凭证取消挂失业务是指客户要求银行将其已经挂失的凭证解除挂失、重新启用的业务。

（7）协助有权机关查询、冻结、扣划是指金融机构依法协助有权机关查询、冻结、扣划单位或个人在金融机构存款的行为。

（8）协助查询是指金融机构依照有关法律或行政法规的规定以及有权机关查询的要求，将单位或个人存款的金额、币种以及其他存款信息告知有权机关的行为。

（9）协助冻结是指金融机构依照法律的规定以及有权机关冻结的要求，在一定时期内禁止单位或个人提取其存款账户内的全部或部分存款的行为。

（10）协助扣划是指金融机构依照法律的规定以及有权机关扣划的要求，将单位或个人存款账户内的全部或部分存款资金划拨到指定账户上的行为。

模块练习

一、单项选择题

1. 商业银行为客户开具的个人存款证明业务属于哪一类业务？（　　）

A. 资产业务　　B. 负债业务

C. 中间业务　　D. 咨询业务

2. 存款证明上的金额应满足什么条件？（　　）

A. 超过实际存款余额　　B. 等于实际存款余额

C. 不得超过实际存款余额　　D. 无限制

3. 下列哪项不是个人存款证明业务的特点？（　　）

A. 一致性　　B. 限定性　　C. 时点性　　D. 时段性

4. 金融机构协助冻结存款的期限最长不超过多久？（　　）

A. 三个月　　B. 六个月　　C. 一年　　D. 两年

5. 下列哪个机关在查询、冻结、扣划个人存款时无权扣划？（　　）

A. 人民法院　　B. 税务机关

C. 海关　　D. 人民检察院

6. 在办理协助冻结业务时，金融机构应当要求有权机关提供什么证件？（　　）

A. 单人单证　　B. 双人单证

C. 工作证　　D. 工作证与执行证

7. 协助冻结存款的解冻应当由哪个机关决定？（　　）

A. 金融机构　　B. 存款人

C. 做出冻结决定的有权机关　　D. 存款人开户行

二、多项选择题

1. 商业银行开具的证明类业务主要包括哪些？（　　）

A. 个人存款证明　　B. 个人余额证明

C. 贷款证明　　D. 资信通业务

2. 个人存款证明业务的特点包括哪些？（　　）

A. 一致性　　B. 限定性　　C. 时点性　　D. 时段性

3. 金融机构在办理协助冻结业务时，应审核哪些内容？（　　）

A. 执法机关经办人证件　　B. 冻结存款通知书

C. 冻结金额是否确定　　D. 冻结期限是否合理

4. 金融机构协助有权机关查询、冻结、扣划存款时，应当注意哪些事项？（　　）

A. 不得通风报信　　B. 不得帮助隐匿或转移存款

C. 严格为客户保密　　D. 可以向非执法人员透露账户信息

5. 下列哪些机关在查询、冻结、扣划个人存款时有权扣划？（　　）

A. 人民法院　　B. 税务机关　　C. 公安机关　　D. 监察机关

6. 在办理协助冻结存款业务时，金融机构应当核实哪些证件和法律文书？（　　）

A. 执法机关经办人证件

B. 冻结存款通知书

C. 人民法院裁定书

D. 支行分管行长或有权人签署的同意冻结意见

实训操作

银行卡挂失业务

模拟客户因遗忘密码且同时遗失银行卡，前来柜台申请办理密码及凭证书面挂失业务。请按照银行规定流程完成此业务的办理。

一、操作步骤

1. 客户身份验证

客户需提供有效身份证明文件。柜员需核对客户提供的身份证明文件与系统记录是否一致。

2. 填写申请书

客户需填写个人挂失/冻结申请书。在申请书中，客户需勾选“其他”项，并注明是密码及凭证书面挂失。

3. 审核申请书

柜员需审核申请书上填写的身份证明名称、号码与身份证明原件及挂失人是否一致。柜员需检查客户提供的存款资料是否为本行客户资料。柜员需确保申请书上的各要素与系统保留资料相符。

4. 系统操作

柜员在储蓄系统中进行凭证的冻结处理。打印个人挂失/冻结申请书，并注明新卡/折/单的凭证号及解冻时间。

5. 客户确认

客户需重新设置密码并签名确认。将身份证明、新卡/折/单等交还给客户。

6. 资料归档

个人挂失/冻结申请书的第一、二联和留存的身份证明复印件需交由事后监督人员保管。

个人挂失/冻结申请书

客户填写
户　　名：________　卡、账号：________　联系电话：________ 证件类型：________　证件号码：________ 挂失类别（只选其一） □ 口头挂失　一卡通/存折请选择：　冻结资金　□是　□否 □ 书面挂失　一卡通/存折请选择：　冻结资金　□是　□否　指定领卡/解挂网点：________ □ 支取方式挂失　挂失内容：________　指定领卡/解挂网点：________ 遗失印鉴形状及字体：________ □ 卡片损坏　冻结资金　□是　□否　指定领卡/解挂网点：________ □ 其他：________ 代办人姓名：________　联系电话：________ 证 件 类 型：________　证件号码：________
银行确认栏
本人已阅读并自愿遵守××银行客户须知有关规定（见背面），本人保证上述资料正确无误，并对银行冻结的账号、类型及时间予以确认。如今后发生经济纠纷，本人愿承担全部责任。 申请人签字
解挂确认栏
本人对上述银行解挂的账号、类型及时间予以确认。如今后发生经济纠纷，本人愿承担全部责任。 客户签字

二、实训成果展示

各组选取代表，对实训过程中的典型案例进行分享与交流，总结经验教训，提升业务水平。教师对实训进行总结点评，指出存在的问题与不足，提出改进建议。

三、实训评价

说明：本次任务完成后，由任课教师主导，采用学习过程评价与学习结果评价相结合的方法，综合运用自我评价、小组评价及教师评价三种方式，由教师确定三种评价方式分别占总成绩的比例，并加权计算出学生个人本次任务的考核评价分。

实训评价表

评价方式	评价内容	分值	成绩
自我评价	步骤 1 完成程度	15	
	步骤 2 完成程度	15	
	步骤 3 完成程度	15	
	步骤 4 完成程度	15	
	步骤 5 完成程度	15	
	步骤 6 完成程度	15	
	对知识的掌握程度	10	
	合计：		
小组评价	本小组任务完成质量	30	
	本人完成任务质量	30	
	个人参与小组活动的态度	20	
	个人的沟通、写作能力	20	
	合计：		
教师评价	个人所在小组的任务完成质量	30	
	个人本次任务完成质量	30	
	个人在所在小组的参与度	20	
	个人对本次任务的贡献度	20	
	合计：		

总评＝自我评价×（　　）%＋小组评价×（　　）%＋教师评价×（　　）%

模块六

公司存款业务

学习目标

知识目标

1. 熟悉单位各类存款业务的含义及特点。
2. 了解单位活期存款账户的类型及各种账户的用途与相关业务规定。

能力目标

1. 能够为客户办理对公存款账户开户业务。
2. 能够为客户办理对公存款账户存取及撤销业务。

素质目标

1. 具备合规意识和严格遵守流程规范的职业素质。
2. 增强道德观念、诚信观念和自觉防范职业风险的意识。

情景导入

开源自来水公司是某市一家普通的中小企业，有职工 54 人。因为公司地理位置与本市建设银行仅一条马路之隔，于是在建设银行开立了基本存款账户。

本月公司因需要更新固定资产而向本市工商银行申请贷款并获得批准，于是公司在工商银行又开立了一般存款账户，而固定资产更新所用的款项又需要存入在建设银行开立的存款账户中。

开源自来水公司财务人员因职工工资发放、差旅费报销及其他日常收支的需要，几乎每星期都要跑两三次银行。

为了方便广大用户及提高公司工作效率，开源自来水公司委托银行开展了代理收款业务，银行定期向公司划付自来水费。

从本例中我们可以看到，单位在银行开立结算账户不仅仅是为了资金的安全和获得利息，更重要的是能够利用银行管理资金的优势，把自己的资金用好、用活，从而提高工作效率。

项目一

单位活期存款业务

任务一　单位活期存款开户业务

单位活期存款是一种可以随时存取、按季结息的单位存款。单位活期存款账户是指银行为单位存款人开立的用于办理现金存取、转账结算等资金收付活动的银行结算账户，它是存款人办理存、贷款和资金收付活动的基础。

微课：单位活期存款账户

单位活期存款账户按用途不同分为基本存款账户、一般存款账户、专用存款账户和临时存款账户四种类型（见表 6－1）。

表 6－1　四种单位活期存款账户的比较

	用途	对存取的规定
基本存款账户	存款人日常经营活动发生的资金收付以及工资、奖金的支取，都应通过该账户办理	转账结算 现金收付
一般存款账户	存款人因借款或其他结算需要，在基本存款账户开户银行以外的银行营业机构开立的银行结算账户	转账结算 现金缴存
专用存款账户	存款人依照法律、行政法规和规章，对其特定用途资金进行专项管理和使用而开立的银行结算账户	转账结算 按相关规定支取现金
临时存款账户	存款人因临时需要并在规定期限（有效期限最长不得超过 2 年）内使用而开立的银行结算账户	转账结算 按相关规定支取现金

业务链接

存款人只能在银行开立一个基本存款账户，已开立基本存款账户的存款人，开立、变更或撤销其他三类账户，必须凭基本存款账户开户登记证办理相关的手续，并在基本存款账户登记证上进行相应的登记，以便于全面反映和控制存款人的各类银行结算账户开立、撤销情况，加强银行结算账户的管理。基本存款账户在四类单位银行结算账户中处于统驭地位，是单位开立其他银行结算账户的前提，其他三类单位银行结算账户则作为其功能和作用的有益补充。

单位银行结算账户所指的单位是在中国境内开立银行结算账户的机关、团体、部队、企业、事业单位、其他组织及个体工商户。

个体工商户凭营业执照以字号或经营者姓名开立的银行结算账户纳入单位银行结算账户管理。有字号的个体工商户开立银行结算账户的名称应与其营业执照的字号一致；无字号的个体工商户开立的银行结算账户的名称，由“个体户”字样和营业执照记载的经营者姓名组成。

单位银行结算账户按季度结息，每季度末月20日为结息日，次日利息入账。计息期间如遇利率调整，不分段计息。未到结息日清户的，按清户日挂牌公告的活期存款利率计算至清户日前一天为止。

单位活期存款开户是商业银行根据客户的要求为其在账户管理系统中开设一个独立账户的业务，该账户是今后客户办理现金存取及各类转账结算业务的唯一识别代码。

单位开立活期存款账户的工作流程见图6-1。

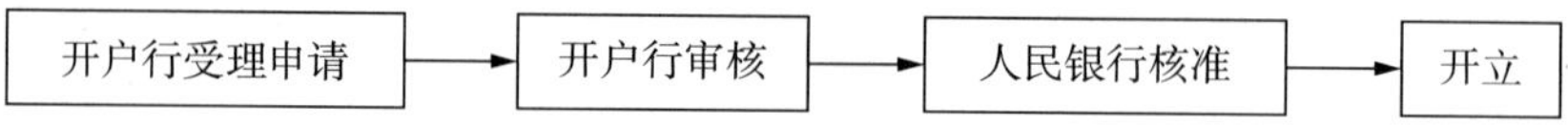

图6-1　单位开立活期存款账户的工作流程

单位活期存款开户业务的操作步骤如下：

步骤一：受理。

客户申请开立单位银行结算账户时，应按《人民币银行结算账户管理办法》的相关规定，填写开立单位银行结算账户申请书（见表6-2），并提供相应的开户资料。

表6-2　开立单位银行结算账户申请书

存款人		电话	
地　址		邮编	
存款人类别		组织机构代码	
法定代表人（ ） 单位负责人（ ）	姓　　名		
	证件种类		
行业分类	A（ ） B（ ） C（ ） D（ ） E（ ） F（ ） G（ ） H（ ） I（ ） J（ ） K（ ） L（ ） M（ ） N（ ） O（ ） P（ ） Q（ ） R（ ） S（ ） T（ ）		
注册资金		地区代码	
经营范围			
证明文件种类		证明文件编号	
营业执照注册号			
关联企业	关联企业信息填列在“关联企业登记表”上		
性　　质	基本（ ）　一般（ ）　专用（ ）　临时（ ）		
资金性质		有效日期至	年　　月　　日
以下为存款人上级法人或主管单位信息：			
上级法人或主管单位名称			

续表

基本存款开户许可证核准号		组织机构代码	
法定代表人（ ） 单位负责人（ ）	姓　　名		
	证件种类		
	证件号码		
以下栏目由开户银行审核后填写：			
开户银行名称		开户银行机构代码	
名　　称		账　　号	
基本存款开户许可证核准号		开户日期	
本存款人申请开立单位银行结算账户，并承诺所提供的开户资料真实、有效。 存款人（公章） 年　月　日	开户银行审核意见： 经办人（签章） 开户银行（签章） 年　月　日	人民银行审核意见： 经办人（签章） 人民银行（签章） 年　月　日	

填列说明：

（1）申请开立临时存款账户，必须填列有效日期；申请开立专用存款账户，必须填列资金性质。（2）该行业标准由银行在营业场所公告，“行业分类”中各字母代表的行业种类如下：A：农、林、牧、渔业；B：采矿业；C：制造业；D：电力、燃气及水的生产、供应业；E：建筑业；F：交通运输、仓储和邮政业；G：信息传输、计算机服务及软件业；H：批发和零售业；I：住宿和餐饮业；J：金融业；K：房地产业；L：租赁和商务服务业；M：科学研究、技术服务和地质勘查业；N：水利、环境和公共设施管理；O：居民服务和其他服务业；P：教育业；Q：卫生、社会保障和社会福利业；R：文化、教育和娱乐业；S：公共管理和社会组织；T：其他行业。（3）带括号的选项填“√”。

步骤二：审核。

开户行对存款人填写的开户申请书的内容和提供的开户材料及证明文件的真实性、完整性、合规性进行审查。审核无误后，由主管在开户申请书上签署意见，并加盖业务公章，连同客户提交的证明文件报所属支行审批。对于开户时客户提交的证明、证件，开户网点应留存复印件，随开户申请书一并作为重要的会计档案保管，保存期限为银行结算账户撤销后10年。

开户行为单位开立的单位银行结算账户的名称，应与单位出具的申请开户的证明文件的名称全称一致。开户行应建立、健全开销户登记制度，对结算账户的开立与撤销及时予以反映。

申请人开立基本存款账户、临时存款账户和预算单位专用存款账户的，开户行审核后，应将存款人的开户申请书、相关的证明文件和银行审核意见等开户资料报送人民银行当地分支行，经其核准后办理开户手续；符合开立一般存款账户、其他专用存款账户条件的，开户行审核后即可办理开户手续。

微课：预留印鉴业务流程

步骤三：办理。

经办柜员在审核相关证明文件和开户资料符合要求后，发给开户单位空白印鉴卡，开户单位应在印鉴卡正面加盖预留印鉴，在印鉴卡背面加盖单位公章。经办柜员审核客户预留印鉴无误后在印鉴卡上登记启用日期，并在印鉴卡（客户留存联）背面加盖业务公章后退还客户。

经办柜员在系统中录入客户信息，提交系统成功后，打印两份开户通知书，一份交客户，另一份留存。柜员将系统生成的账号填写在印鉴卡上。

业务链接

申请开立基本存款账户需要提供的资料包括企业法人执照或营业执照正本、中华人民共和国法人代码证（副本）或代码卡、开户申请书。由法定代表人或单位负责人直接办理的，应出具法定代表人或单位负责人的身份证件；授权他人办理的，还应出具其法定代表人或单位负责人的授权书及身份证件，以及被授权人的身份证件。

开立一般存款账户、专用存款账户时，除上述材料外，还需要提供基本存款账户开户许可证；开立临时存款账户还需要提供当地市场监督管理机关核发的临时执照，当地相关部门同意设立外来临时机构的批件。

单位存款账户一经开立，银行就必须加强对账户的管理，监督开户单位正确使用账户。各单位通过银行账户办理资金收付，必须遵守以下规定：

（1）一个单位只能选择一家银行的一个营业机构开立一个基本存款账户，不允许在多家银行开立基本存款账户。

（2）存款人可以自主选择开户银行，任何单位和个人不能干预存款人在银行开立或使用账户，银行也不能违反规定强行让客户在本行开户。

（3）单位开立基本存款账户，应凭当地人民银行分支机构核发的开户许可证办理，银行不能为未持有开户许可证或已经开立基本存款账户的单位开立基本存款账户。

（4）银行对企业、事业单位开立、撤销账户，必须及时向当地人民银行报告，人民银行运用计算机建立账户管理系统，加强对账户的管理。

（5）存款人的账户只能办理存款人自身的资金收付，不允许出租或转让给他人。否则，按规定对账户出租、转让发生的金额处以罚款，并没收出租账户的非法所得。

任务二　单位活期存款现金存入业务

单位活期存款现金存入业务的操作步骤如下：

步骤一：受理。

存款单位填制一式两联现金缴款单（见表 6－3），连同现金一并交开户银行。

步骤二：审核。

柜员接过客户提交的缴款单和现金，应首先审查缴款单日期、户

微课：现金支票业务处理

名、账号、大小写金额、券别明细、款项来源等要素填写是否齐全、有无涂改，大小写金额是否相符。缴款单要素缺漏或填写有误的，应请客户当场补填或重新填写。

表 6-3　现金缴款单（代回单）

缴款日期　　　年　　　月　　　日　　　　　　　　　　　　　　字第　　　号

<table>
<tr><td rowspan="2">缴款单位</td><td colspan="4">全　称</td><td colspan="19"></td></tr>
<tr><td colspan="4">开户银行</td><td colspan="7"></td><td colspan="2">账号</td><td colspan="10"></td></tr>
<tr><td colspan="5">款项来源</td><td colspan="9"></td><td colspan="10">金　　额</td></tr>
<tr><td colspan="14" rowspan="2">人民币
（大写）：</td><td>千</td><td>百</td><td>十</td><td>万</td><td>千</td><td>百</td><td>十</td><td>元</td><td>角</td><td>分</td></tr>
<tr><td></td><td></td><td></td><td></td><td></td><td></td><td></td><td></td><td></td><td></td></tr>
<tr><td>票面</td><td>壹佰元</td><td>伍拾元</td><td>拾元</td><td>伍元</td><td>贰元</td><td>壹元</td><td>伍角</td><td>贰角</td><td>壹角</td><td>伍分</td><td>贰分</td><td>壹分</td><td>合计金额</td><td colspan="10" rowspan="5">银行盖章

收　款
复　核
记　账</td></tr>
<tr><td>把数</td><td></td><td></td><td></td><td></td><td></td><td></td><td></td><td></td><td></td><td></td><td></td><td></td><td></td></tr>
<tr><td>叠数</td><td></td><td></td><td></td><td></td><td></td><td></td><td></td><td></td><td></td><td></td><td></td><td></td><td></td></tr>
<tr><td>零张数</td><td></td><td></td><td></td><td></td><td></td><td></td><td></td><td></td><td></td><td></td><td></td><td></td><td></td></tr>
<tr><td>合计金额</td><td></td><td></td><td></td><td></td><td></td><td></td><td></td><td></td><td></td><td></td><td></td><td></td><td></td></tr>
</table>

本联退还缴款单位

步骤三：办理。

审核缴款单无误后，柜员要当着客户的面清点现金并登记现金日记簿，在缴款单上签章，将第一联缴款单加盖现金收讫章后作为回单退交存款人，第二联送交会计部门。会计部门凭第二联现金缴款单代现金收入传票登记单位存款分户账。

业务链接

清点现金时按“三先三后”的程序操作，即先点大数（卡捆卡把）、后点细数，先点主币、后点辅币，先点大面额票币、后点小面额票币。收入现金必须坚持手工清点，并使用验钞仪逐张核验。

在一笔款项未全部收妥前，严禁与已收妥的款项或其他款项调换、混淆；在每捆、把未点完前，不得将原封签和纸条扔掉，现金收妥后应与凭证核对。

柜员在清点现金的过程中若发现假币，应依法当场收缴。

柜员清点完现金后发现现金额与凭证不符，应立即向缴款人说明情况，待确认后，可按原缴款凭证多退少补，也可由缴款人按实际金额重新填制现金缴款凭证。

任务三　单位活期存款现金支取业务

单位活期存款现金支取业务的操作步骤如下：

步骤一：受理。

存款单位向开户银行签发现金支票（见图 6－2），并在支票正面及背面加盖预留印鉴后送交银行。

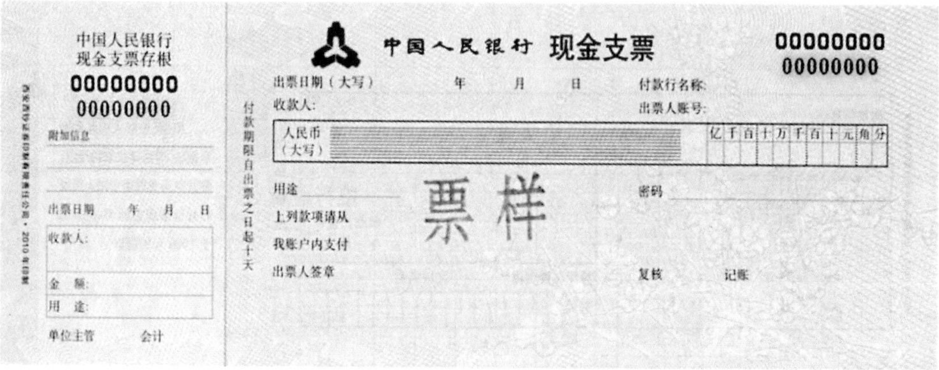
中国人民银行
现金支票存根
00000000
00000000
附加信息
出票日期　年　月　日
收款人：
金　额：
用　途：
单位主管　会计

中国人民银行　现金支票　00000000　00000000
出票日期（大写）　年　月　日　付款行名称：
收款人：　出票人账号：
付款期限自出票之日起十天
人民币（大写）　亿 千 百 十 万 千 百 十 元 角 分
用途　密码
上列款项请从
我账户内支付
出票人签章　复核　记账
票样

图 6－2　现金支票样式

步骤二：审核。

柜员应认真审核现金支票的票面要素是否齐全、准确，具体要求如下：

（1）支票是否按统一规定印制，支票是否真实，提示付款期限是否超过。

（2）支票填明的收款人名称是否为该收款人，收款人是否在支票背面“收款人签章”处签章，其签章是否与收款人名称一致。

（3）出票人的签章是否符合规定，并折角核对其签章与预留银行签章是否相符，使用支付密码的，其密码是否正确。

（4）支票的大小写金额是否一致。

（5）支票必须记载的事项是否齐全，出票金额、出票日期、收款人名称是否更改，其他记载事项的更改是否由原记载人签章证明。

（6）出票人是否有足够支付的款项。

（7）支取的现金是否符合国家现金管理的规定。

（8）收款人为个人的，还应审查其身份证件，是否在支票背面“收款人签章”处注明身份证件名称、号码及发证机关。

业务链接

根据国家有关规定，开户单位只可在下列范围内使用现金：

（1）职工工资、各种工资性津贴。

(2) 个人劳务报酬，包括稿费和讲课费及其他专门工作报酬。

(3) 支付给个人的各种奖金，包括根据国家规定颁发给个人的各种科学技术、文化艺术、体育等各种奖金。

(4) 各种劳保、福利费用以及国家规定的对个人的其他现金支出。

(5) 收购单位向个人收购农副产品和其他物资支付的价款。

(6) 出差人员必须随身携带的差旅费。

(7) 结算起点以下的零星支出。

(8) 确实需要以现金支付的其他支出。

步骤三：办理。

审查无误后，在计算机系统中借记出票人账户，将支票正面盖现讫章，作付款的借方凭证。

出纳柜员根据凭证金额按照从大到小的顺序逐位配款，并依次按实物券别录入系统，无误后方可对外支付，当面付清，一笔一清。配款操作无误后，在现金支票的背面打印取款信息，款项付清后，在现金支票上加盖业务清讫章。

任务四　单位活期存款转账存取业务

单位活期存款的转账业务按转账收、付款单位开户行是否相同，一般可分为三种类型：收、付款单位在同一行处开户的转账；收、付款单位一方在计算机联网通存通兑的不同行处开户的转账；收、付款单位一方在计算机联网以外的行处开户的转账。前两种情况的柜面业务处理方式相同，而第三种情况的转账需要通过同城交换处理。这里只介绍前两种情况的处理方式。

步骤一：受理。

客户（既可以是收款单位，也可以是付款单位）向开户银行提交转账支票（见图 6-3）和进账单（见图 6-4）。

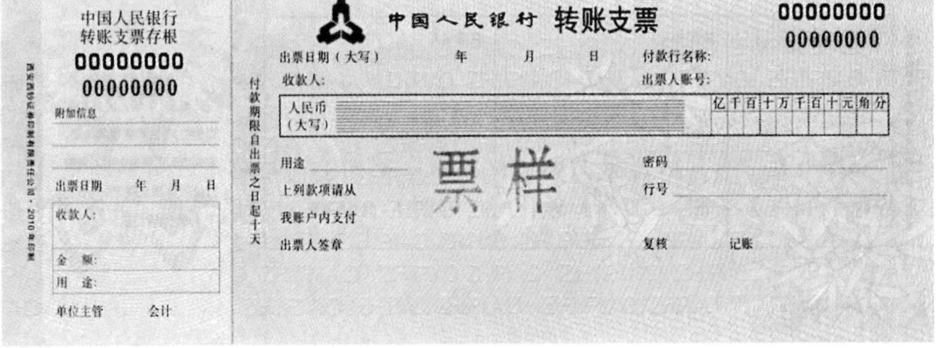

图 6-3　转账支票样式

××银行　**进账单**　（回　单）　**1**

年　月　日　　　　第　号

付款人	全　称		收款人	全　称	
	账　号			账　号	
	开户银行			开户银行	
人民币（大写）					千 百 十 万 千 百 十 元 角 分
票据种类					
票据张数					
单位主管　会计　复核　记账			收款人开户行盖章		

此联是收款人开户银行交给收款人的回单

图 6－4　进账单样式

步骤二：审核。

柜员应认真审查凭证要素是否齐全、准确，具体要求如下：

（1）支票是否按统一规定印制，支票是否真实，提示付款期限是否超过。

（2）支票填明的持票人是否在本行开户，持票人的名称是否为该持票人，与进账单上的名称是否一致。

（3）出票人是否有足够支付的款项。

（4）出票人的签章是否符合规定，与预留银行的印鉴是否相符，使用支付密码的，其密码是否正确。

（5）支票大小写金额是否一致，与进账单的金额是否相符。

（6）支票必须记载的事项是否齐全，出票金额、出票日期、收款人名称是否更改，其他记载事项的更改是否由原记载人签章证明。

（7）持票人是否在支票的背面作委托收款背书。

步骤三：办理。

柜员审核无误后，进入计算机系统中的单位活期存款转账交易界面，按要求输入相关内容，提交主机，完成账务的记录。

柜员记账后在支票和进账单上加盖业务清讫章和个人名章，进账单回单联（第一联）或收账通知（第三联）分别交出票人或持票人。支票和进账单第二联分别作开户银行的借、贷方记账凭证。

业务链接

单位从其银行结算账户支付给个人银行结算账户的款项，每笔超过 5 万元的，应向其开户银行提供下列付款依据：

（1）代发工资协议和收款人清单。

（2）奖励证明。

（3）新闻出版、演出主办等单位与收款人签订的劳务合同或支付给个人款项的证明。

（4）证券公司、期货公司、信托投资公司、奖券发行或承销部门支付或退还给自然人款项的证明。

（5）债权或产权转让协议。

（6）借款合同。

（7）保险公司的证明。

（8）税收征管部门的证明。

（9）农、副、矿产品购销合同。

（10）其他合法款项的证明。

从单位银行结算账户支付给个人银行结算账户的款项应纳税的，税收代扣单位付款时应向其开户银行提供完税证明。

德技并修

案例：对公转账结汇误做现金结汇引发反交易

一、案例经过

网点柜员办理一笔对公转账结汇业务，该柜员为刚上岗的新员工，对交易和处理业务的流程熟悉程度不够，导致贷方账号漏录入，而授权中心柜员在授权时也未发现，造成该笔转账结汇误为现金结汇，后经主管签批后柜员及时进行反交易处理，形成了一起风险事件。

二、案例分析

（1）该网点为新升格不久的网点，经手柜员又是刚入行不久的新员工，加上处理业务时不够细心，而在场的老员工也已很久没做过该种业务，对业务的不熟悉直接造成了该笔差错的形成。虽然此笔差错的形成带有偶然性，但却反映出柜员风险防控意识淡薄，操作存在随意性。

（2）柜员只片面地注重了户名和账号的核对，却忽视了贷方账号的录入，造成该笔转账结汇误为现金结汇，最后只能进行反交易后重做，而结汇反交易重做，隐含着汇率风险，也容易引发客户的不满。

（3）现场审核及远程授权柜员不够仔细，对新柜员办理业务的整个流程未进行全面监督，反映出相关经办人员对业务的流程或制度没有充分了解，错过了发现该笔差错的机会，以致在工作中办理完业务后才发觉不对，只好反交易进行冲正，影响核算质量。

三、案例启示

（1）前台柜员每天直接面对的是大量的资金往来，是个高风险职业，一个小的疏忽就可能造成差错甚至损失，这就要求前台柜员一定要有高度的风险防范意识，做到严谨办理每一笔业务，尤其是在操作自己不熟悉的业务时更要看清每一步交易，每个确认都要慎重，防止类似情况的发生。

（2）加强柜员对《对公账户结汇业务操作指南》的各项规定的分类学习，尤其是对一些不常见的业务处理流程更要认真梳理，避免在遇到类似问题时不知所以然。同时，柜员要提高处理问题的应变能力，在具备扎实业务功底的基础上快速高效受理每一笔业务。

（3）现场授权人员要切实做到严格把关，不断提高自身业务素质，增强责任心和警惕性，及时纠正柜员的差错，特别是对于新柜员，要加大对其在办理业务中的审核力度，规范柜员每个阶段的业务操作，确保每笔业务操作环节都完整、合规，减少反交易的发生。

任务五　单位活期存款账户撤销业务

单位活期存款账户撤销业务的操作步骤如下：

步骤一：受理。

单位填写撤销银行结算账户申请书（见表 6-4）并注明销户原因。

表 6-4　撤销银行结算账户申请书

<table>
<tr><td>名　　称</td><td colspan="4"></td></tr>
<tr><td>开户银行名称</td><td colspan="4"></td></tr>
<tr><td>开户银行代码</td><td></td><td colspan="2">账号</td><td></td></tr>
<tr><td>性　　质</td><td colspan="4">基本（　）　一般（　）　专用（　）　临时（　）　个人（　）</td></tr>
<tr><td>开户许可证核准号</td><td colspan="4"></td></tr>
<tr><td>销户原因</td><td colspan="4"></td></tr>
<tr><td colspan="2">本存款人申请撤销上述银行结算账户，承认所提供的证明文件真实、有效。

存款人（签章）

年　　月　　日</td><td colspan="2">开户银行审核意见：

经办人（签章）
开户银行（签章）
年　　月　　日</td><td>人民银行审核意见：

经办人（签章）
人民银行（签章）
年　　月　　日</td></tr>
</table>

填表说明：带括号的选项填"√"（一式三联，两联开户银行留存，一联人民银行当地分支行留存）。

步骤二：审核。

开户行应确认该账户是否有未达账款和未归还的记账费用，是否有未归还的贷款、欠息等，如有，则不能办理销户手续。

步骤三：办理。

确认该账户没有其他遗留问题后，开户行应要求单位交回所有未用完的重要空白凭证，经办人员对交回的凭证当面切角或打孔作废。

银行与单位对账，相符后签字并结清该账户的余额和利息。

业务链接

开户行得知单位客户宣告破产或被注销、吊销营业执照的，应通知单位客户办理销户手续。自发出通知之日起30日后，如单位客户仍未办理销户手续，开户行有权停止该账户的对外支付。

开户行应对一年未发生资金收付活动（计息入账除外）且未欠开户行债务的单位银行结算账户定期进行清理，并通知单位客户办理销户手续。自发出通知之日起30日内未办理销户手续的，开户行可视该单位客户自愿销户。

项目二 单位定期存款业务

任务一 单位定期存款的开户及存入业务

单位定期存款是单位将款项一次性存入，约定存期，到期支取本息的一种存款业务。单位定期存款 1 万元起存，多存不限，但如果单笔金额超过 1 000 万元（含 1 000 万元）或同一存款单位累计超过 2 000 万元（含 2 000 万元），经办银行将实行报告制度，逐级报上级行和当地人民银行。单位定期存款存期有 3 个月、半年、1 年三个档次。

微课：单位定期存款

单位定期存款款项一般从本单位基本存款账户转入，支取时也只能以转账方式转入其基本存款账户，不得将定期存款用于结算或从定期存款中提取现金。

单位定期存款的利息计算采取利随本清的办法，即在存款到期日支取本金的同时一并计付利息。利息只能转账，不支付现金。提前支取部分按支取日挂牌公告的活期存款利率计息；逾期支取，逾期部分按支取日挂牌公告的活期存款利率计息。

单位定期存款的开户及存入业务的操作步骤如下：

步骤一：受理。

已在银行开立基本存款账户的单位开立定期存款账户，应向开户银行提交转账支票及三联进账单，并携带预留银行印鉴及经办人员身份证件到银行办理开户。

步骤二：审核。

柜员应按要求审核单位提交的转账支票及进账单。审查支票内容是否完整、齐全，账号、户名、大小写金额是否相符。进账单的收款单位名称必须与转账支票的签发单位名称一致；转账支票用途栏必须注明开立定期存款账户的期限及“开立定期”字样。

步骤三：办理。

柜员审查相关资料无误后，在银行系统中录入客户信息，为客户开立单位定期存款账户，办理预留银行印鉴手续。

柜员通过定期存款转账开户交易在系统中记账，打印单位存款证实书一式两联，第一联银行留存，按顺序专夹保管，第二联加盖业务公章后交开户单位，同时登记开户登记簿。

业务链接

单位存款证实书作为银行的重要空白凭证，仅对存款单位办理，不能作为质押的权利凭证。单位如需办理质押贷款，可向开户银行申请开具单位定期存单。单位存款人遗失单位存款证实书后，可到开户行填写挂失申请书办理挂失手续，开户行受理挂失七日后，可为挂失存款人补办单位存款证实书。

任务二　单位定期存款的支取及销户业务

存款单位支取定期存款只能以转账方式将存款转入其基本存款账户。单位定期存款允许提前支取，但只能提前支取一次，如未支取部分大于定期存款起存金额，则按原账号、原利率、原起息日、原定期限重新签发单位存款证实书，并在新证实书上注明原证实书编号。如未支取部分小于定期存款起存金额，应办理定期存款销户手续。

单位定期存款的支取及销户业务的操作步骤如下：

步骤一：受理。

存款单位填写单位定期存款支取凭证一式三联，第二联加盖预留银行印鉴，并持单位存款证实书到开户银行办理支取。

步骤二：审核。

柜员抽出原专夹保管的单位存款证实书底卡联与单位交回的证实书通知联进行核对，应重点审核证实书是否为本行签发、内容是否齐全且无涂改、存款是否已到期、凭证是否填写正确、金额是否相符，并审核加盖的印鉴是否与预留银行印鉴一致。

步骤三：办理。

柜员审核无误后，按规定利率计算利息，开具利息清单。计息后，柜员通过输入单位定期存款转账取款销户交易代码，进入转账取款销户交易界面进行转账处理。

单位定期存款支取凭证借方传票作付款的记账凭证，贷方传票作收款的记账凭证，回单联签章后与利息清单一并退存款单位；单位存款证实书收回后，两联证实书注明“结清”字样，一并作借方传票附件。

项目三

单位通知存款业务

任务一　单位通知存款开户业务

单位通知存款是指存款人在存入款项时不约定存期，支取时须提前通知开户行、约定支取日期和金额后方能支取的存款。单位通知存款的起存金额为人民币 50 万元，最低支取金额为 10 万元，不得支取现金。存款单位必须一次存入，可一次或分次支取，但留存金额低于起存金额的予以销户。

微课：单位通知存款业务

单位通知存款为记名式存款，按存款人提前通知的期限长短划分为一天通知存款和七天通知存款两个品种。单位通知存款存入时，存款人自由选择通知存款品种，开户银行出具通知存款开户证实书。通知存款开户证实书上不注明存期和利率，按支取日挂牌公告的相应利率水平和实际存期计息。通知存款部分支取时不利随本清，而是待该笔通知存款最后全部结清时一并计付利息。

业务链接

通知存款遇以下情况，按支取（销户）日挂牌公告的活期存款利率计息（但通知存款如已办理通知手续而不支取或在通知期限内取消通知的，通知期限内不计息）：

（1）实际存期不足通知期限的，按活期存款利率计息。

（2）未提前通知而支取的，支取部分按活期存款利率计息。

（3）已办理通知手续而提前支取或逾期支取的，支取部分按活期存款利率计息。

（4）支取金额不足或超过约定金额的，不足部分在通知期限内按活期存款利率计息，超过部分按活期存款利率计息。

（5）支取金额不足最低支取金额的，按活期存款利率计息。

单位通知存款账户资金必须一次性存入，存入方式一般采取转账方式。具体操作步骤如下：

步骤一：受理。

开户单位提交开户申请书和营业执照正、副本，并预留印鉴。印鉴应包括单位财务专用章、单位法定代表人章（或主要负责人章）、财务人员章。同时提交填写好的转账支票和三联进账单。

步骤二：审核。

柜员应认真审核相关资料及支票和进账单（这里只讨论不需要进行同城交换的情况）。进账单的收款单位名称必须与转账支票的签发单位名称一致。转账支票用途栏必须注明开立通知存款账户的期限及“开立通知存款”字样。

步骤三：办理。

柜员审查无误后，在银行系统中进行通知存款转账开户操作。柜员在支票上加盖业务清讫章和名章，各联进账单全部加盖业务清讫章。转账支票作借方凭证，第二联进账单作贷方凭证。

打印单位通知存款证实书。单位通知存款证实书一式两联，一联作银行留底卡专夹保管，另一联与签章后的进账单回单联一并退存款人。

单位通知存款证实书仅为存款单位开户进行证实，不得作为质押权利凭证。证实书如果遗失，银行不予办理挂失，不再补发新的证实书。支取存款时，客户应向银行出具证实书遗失公函，银行按约定的支取方式办理取款手续。

任务二　单位通知存款支取业务

单位客户应在约定支取的前一天或前七天，填写单位通知存款取款通知书（见图 6-5），加盖单位预留银行印鉴后，以来人送交方式通知银行约定取款日期和金额，并于约定日到银行办理支取手续。如约定支取日不到银行取款，此次支取通知自动失效。

单位通知存款取款通知书

________行（处）：

我单位在你行的通知存款，账号：________，因需要用款，定于______月______日支取人民币（大写）________，特此通知。

存款单位签章（预留印鉴）

年　　月　　日

图 6-5　单位通知存款取款通知书样式

如单位客户不能提前将支取通知单送达银行，可采用传真、信函的方式通知银行，并于约定日到银行将取款通知书正本提交银行办理支取手续。

柜员审核取款通知书无误后，记录通知登记簿，登记存款人账号、证实书编号、实际金额、通知支取金额、通知支取日期等。

单位通知存款的支取必须到通知时约定支取的网点办理。支取可分为全额支取和部分支取两种情况，但无论哪种情况，都需要提前通知后才能办理。单位通知存款部分支取留存部分高于最低起存金额的，按留存金额、原起存日期、原约定通知存款品种出具新的存款证实书，原证实书收回。留存部分低于最低起存金额的予以清户，按清户日挂牌公告的活期存款利率计息或根据存款人意愿转为其他存款。操作步骤如下：

步骤一：受理。

存款人填写一式三联单位通知存款支取凭证，加盖预留银行印鉴，并持单位通知存款证实书、经办人有效身份证件到开户银行办理支取。

步骤二：审核。

柜员审核单位通知存款证实书确属本行签发、内容齐全、填写无误、预留银行印鉴无误后，在系统中使用单位通知存款转账支取交易办理转账手续。

柜员打印利息清单、银行利息支出凭证、单位利息收入凭证以及单位通知存款支取凭证，同时将利息清单、单位利息收入凭证交取款单位，然后将单位通知存款证实书收回，在两联证实书上注明“结清”字样，一并作为单位通知存款支取凭证借方传票的附件。如果是部分支取，则还要打印新的单位通知存款证实书交存款人。

项目四

单位保证金存款业务

任务一　单位保证金存款开户与存入业务

单位保证金存款是指银行为客户办理银行卡、承兑、担保、出具保函、开立信用证、代客外汇买卖、代客债券买卖等业务时，为降低风险而按客户信用等级和信贷管理规定收取的业务保证金。

微课：单位保证金存款业务

保证金账户实行封闭管理，严禁发生保证金账户与客户结算户混用、各保证金子账户之间相互挪用等行为。在保证期间，保证金存款只能用于保证项下的支付，一般不得支取现金。

单位保证金存款账户开立时，要经相关业务部门的书面通知方可办理。保证金存款存入时，可以约定存款期限，也可以不约定存款期限。对于约定期限的单位保证金存款，实际存款期限不满约定存款期限的，按照活期存款利率计息；实际存款期限满约定存款期限的，按照约定存款期限相应档次的定期存款利率计息；如果没有相应档次的定期存款，则按短于存款期限的最近档次的定期存款利率计息；实际存款期限超过约定存款期限的部分按活期存款利率计息。未约定期限的按活期存款利率计息。

单位保证金存款开户与存入业务的操作步骤如下：

步骤一：受理。

存款单位将填写好的转账支票及三联进账单一并提交开户银行。

步骤二：审核及办理。

柜员审核支票及进账单无误后，在银行系统中调用单位保证金存款转账开户交易进行记账处理。打印两联开户通知单并加盖业务公章，一联作回单交客户，另一联银行留存。进账单、转账支票上加盖转讫章。转账支票作借方凭证，第二联进账单作贷方凭证。第一、三联进账单分别作回单和收账通知。

任务二　单位保证金存款保留及解除保留业务

一、单位保证金存款保留

步骤一：受理。

单位申请银行承兑汇票及保函时，银行根据单位实际情况与单位协议单位保证金保留。

步骤二：审核及办理。

银行柜员录入系统，在系统承兑汇票/保函/信用证开票交易录入保证金账户、保证金金额、协议编号等要素，对该保证金账户作相应金额的保留，保留种类为保证金保留，保留期限为票据到期日。

二、单位保证金存款解除保留

步骤一：受理。

票据到期日，保证金自动解除保留。

步骤二：审核及办理。

银行柜员录入系统，通过保证金划回交易将保证金划回出票人账户。如果发生退票或保函支付需要在票据到期日之前动用保证金，柜员应通过系统操作解除保证金的保留。

项目五

单位协定存款业务

单位协定存款是指开户单位与银行签订协定存款合同，约定期限、商定其结算账户需保留的基本存款额度，由银行对基本存款额度内的存款按结息日或支取日活期存款利率计息，超过基本存款额度部分的存款按结息日或支取日中国人民银行公布的高于活期存款、低于6个月定期存款利率的协定存款利率给付利息的一种存款。

微课：单位协定存款业务

开户单位可以在基本存款账户或一般存款账户基础上办理协定存款账户。单位协定存款合同中的约定期限最长为1年，到期时若双方未提出终止或修改，则自动延期。单位协定存款账户月均余额两年或两年以上不足基本存款额度的，将利息结清后，作为基本存款账户或一般存款账户处理，不再享受人民币单位协定存款利率，并按活期存款利率计息。

单位协定存款账户连续使用两年后，仍需继续使用的，须与银行续签单位协定存款合同。

单位协定存款业务的操作步骤如下：

（1）单位客户若需将其某种结算账户设定为协定存款账户，须与开户银行签订单位协定存款合同。

（2）双方确认后，银行将其中一份合同文本退交单位客户。

（3）柜员在银行电脑系统中为单位客户建立结算账户与单位协定存款账户之间的相互对应关系。单位协定存款的存取及其他操作同单位活期存款。

模块小结

（1）单位活期存款账户是指银行为单位存款人开立的用于办理现金存取、转账结算等资金收付活动的银行结算账户，它是存款人办理存、贷款和资金收付活动的基础。单位活期存款账户按用途不同分为基本存款账户、一般存款账户、专用存款账户和临时存款账户四种类型。

（2）单位定期存款是单位将款项一次性存入，约定存期，到期支取本息的一种存款业务。

（3）单位通知存款是指存款人在存入款项时不约定存期，支取时须提前通知开户行、约定支取日期和金额后方能支取的存款。它可按存款人提前通知的期限长短划分为一天通知存款和七天通知存款两个品种。

（4）单位保证金存款是指银行为客户办理银行卡、承兑、担保、出具保函、开立信用证、代客外汇买卖、代客债券买卖等业务时，为降低风险而按客户信用等级和信贷管理规定收取的业务保证金。

（5）单位协定存款是指开户单位与银行签订协定存款合同，约定期限、商定其结算账户需保留的基本存款额度，由银行对基本存款额度内的存款按结息日或支取日活期存款利率计息，超过基本存款额度部分的存款按结息日或支取日中国人民银行公布的高于活期存款、低于6个月定期存款利率的协定存款利率给付利息的一种存款。

模块练习

一、单项选择题

1. 单位活期存款账户中，哪类账户用于办理借款或其他结算需要？（　　）

A. 基本存款账户　　B. 一般存款账户

C. 专用存款账户　　D. 临时存款账户

2. 存款人开立临时存款账户的有效期限最长不得超过多少年？（　　）

A. 1年　　B. 2年　　C. 3年　　D. 5年

3. 哪种单位活期存款账户是单位开立其他银行结算账户的前提？（　　）

A. 基本存款账户　　B. 一般存款账户

C. 专用存款账户　　D. 临时存款账户

4. 单位定期存款的起存金额是多少？（　　）

A. 500元　　B. 1万元　　C. 10万元　　D. 100万元

5. 单位定期存款存期不包括以下哪个档次？（　　）

A. 1个月　　B. 3个月　　C. 半年　　D. 1年

6. 单位定期存款的利息计算采取哪种方式？（　　）

A. 逐月计息　　B. 利随本清　　C. 逐日计息　　D. 季度计息

7. 单位定期存款的款项一般从哪种账户转入？（　　）

A. 一般存款账户　　B. 临时存款账户

C. 专用存款账户　　D. 基本存款账户

8. 单位协定存款合同的有效期最长为多久？（　　）

A. 半年　　B. 一年　　C. 两年　　D. 三年

9. 单位协定存款的月均余额若连续两年低于基本存款额度，将如何处理？（　　）

A. 转为普通活期存款　　B. 按协定存款利率计息

C. 转为定期存款　　D. 保持不变

二、多项选择题

1. 单位活期存款账户中，哪种账户允许存取现金？（　　）

A. 基本存款账户　　B. 一般存款账户

C. 专用存款账户　　D. 临时存款账户

2. 单位活期存款账户按用途可分为哪些类型？（　　）

A. 基本存款账户　　B. 定期存款账户

C. 一般存款账户　　D. 专用存款账户

E. 临时存款账户

3. 单位活期存款账户开户后，银行应及时进行的操作包括哪些？（　　）

A. 录入客户信息　　B. 发放开户通知书

C. 建立印鉴卡　　D. 报告人民银行

4. 清点现金时“三先三后”的程序包括哪些？（　　）

A. 先点大数，后点细数

B. 先点辅币，后点主币

C. 先点大面额票币，后点小面额票币

D. 先点小额，后点大额

5. 现金支票票面要素审核包括哪些内容？（　　）

A. 支票是否真实

B. 收款人名称是否正确

C. 出票人签章是否符合规定

D. 支票大小写金额是否一致

6. 收款人提交支票过程中，转账支票背面需要填写哪些信息？（　　）

A. 委托收款背书　　B. 收款人签章

C. 付款人签章　　D. 支票金额

7. 哪些属于国家现金管理规定的单位可使用现金的范围？（　　）

A. 职工工资　　B. 支付给个人的奖金

C. 结算起点以下的零星支出　　D. 转账支付货款

8. 单位通知存款证实书遗失后，客户需要如何处理？（　　）

A. 立即挂失　　B. 提交证实书遗失公函

C. 重新申请新的证实书　　D. 直接到银行办理取款

9. 单位保证金存款的特点有哪些？（　　）

A. 封闭管理　　B. 可用于保证项下的支付

C. 不得随意支取现金　　D. 利率高于普通存款

10. 单位协定存款合同到期后，有哪些处理方式？（　　）

A. 自动延期　　B. 重新签订合同

C. 转为普通活期存款　　D. 转为定期存款

实训操作

现金支票业务处理

实训内容：

小组成员分角色扮演客户、商业银行综合柜员、大堂经理。客户填写现金支票并提交到银行柜台，商业银行综合柜员为客户办理现金支票业务。

2024 年 10 月 1 日，××公司支取 203 200.40 元现金，用途：工资，账号：261000231，请根据上列信息填写现金支票。

现金支票存根
30201000
03329806
附加信息

出票日期　　年　月　日
收款人:
金　额:
用　途:
单位主管　　会计

现金支票　模拟练写　30201000 03329806

付款期限自出票之日起十天

出票日期（大写）　　年　　月　　日　付款行名称:
收款人:　出票人账号:

人民币（大写）	亿	千	百	十	万	千	百	十	元	角	分

用途　　密码
上列款项请从
我账户内支付
出票人签章　　复核　　记账

银行现金支票模拟练写

附加信息:

收款人签章
年　月　日

身份证件名称:　发证机关:
号码

（贴粘单处）

根据《中华人民共和国票据法》等法律法规的规定，签发空头支票由中国人民银行处以票面金额5%但不低于1000元的罚款。

模块七

支付结算业务

学习目标

知识目标

1. 了解支付结算的概念、特征及原则。
2. 熟悉各种票据行为及其发生的条件和产生的结果。

能力目标

1. 能够为客户办理转账支票业务。
2. 能够为客户办理银行本票、汇票、电汇及委托收款业务。

素质目标

1. 具备合规意识和严格遵守流程规范的职业素质。
2. 增强道德观念、诚信观念和自觉防范职业风险的意识。

情景导入

南京市银河商贸公司因业务需要，在一个月的时间里与其开户银行发生如下业务：

(1) 本月 2 日，公司因购买钢材需要向供货方南京市金鑫钢铁厂开出转账支票 20 000 元用于支付货款，并于本月 3 日向其开户行提交支票和进账单。

(2) 本月 8 日，开户行收到苏州市观前街分理处拍发的电报，金额 42 000 元，是银河商贸公司 10 天前的电划委托收款款项划回，付款人为在苏州市观前街分理处开户的家电公司，银行审核无误予以收款入账。

(3) 本月 15 日，开户行收到天津解放路分理处寄来的第三、四、五联委托收款凭证及商业承兑汇票，金额 100 000 元，收款人是天津印染厂，付款人为银河商贸公司，商业汇票已到期，银行经审查无误予以划款。

从以上案例我们可以看出，支付结算是商业银行重要的中间业务。客户到银行存款，除了出于安全的目的以外，很大程度上是为了利用银行在转账结算方面收付款项的便利。商业银行为了扩大业务，与企业建立广泛的联系，吸收更多的存款，应该尽量加强和完善结算业务，为客户提供优质、方便、迅速、安全的结算服务。

项目一

支付结算业务基础知识认知

一、支付结算的概念

支付结算是指单位、个人在社会经济活动中使用票据、银行卡及规定的结算方式进行货币给付及资金清算的行为。

微课：支付结算的概念

票据凭证和结算凭证是办理支付结算的工具。办理支付结算必须使用中国人民银行统一印制的票据凭证和结算凭证。我国商业银行目前所使用的结算工具及方式可以概括为“三票一卡三方式”：“三票”是指支票、本票、汇票（银行汇票、商业汇票）；“一卡”是指银行卡；“三方式”是指汇兑、托收承付、委托收款三种结算方式。

二、支付结算的特征及原则

（一）支付结算的特征

支付结算行为具有如下几个特征：

（1）支付结算必须通过中国人民银行批准的金融机构进行，这与一般的货币给付及资金清算行为明显不同。

（2）支付结算是一种要式行为。所谓要式行为，就是指支付结算行为必须按照一定的法律形式进行。支付结算行为只有具备了这些法定的方式，才能发生效力。比如票据债务人应当按照法定的条件在票据上签章。

（3）支付结算行为的发生取决于委托人的意志。

（4）支付结算实行统一和分级管理相结合的管理体制。中国人民银行总行负责制定统一的支付结算制度，组织、协调、管理和监督全国支付结算工作。

（5）支付结算必须依法进行。目前我国支付结算的主要法律依据有《中华人民共和国票据法》（以下简称《票据法》）、《票据管理实施办法》、《支付结算办法》等。

（二）支付结算的原则

单位、个人和银行在办理支付结算业务时，应遵循以下原则。

1. 恪守信用，履约付款

恪守信用是指结算各方（包括出票人、付款人、收款人等）在结算时必须按照约定承担相应的义务。收款人应按协议提供商品，付款人必须按照约定的付款金额和付款日期进行付款，银行作为资金清算的中介帮助收付双方划转款项。

2. 谁的钱进谁的账，由谁支配

银行对客户的资金所有权应予以保证，不能限制客户对资金的支配，不得截留和挪用客户资金，要为客户的存款信息保密。

3. 银行不垫款

银行作为社会经济活动各项资金清算的中介，只负责把付款单位账户上的款项划转到收款人账户，以实现商品交易等经济活动的结算，银行不承担替任何单位垫付任何款项的责任。

三、支付结算纪律

（一）单位和个人在办理支付结算业务时应遵守的纪律

（1）不准签发没有资金保证的票据或远期支票（签发远期支票是指签发当日以后日期的支票），套取银行信用。

（2）不准签发、取得和转让没有真实交易和债权债务关系的票据，套取银行和他人资金。

（3）不准无理拒绝付款，任意占用他人资金。

（4）不准违反规定开立和使用账户。

（二）银行应遵守的结算纪律

（1）不准以任何理由压票、任意退票，截留、挪用客户和他行资金。

（2）不准无理拒付，不扣、少扣滞纳金。

（3）不准违章签发、承兑、贴现票据，套取银行资金。

（4）不准签发空头银行汇票、银行本票和办理空头汇款。

（5）不准在支付结算制度之外规定附加条件，影响汇路畅通。

（6）不准违反规定为单位和个人开立账户。

（7）不准拒绝受理、代理他行正常结算业务。

（8）不准放弃对企事业单位和个人违反结算纪律的制裁。

（9）不准逃避向人民银行转汇大额汇划款项。

四、办理支付结算业务的收费规定

银行办理各项支付结算业务，根据承担的责任和业务成本以及应付有关部门的费用向单位和个人收取一定的费用。具体收费标准如表 7-1 所示。

表 7-1　支付结算业务收费标准　　单位：元

结算种类	手续费（每笔）	邮电费（每笔）				备注
		邮费		电报费		
		普通	快件	普通	加急	
银行汇票	1.00	0.50	2.50			

续表

结算种类		手续费（每笔）	邮电费（每笔）				备注
			邮费		电报费		
			普通	快件	普通	加急	
银行承兑汇票		按票面金额 0.5‰					
汇兑	信汇	0.55	0.50	2.50			电汇用途字数超过三个字的，超过的字数按每字收费标准加收电报费。 汇兑的转汇，其费用可以向转汇人收取现金，也可以从款项中扣收，并出具收费收据。
	电汇	0.50			5.85	11.70	
委托收款 托收承付	邮寄划回	1.00	1.00	5.00			托收承付、委托收款按往返邮程收费，如附寄的单证过多，按邮局规定标准加收超重邮费，如发生全额拒付或无款支付时，对已收取的电报费，应扣除邮费后退给客户。 多次划款和单独计扣滞纳金的，由承付行按规定的标准向付款人收取邮费和电报费。
	电报划回	1.00			5.85	11.70	
本票		0.60					使用清分机的本票、支票收取手续费 1 元。
支票		0.60					
单位主动查询	信件查询	0.50	0.50	2.50			系指不是因银行工作差错造成的未收到款项，查询如已查复的，应按规定标准收取邮费或电报费。
	电报查询	0.50			5.85	11.70	
未在银行开户的个人汇款和办理银行汇票	5 000 元以下	按票面金额 1%					不足 1 元的收取 1 元。
	5 000 元（含）以上	50.00					
退汇	信件退汇	0.50	0.50	2.50			汇款退汇，其费用可以向汇款人收取现金，也可以从款项中扣收，并出具收费收据。
	电报退汇	0.50			5.85	11.70	
挂失	符合挂失规定的汇票、本票、支票	按票面金额 1‰					不足 5 元，收取 5 元。银行汇票，挂失止付人要求通知对方行的，应另收邮费或电报费。

注：(1) 转汇的汇出行收取的信汇、电汇邮电费按 100%，手续费按 50%付给转汇行。

(2) 邮电部门规定的邮电费附加，由银行按附加标准向客户收取。

(3) 信用卡的收费种类和标准另行规定。

项目二

支票业务

支票是出票人签发的，委托其开户银行在见票时无条件支付确定的金额给收款人或者持票人的票据。

支票结算具有手续简便、使用灵活、结算及时、可以转让等特点。单位和个人在同一票据交换区域的各种款项结算，均可使用支票。支票的提示付款期为10日。

微课：转账支票的基础知识

一、支票的签发（出票）

支票的签发是指支票的出票人按照《票据法》规定的记载事项和方式作成支票并交付支票的一种票据行为。出票人是指签发支票的单位或个人。支票的出票人必须为在经中国人民银行当地分支行批准办理支票业务的银行机构开立可以使用支票存款账户的单位和个人。

微课：转账支票的签发

（一）支票的票面要素

支票分为现金支票、转账支票和普通支票三种。支票上印有“现金”字样的为现金支票，现金支票只能用于支取现金。支票上印有“转账”字样的为转账支票，转账支票只能用于转账。支票上未印有“现金”或“转账”字样的为普通支票，普通支票可以用于支取现金，也可以用于转账。在普通支票左上角划两条平行线的，为划线支票，划线支票只能用于转账，不得支取现金。现金支票和转账支票样式如图6-2、图6-3所示。

签发支票必须记载下列事项：

（1）标明“支票”的字样。

（2）无条件支付的委托。

（3）确定的金额。

（4）付款人名称。

（5）出票日期。

（6）出票人签章。

欠缺记载上列事项之一的，支票无效。

（二）支票的填写规范及出票要求

（1）签发支票应使用碳素墨水填写。

（2）支票的填写应做到要素齐全、数字正确、字迹清晰、不错漏、不潦草，已填写的支票不得进行涂改。

（3）出票人不得签发与预留银行印鉴不符的支票；使用支付密码的，出票人不得签发支付密码错误的支票。

（4）出票人不得签发空头支票。

二、支票的交付

支票的提示付款期限为自出票日起 10 日，超过提示付款期限提示付款的，出票人开户银行不予付款。

持票人可以委托开户银行收款或直接向付款人提示付款。用于支取现金的支票仅限于收款人向付款人提示付款。

任务一　持票人、出票人在同一银行开户的支票业务

一、持票人送交支票的处理手续

动画：转账支票提出借记票据流程

步骤一：受理。

持票人持转账支票及三联进账单送交其开户银行。

步骤二：审核。

柜员应认真审查以下内容：

（1）支票是否按统一规定印制，支票是否真实，提示付款期限是否超过；

（2）支票填明的持票人是否在本行开户，持票人的名称是否为该持票人，与进账单上的名称是否一致；

（3）出票人账户是否有足够支付的款项；

（4）出票人的签章是否符合规定，与预留银行印鉴是否相符，使用支付密码的，其密码是否正确；

（5）支票大小写金额是否一致，与进账单的金额是否相符；

（6）支票必须记载的事项是否齐全，出票金额、出票日期、收款人名称是否更改，其他记载事项的更改是否由原记载人签章证明；

（7）持票人是否在支票的背面作委托收款背书。

步骤三：办理。

柜员审核无误后，在银行系统中作记账处理，支票作借方凭证，第一联进账单加盖业务公章作为受理回单，第二联进账单作贷方凭证，第三联进账单加盖转讫章作为收账通知，将第一、三联进账单一并交给持票人。

二、出票人送交支票的处理手续

步骤一：受理。

出票人持转账支票及三联进账单提交其开户银行。

动画：转账支票提出贷记票据流程

步骤二：审核。

柜员接到出票人送来的支票和三联进账单时，应认真审查以下内容：

（1）支票是否按统一规定印制，支票是否真实，提示付款期限是否超过；

（2）出票人的签章是否符合规定，与预留银行的印鉴是否相符，使用支付密码的，其密码是否正确；

（3）出票人账户是否有足够支付的款项；

（4）支票的大小写金额是否一致，与进账单的金额是否相符；

（5）支票必须记载的事项是否齐全，出票金额、出票日期、收款人名称是否更改，其他记载事项的更改是否由原记载人签章证明。

步骤三：办理。

经审查无误后，支票作借方凭证，第一联进账单加盖转讫章作回单交给出票人，第二联进账单作贷方凭证，第三联进账单加盖转讫章作收账通知交给收款人。

任务二　持票人、出票人不在同一银行开户的支票业务

一、持票人送交支票的处理手续

（1）出票人向收款人（持票人）签发支票。持票人在支票背面盖收款人章，并在支票后面填写“××银行委托收款”字样，填写三联进账单。

（2）收款人（持票人）持转账支票及三联进账单向其开户银行提示付款。

（3）持票人开户银行接到支票及进账单后，按照要求认真审核。审核无误后，在第一联进账单上加盖票据受理专用章作为回单退持票人；将进账单第二、三联留存银行；将支票盖票据交换专用章，通过同城票据交换提交出票人开户行。

（4）出票人开户银行收到交换提入的支票，按照要求认真审核。审核无误后不予退票的，支票作借方凭证，借记出票人账户，盖转讫章和柜员人名章。

（5）收款人开户银行待退票时间过后，以进账单第二联作贷方凭证进行账务处理，加盖转讫章；进账单第三联加盖转讫章，作收账通知退持票人。

上述步骤可用图 7－1 表示。

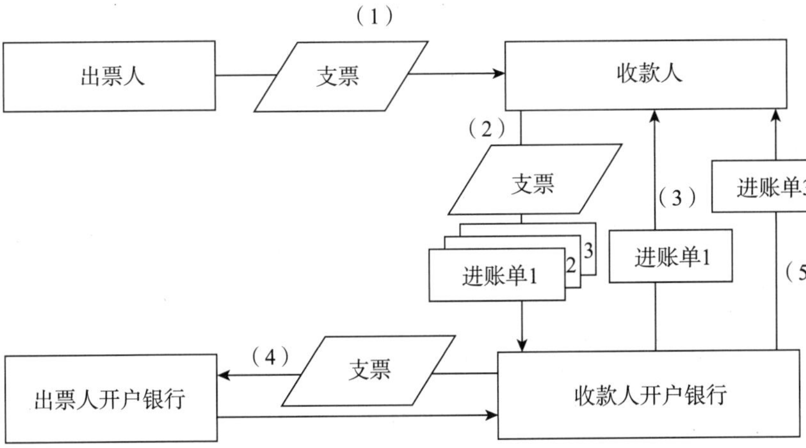

图 7－1　持票人送交支票的处理手续

二、出票人送交支票的处理手续

（1）出票人签发支票并向其开户银行提交支票和三联进账单。

（2）出票人开户银行接到出票人交来的支票和三联进账单时，按照要求认真审核无误后，折角验印，记账，将支票作借方凭证进行账务处理，盖转讫章、柜员人名章，将进账单第一联加盖转讫章作为回单退出票人。

（3）将进账单第二联加盖票据交换专用章连同进账单第三联，通过同城票据交换提交收款人开户银行。

（4）收款人开户银行收到票据交换提入的第二、三联进账单后，审核票据，审核无误后，记账，将进账单第二联加盖转讫章、柜员人名章，作贷方凭证进行账务处理；将进账单第三联盖转讫章，作收账通知交收款人。

上述步骤可用图 7－2 表示。

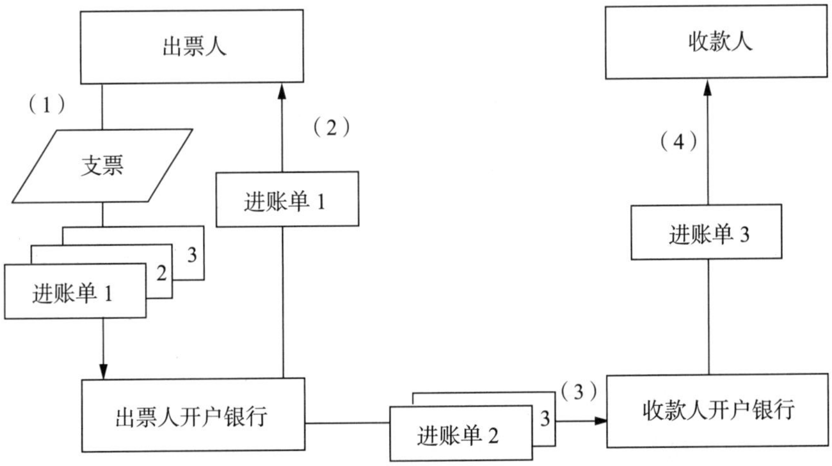

图 7－2　出票人送交支票的处理手续

任务三　现金支票业务

现金支票业务的操作步骤如下：

步骤一：受理。

出票人填写现金支票并加盖预留银行印鉴后提交其开户银行。

步骤二：审核。

出票人开户银行应按下列要求认真审查现金支票：

（1）支票是否按统一规定印制，支票是否真实，提示付款期限是否超过。

（2）支票填明的收款人名称是否为该收款人，收款人是否在支票背面“收款人签章”处签章，其签章是否与收款人名称一致。

（3）出票人的签章是否符合规定，并折角核对其签章与预留银行签章是否相符；使用支付密码的，其密码是否正确。

（4）支票的大小写金额是否一致。

（5）支票必须记载的事项是否齐全，出票金额、出票日期、收款人名称是否更改，其他记载事项的更改是否由原记载人签章证明。

（6）出票人账户是否有足够支付的款项。

（7）支取的现金是否符合国家现金管理的规定。

（8）收款人为个人的，还应审查其身份证件，是否在支票背面“收款人签章”处注明身份证件名称、号码及发证机关。

步骤三：办理。

审查无误后，在计算机系统中借记出票人账户，在支票正面盖现讫章，作付款的借方凭证。

德技并修

案例：支票要素审核不到位引发的风险事件

一、案例经过

网点柜员在受理客户递交的 4 万元现金支票时，因工作疏忽，在未对支票日期认真审核的情况下，受理过期现金支票，事后发现并进行了反交易处理，形成了风险事件。

二、案例分析

（1）《票据法》第九十一条规定，支票的持票人应当自出票日起十日内提示付款，超过提示付款期限的，付款人可以不予付款。

（2）银行《业务操作指南》明确规定，柜员在办理现金支票支付业务时，应严格审查凭证是否合法有效，日期、大小写金额、收款人名称有无涂改，大小写金额是否相符。

(3) 柜员在受理业务时，疏忽大意，责任心不强，风险意识淡薄，没有严格按照操作流程对客户的支票要素进行认真审核，受理了客户错写出票日期的过期支票，导致风险事件的发生。

三、案例启示

(1) 加强业务制度的学习。以银行《业务操作指南》《柜面业务操作手册》为学习内容，加强员工对新业务、新制度、新流程的学习，注重对业务操作风险点的掌握学习，避免有章不循、违章操作等问题的发生。

(2) 加强风险意识教育。让柜员真正认识到风险无处不在，风险带来的严重后果。要提高对规范执行规章制度的认识，增强抵制和防范违规行为的自觉性，合规办理每一笔业务，杜绝此类违规操作和差错的再次发生。

任务四　领购支票业务

领购支票业务的操作步骤如下：

步骤一：受理。

存款人购买支票时，应填写三联票据和结算凭证领用单（由各行自制），并在第二联上加盖预留银行签章后提交开户银行。

步骤二：审核。

开户银行核对凭证填写是否正确、签章是否与预留银行印鉴相符。

步骤三：办理。

开户银行柜员审核无误后，收取支票工本费和手续费，在空白重要凭证登记簿上注明领用日期、存款人名称、支票起止号码以备核查。领用单第一联交给存款人，第二联代借方凭证（收取现金的，本联注销），第三联作工本费贷方凭证附件。

任务五　支票挂失业务

支票挂失业务的操作步骤如下：

(1) 支票丧失，失票人到付款行请求挂失时，应当提交第一、二联挂失止付通知书。

(2) 付款行收到挂失止付通知书后，按规定审查无误并确未付款的，在第一联挂失止付通知书上加盖业务公章作为受理回单交给失票人，第二联于登记支票挂失登记簿后专夹保管，并在出票人账户账首明显处用红笔注明“××××年×月×日第×号支票挂失止付”字样，凭以止付。

业务链接

支票是一种成本低廉、使用便捷、流通性强的信用支付工具，被我国各企事业单位广泛使用。长期以来，由于受到业务和技术条件的制约，我国支票基本只在同一城市范围内使用，不能适应区域经济发展和人们日益增长的多样化支付的需要。因此，中国人民银行根据我国支票使用现状及发展趋势，借鉴国际支票截留的先进经验，决定建设影像交换系统，支撑支票全国通用。2006 年 12 月 18 日，影像交换系统在北京、天津、上海、河北、广东和深圳六省（市）成功试点运行。在此基础上，2007 年 6 月 25 日，中国人民银行完成了影像交换系统在全国的推广建设，实现了支票在全国范围的互通使用，企事业单位和个人持任何一家银行的支票均可在境内所有地区办理支付。

银行发售支票，每个账户一般一次一本，业务量大的可以适当放宽。出售时应在每张支票上加盖本行行名和存款人账号，并记录支票号码。

存款人撤销、合并、结清账户时，应将未用空白支票填列二联清单全部交回银行切角作废；一联清单由银行盖章退交存款人，另一联作清户凭证附件。

项目三

银行本票业务

银行本票是银行签发的，承诺自己在见票时无条件支付确定的金额给收款人或持票人的票据。

银行本票由银行签发且保证兑付，一般不存在得不到正常支付的问题。单位、个体经营户和个人不管其是否在银行开户，其相互之间在同城范围内的所有商品交易、劳务供应以及其他款项的结算都可以使用银行本票。收款单位和个人持银行本票可以办理转账结算，也可以支取现金，同样可以背书转让。银行本票见票即付，结算迅速。

微课：银行本票基础知识

任务一　银行本票签发业务

微课：银行本票签发

银行本票签发业务的操作步骤如下：

步骤一：受理。

客户填写并提交商业银行本票申请书（见表7－2）。

表7－2　商业银行本票申请书（存　根）　　1　NO.××××

申请日期　　年　　月　　日

<table>
<tr><td>申请人</td><td></td><td>收款人</td><td colspan="12"></td><td rowspan="5">此联申请人留存</td></tr>
<tr><td>账号或住址</td><td></td><td>账号或住址</td><td colspan="12"></td></tr>
<tr><td>用　途</td><td></td><td>代理付款行</td><td colspan="12"></td></tr>
<tr><td rowspan="2">款项金额</td><td colspan="3" rowspan="2">人民币
（大写）</td><td>万</td><td>千</td><td>百</td><td>十</td><td>万</td><td>千</td><td>百</td><td>十</td><td>元</td><td>角</td><td>分</td></tr>
<tr><td></td><td></td><td></td><td></td><td></td><td></td><td></td><td></td><td></td><td></td><td></td></tr>
<tr><td colspan="2">备注：</td><td colspan="13">科目……
对方科目……
财务主管　　复核　　经办</td><td></td></tr>
</table>

申请书一式三联，第一联是申请人的存根，第二联银行作借方凭证，第三联作贷方凭证。交现金办理本票的，第二联注销。

步骤二：审核。

柜员受理申请人提交的第二、三联申请书时，应认真审查其填写的内容是否齐全、清晰；申请书注明“现金”字样的，申请人及收款人均应为个人。经审查无误后，柜员接受申请人签发银行本票的申请。

步骤三：办理。

出票行在办理转账或收妥现金后，签发银行本票（见图 7-3）。

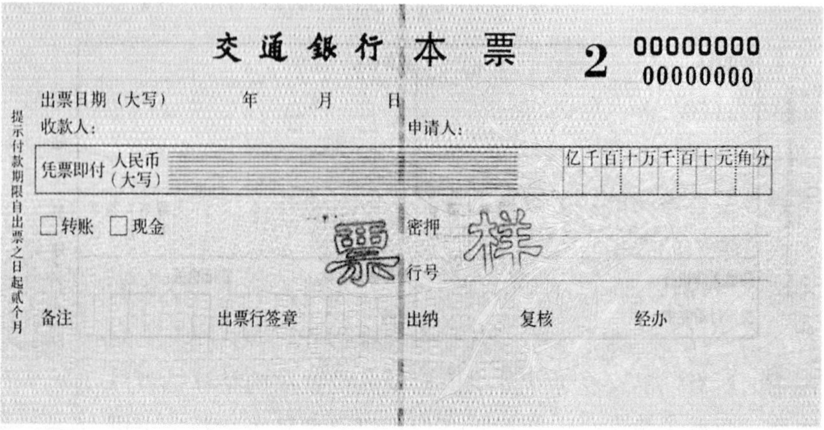

交通银行 本票 2 00000000 00000000

提示付款期限自出票之日起贰个月

出票日期（大写） 年 月 日

收款人： 申请人：

凭票即付 人民币（大写） 亿 千 百 十 万 千 百 十 元 角 分

□转账 □现金 密押

行号

备注 出票行签章 出纳 复核 经办

图 7-3 银行本票样式

业务链接

银行本票一式两联，第一联为卡片联，由出票银行留存，结清本票时作借方凭证附件；第二联为本票联，由正反面组成，反面用于背书转让和提示付款签章，正面为本票联，此联出票行结清本票时作借方凭证。

签发的银行本票必须记载下列事项：(1) 表明“银行本票”的字样；(2) 无条件支付的承诺；(3) 确定的金额；(4) 收款人名称；(5) 出票日期；(6) 出票人签章。欠缺以上事项之一的，银行本票无效。

银行本票的出票日期和出票金额必须大写，如果填写错误，应将银行本票作废。用于转账的银行本票，须在本票上划去“现金”字样；按规定可以用于支出现金的银行本票，须在本票上划去“转账”字样。申请书在备注栏内注明“不得转让”的，出票行应当在银行本票正面注明。

填写好的银行本票经复核无误后，在不定额本票第二联或定额本票正联上加盖本票专用章并由授权的经办人签名或盖章，签章必须清晰。定额本票正联交给申请人，不定额本票第二联须用总行统一制作的压数机在“人民币大写”栏右端压印小写金额后交给申请人。第一联卡片或存根联上加盖经办、复核员名章后留存，专夹保管。

任务二 银行本票付款业务

银行本票的付款有两种情况：一种是出票行直接对本行签发的本票付款；另一种是代理付款行作为持票人的开户银行代理出票行付款。

银行本票见票即付。银行本票的付款期限自出票日起最长不得超过 2 个月。持票人超过提示付款期限提示付款的，代理付款人不予受理。

子任务一　出票行直接对本行签发的本票付款业务

出票行直接对本行签发的本票付款业务的具体程序如图 7－4 所示。

动画：本票交易流程

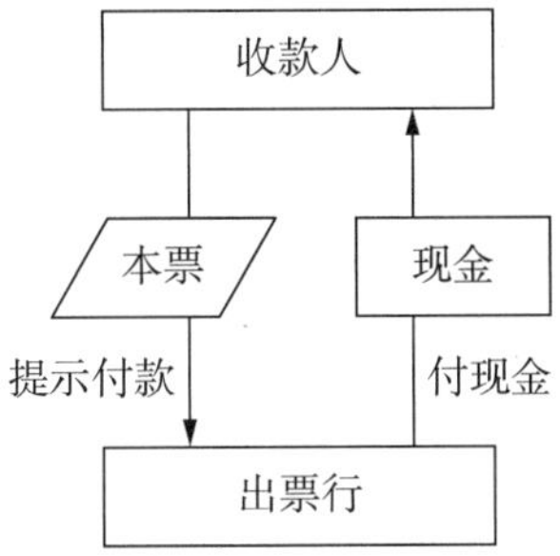

图 7－4　出票行直接对本行签发的本票付款程序

银行本票付款业务的操作步骤如下：

步骤一：受理。

未在银行开立存款账户的持票人，凭注明“现金”字样的银行本票向出票银行支取现金。

步骤二：审核。

出票行柜员接到收款人交来的注明“现金”字样的本票时，抽出专夹保管的本票卡片或存根，进行核对并确认是否属于本行签发。

柜员必须认真审查本票上填写的申请人和收款人是否均为个人，审查收款人的身份证件，审查收款人在本票背面“持票人向银行提示付款签章”处是否签章和注明身份证件名称、号码及发证机关，并要求提交收款人身份证件复印件留存备查。

收款人委托他人向出票行提示付款的，必须查验收款人和委托人的身份证件，在本票背面是否作委托收款背书，是否注明收款人和被委托人的身份证件名称、号码及发证机关，并要求提交收款人和被委托人身份证件复印件留存备查。

步骤三：办理。

柜员审核无误后，办理付款手续，本票作借方凭证，本票卡片或存根联作为附件。

子任务二　代理付款行代理出票人付款及款项的结清业务

代理付款行代理出票人付款及款项的结清业务的具体程序如图 7－5 所示。具体操作步骤如下：

步骤一：持票人向其开户银行提示付款。

在银行开立存款账户的持票人持本票和三联进账单向其开户银行提示付款。

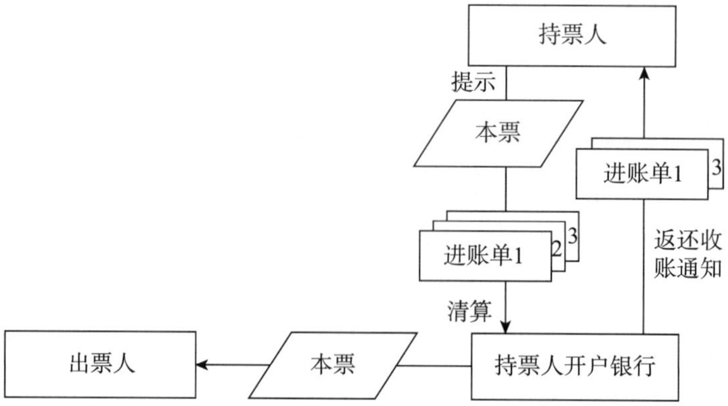

图 7－5　代理付款行代理出票人付款及款项的结清程序

步骤二：开户行柜员审核本票。

开户行柜员应认真审核如下内容：

（1）本票是否按统一规定印制，本票是否真实，提示付款期限是否超过。

（2）本票填明的持票人是否在本行开户，持票人名称是否为该持票人，与进账单上的名称是否相符。

（3）出票行的签章是否符合规定，加盖的本票专用章是否与印模相符。

（4）不定额本票是否有统一制作的压数机压印金额，与大写的金额是否一致。

（5）本票必须记载的事项是否齐全，出票金额、出票日期、收款人名称是否更改，其他记载事项的更改是否由原记载人签章证明。

（6）持票人是否在本票背面“持票人向银行提示付款签章”处签章，背书转让的本票是否按规定的范围转让，其背书是否连续，签章是否符合规定，背书使用粘单的，是否按规定在粘单粘连处签章。

步骤三：交换票据。

柜员审核无误后，第一联进账单加盖转讫章作为受理回单，第二联进账单作贷方凭证贷记持票人账户，第三联进账单加盖转讫章作为收账通知一并交给持票人。本票加盖转讫章、票据交换专用章，并通过票据交换向出票行提出交换。

步骤四：出票行结清本票。

出票行收到票据交换人提入的本票时，抽出专夹保管的本票卡片或存根，经核对相符，确属本行出票的，本票作借方凭证，本票卡片或存根联作附件。至此本票款项结清。

子任务三　银行本票退款、超过付款期限付款和挂失业务

一、退款的处理

申请人因本票超过提示付款期限或其他原因要求出票行退款时，应填制一式二联进账单连同本票交给出票行，并按照《支付结算办法》的规定提交证明或身份证件。出票

行经与原专夹保管的本票卡片或存根核对无误，即在本票上注明“未用退回”字样，第二联进账单作贷方凭证（如系退付现金，本联作借方凭证附件），本票作借方凭证，本票卡片或存根联作附件。第一联进账单加盖转讫章作收账通知交给申请人。

二、超过付款期限付款的处理

持票人超过付款期限不获付款的，在票据权利时效内请求付款时，应当向出票行说明原因，并将本票交给出票行。持票人为个人的，还应交验本人身份证件。出票行经与原专夹保管的本票卡片或存根核对无误，即在本票上注明“逾期付款”字样，办理付款手续。

三、挂失的处理

确系填明“现金”字样的本票丧失，失票人到出票行挂失时，应提交第一、二联挂失止付通知书。出票行收到挂失止付通知书后应按规定审核，抽出原专夹保管的本票卡片或存根核对，确属本行签发并确未注销时，方可受理。第一联挂失止付通知书加盖业务公章作为受理回单交给失票人，第二联于登记本票挂失登记簿后，与原本票卡片或存根一并专夹保管，凭以控制付款或退款。

项目四

银行汇票业务

银行汇票是由出票银行签发的，由其在见票时按照实际结算金额无条件支付给收款人或持票人的票据。银行汇票的起点金额为500元。

微课：银行汇票基础知识

各单位、个体经营户和个人需要在异地进行商品交易、劳务供应和其他经济活动及债权债务的结算，都可以使用银行汇票。银行汇票具有适用范围广、信用可靠、结算及时、使用灵活、余款自动退回等特点，是目前异地结算中较为广泛采用的一种结算方式。

银行汇票的结算流程如图7－6所示。

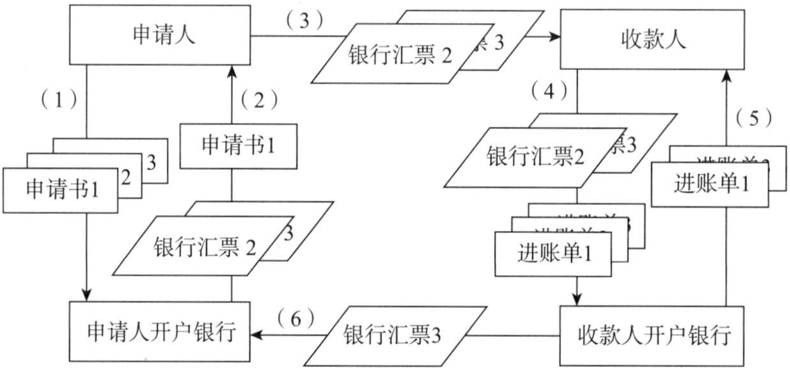

图7－6　银行汇票的结算流程（出票、解付、结清）

说明：（1）申请人向开户银行申请签发银行汇票；（2）开户银行签发银行汇票；（3）向收款人交付银行汇票；（4）收款人提示开户银行付款；（5）款项收妥入账；（6）银行传递凭证。

任务一　银行汇票出票业务

银行汇票出票的操作步骤如下：

微课：银行汇票的签发

步骤一：受理。

申请人需要使用银行汇票时，应向银行填写并提交商业银行汇票申请书（见图7－7）。汇票申请书一式三联，第一联为存根，第二联为借方凭证，第三联为贷方凭证。交现金办理汇票的，第二联注销。

××银行　汇票申请书（存根）　1

申请日期　　年　　月　　日　　　　第　　号

申请人		收款人	
账　号 或住址		账　号 或住址	
用　途		代　理 付款行	
汇票金额	人民币 （大写）	千百十万千百十元角分	

此联申请人留存

备注

科　　目＿＿＿＿＿＿＿＿

对方科目＿＿＿＿＿＿＿＿

财务主管　　　复核　　　　经办

图 7－7　商业银行汇票申请书样式

步骤二：审核。

出票行受理申请人提交的三联申请书时，应认真审查其内容是否填写齐全、清晰，其签章是否为预留银行的签章；申请书填明“现金”字样的，申请人和收款人是否均为个人。经审查无误后，从申请人账户中扣取汇票金额，在申请书第一联上加盖转讫章和柜员名章交给申请人。

步骤三：办理。

申请人转账交付的，以第二联申请书作借方凭证，第三联作贷方凭证，借记申请人账户；申请人交付现金的，以第三联申请书作贷方凭证，借记“现金”。

出票行在办好转账或收妥现金后，签发银行汇票（见图 7－8）。

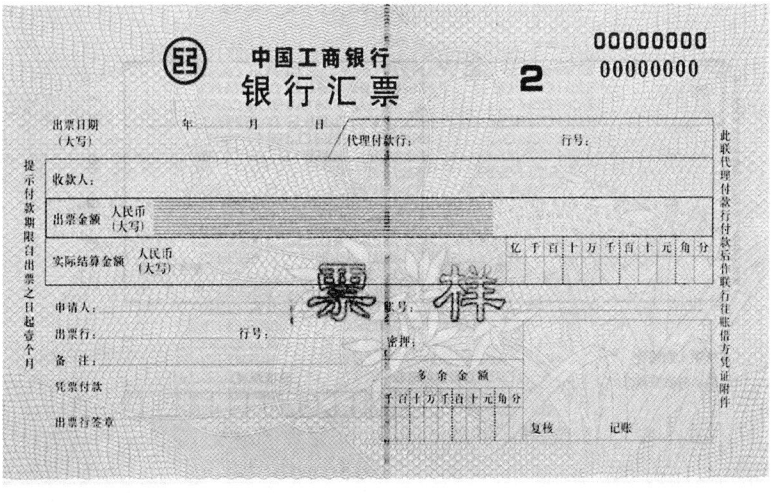
中国工商银行
银行汇票　2
00000000
00000000
出票日期（大写）　年　月　日
代理付款行：　行号：
收款人：
出票金额　人民币（大写）
实际结算金额　人民币（大写）
亿千百十万千百十元角分
申请人：　账号：
出票行：　行号：
备　注：
密押：
凭票付款
多余金额
千百十万千百十元角分
出票行签章　复核　记账
提示付款期限自出票之日起壹个月
此联代理付款行付款后作联行往账借方凭证附件
票样

图 7－8　银行汇票样式

业务链接

银行汇票是银行在收到申请人款项后签发的支付凭证，因而具有较高的信誉，银行保证支付。收款人持有票据，可以安全、及时地到银行支取款项。使用银行汇票结算，购货单位交存款项后，银行开出银行汇票，银行汇票可以票随人走。购货单位购货付票，销售单位验票发货，相当于一手交钱，一手交货。

银行汇票凭证一式四联，第一联为卡片，第二联为汇票，第三联为解讫通知，第四联为多余款收账通知。

签发银行汇票必须记载下列事项：(1) 表明“银行汇票”的字样。(2) 无条件支付的承诺。(3) 出票金额。(4) 付款人名称。(5) 收款人名称。(6) 出票日期。(7) 出票人签章。欠缺记载上列事项之一的，银行汇票无效。

汇票填写注意事项：(1) 汇票的出票日期和出票金额必须大写。如果填写错误，应将汇票作废。(2) 签发转账银行汇票一律不填写代理付款行名称，《支付结算办法》另有规定的除外。(3) 签发现金银行汇票，须在四联汇票的“出票金额人民币（大写）”之后紧接填写“现金”字样，再填写出票金额，在代理付款行名称栏填明确定的本系统代理付款行名称。(4) 申请书的备注栏内注明“不得转让”的，出票行应当在汇票正面的备注栏内注明。(5) 企业不得使用现金银行汇票，银行不得为企业签发和解付现金银行汇票。

填写的汇票经复核无误后，在第二联上加盖汇票专用章并由授权的经办人签名或盖章，签章必须清晰；在实际结算金额栏的小写金额上端用总行统一制作的压数机压印出票金额，然后连同第三联一并交给申请人。在第一联上加盖经办、复核名章，在逐笔登记汇出汇款账并注明汇票号码后，连同第四联一并专夹保管。

德技并修

案例：成功堵截假银行汇票贴现

一、案例简介

“××贸易有限公司”持一张金额为贰佰万元的银行汇票到网点申请贴现查询，经办柜员审票时发现票面有疑点，立即报告当班现场管理；现场管理复核发现仍有疑点，立即报支行业务科及分行运管部，请求进一步鉴定，最终确认为假票。网点随即报案，公安机关介入调查。

二、案例分析

客户“××贸易有限公司”是银行开户的单位，开户时所有资料均提供了原件，网点通过面谈方式进行了尽职调查，并在人行账户系统成功备案。通过公安机关对贴现业务办理人审查，客户并不知晓此票有假，到银行贴现前通过其他银行进行过查询。

假票特征：

(1) 票面纸张比真票厚，颜色较深；

（2）紫外光下底纹浮于票号号码上，颜色较深；

（3）透光不见白水印，安全线明显是印上去的；

（4）票号反面渗透性油墨可擦，票号号码数字无凹凸感；

（5）紫光灯下有色纤维分布不均，形状不一且明显浮于表面；

（6）底纹不连续，缩微文字不清晰，几乎无法辨认；

（7）红外光下不过滤空票信息，边框等清晰可见，兰花花叶不连续、断开。

三、案例启示

（1）网点票据审核员要严格执行票据相关制度规定，以高度的责任心认真细致地审核每个要素及密点。

（2）要树立风险防范意识，在审验票据过程中不放过任何疑点，做到有疑必查，查必彻底；发现问题及时上报、复查。

（3）要加强相关人员的识假培训，提高识假能力。

任务二　银行汇票解付业务

银行汇票的出票和付款，限于中国人民银行和各商业银行参加“全国联行往来”的银行机构办理。代理付款人不得受理未在本行开立存款账户的单位持票人直接提交的银行汇票。

动画：银行汇票流程

银行汇票的提示付款期限为自出票日起 1 个月，持票人超过付款期限提示付款的，代理付款人不予受理。

本任务讲述系统内银行汇票的解付流程，跨系统银行签发的转账银行汇票的付款，应通过同城票据交换将银行汇票和解讫通知提交给同城的有关银行审核支付后抵用，其余相同。

子任务一　代理付款行收到在本行开户持票人提交的银行汇票业务

代理付款行收到在本行开户持票人提交的银行汇票业务的操作步骤如下：

步骤一：受理。

持票人将转账银行汇票、解讫通知及三联进账单提交其开户银行（代理付款行）。

步骤二：审核。

代理付款行应认真审核如下事项：

（1）汇票和解讫通知是否齐全，汇票号码和记载的内容是否一致。

（2）汇票是否按统一规定印制，汇票是否真实，提示付款期限是否超过。

（3）汇票填明的持票人是否在本行开户，持票人名称是否为该持票人，与进账单上的名称是否相符。

（4）出票行的签章是否符合规定，加盖的汇票专用章是否与印模相符。

（5）使用密码的，密码是否正确；压数机压印的金额是否由统一制作的压数机压印，与大写的出票金额是否一致。

（6）汇票的实际结算金额大小写是否一致，是否在出票金额以内，与进账单所填金额是否一致，多余金额结计是否正确。如果全额进账，必须在汇票和解讫通知的实际结算金额栏内填入全部金额，多余金额栏填写“—0—”。

（7）汇票必须记载的事项是否齐全，出票金额、实际结算金额、出票日期、收款人名称是否更改，其他记载事项的更改是否由原记载人签章证明。

（8）持票人是否在汇票背面“持票人向银行提示付款签章”处签章，背书转让的汇票是否按规定的范围转让，其背书是否连续，签章是否符合规定，背书使用粘单的，是否按规定在粘接处签章。

微课：背书转让业务

步骤三：办理。

经审查无误，汇票作借方凭证附件，办理转账。第一联进账单加盖业务公章作为受理回单，第二联进账单作贷方凭证，第三联进账单加盖转讫章作为收账通知一并交给持票人，解讫通知加盖转讫章随联行借方报单寄给出票行。

子任务二　代理付款行收到未在本行开户持票人提交的银行汇票业务

代理付款行收到未在本行开户持票人提交的银行汇票业务的操作步骤如下：

步骤一：受理。

持票人（个人）将银行汇票、解讫通知和两联进账单提交代理付款行。

步骤二：审核。

代理付款行必须认真审查汇票上填写的申请人和收款人是否确为个人，持票人的身份证件是否真实有效，在汇票背面“持票人向银行提示付款签章”处是否有持票人的签章和身份证件名称、号码及发证机关，并要求提交持票人身份证件复印件留存备查。

步骤三：办理。

审查无误后，以持票人姓名开立应解汇款及临时存款账户，并在该分户账上填明汇票号码以备查考，第二联进账单作贷方凭证。

持票人需要支取现金的，代理付款行经审查汇票上填写的申请人和收款人确为个人并按规定填明“现金”字样，以及填写的代理付款行名称确为本行的，可办理现金支付手续。

任务三　银行汇票结清业务

银行汇票结清业务的操作步骤如下：

步骤一：受理。

出票行接到代理付款行寄来的联行借方报单以及解讫通知。

步骤二：审核。

出票行抽出原专夹保管的汇票卡片，认真核对是否确属本行出票，借方报单与实际结算金额是否相符，多余金额结计是否正确。

步骤三：办理。

审核无误后，分以下两种情况办理：

（1）汇票全额付款，应在汇票卡片的实际结算金额栏填入全部金额，在多余款收账通知的多余金额栏填写“—0—”，汇票卡片作借方凭证，解讫通知和多余款收账通知作借方凭证的附件。

（2）汇票有多余款的，应在汇票卡片和多余款收账通知上填写实际结算金额，汇票卡片作借方凭证，解讫通知作多余款贷方凭证。在多余款收账通知多余金额栏填写多余金额，加盖转讫章，通知申请人。

任务四　银行汇票退款、超过付款期限付款和挂失业务

一、退款手续

申请人由于汇票超过付款期限或其他原因要求退款时，应交回汇票和解讫通知，并按照《支付结算办法》的规定提交证明或身份证件。出票行经与原专夹保管的汇票卡片核对无误，即在汇票和解讫通知的实际结算金额大写栏填写“未用退回”字样，汇票卡片作借方凭证，汇票作附件，解讫通知作贷方凭证（如系退付现金，即作为借方凭证的附件）办理转账。多余款收账通知的多余金额栏填入原出票金额并加盖转讫章作收账通知，交给申请人。

二、超过付款期限付款手续

持票人超过付款期限不获付款的，在票据权利时效内请求付款时，应当向出票行说明原因，并提交汇票和解讫通知。持票人为个人的，还应交验本人身份证件。出票行经与原专夹保管的汇票卡片核对无误，多余金额结计正确无误，即在汇票和解讫通知的备注栏填写“逾期付款”字样，办理付款手续。

三、挂失手续

填明“现金”字样及代理付款行的汇票丧失，失票人到代理付款行或出票行挂失时，应当提交三联挂失止付通知书。出票行接到失票人提交的挂失止付通知书，应审查挂失止付通知书的填写是否符合要求，查对汇出汇款账和汇票卡片系指定代理付款行支取现金的汇票，并确未注销时方可受理。在第一联挂失止付通知书上加盖业务公章作为受理回单，第二、三联在登记汇票挂失登记簿后，与原汇票卡片和多余款收账通知一并另行保管，凭以控制付款或退款。

项目五

商业汇票业务

商业汇票是出票人签发的，委托付款人在指定付款日无条件支付确定金额给收款人或持票人的票据。商业汇票按承兑人的不同分为银行承兑汇票和商业承兑汇票。商业汇票的付款期限，最长不超过六个月。

微课：商业汇票基础知识

商业汇票可以在同城、异地使用，没有金额起点限制。

商业汇票的出票人、收款人等必须是在银行开立账户的企业法人。个体工商户、个人、法人的附属单位等不具有法人资格的单位以及虽具有法人资格但没有在银行开立账户的单位都不能使用商业汇票。

商业汇票的适用范围相对较窄，各企业、事业单位之间只有根据购销合同进行合法的商品交易，才能签发商业汇票。除商品交易以外，其他方面的结算，如劳务报酬、债务清偿、资金借贷等，不可采用商业汇票结算方式。

任务一　银行承兑汇票的业务处理

银行承兑汇票的业务处理流程如图 7－9 所示。

微课：银行承兑汇票业务交易流程

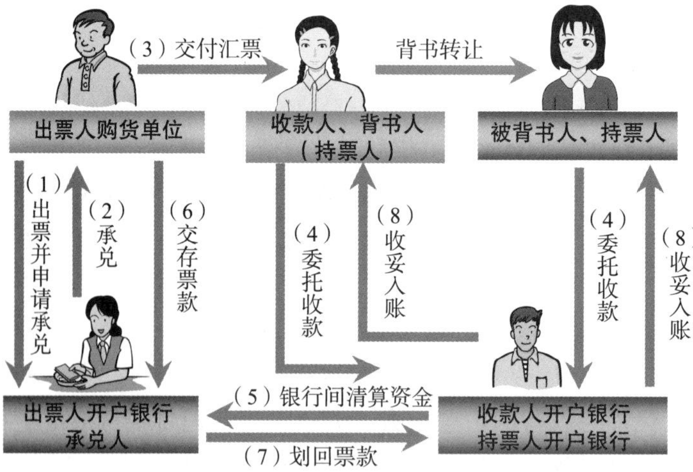

图 7－9　银行承兑汇票的业务处理流程

子任务一　银行承兑汇票的承兑

银行承兑汇票承兑的操作步骤如下：

步骤一：签银行承兑协议。

出票人持银行承兑汇票（见图7－10）（指第一、二联，第三联由出票人查存）向汇票上记载的付款银行申请承兑时，承兑银行的信贷部门按照《支付结算办法》和有关规定，对出票人的资格、资信、购销合同进行审查，必要时可要求出票人缴存一定比例的保证金或提供担保。信贷部门同意后，即可与出票人签署银行承兑协议（见图7－11），并将汇票与承兑协议一并交会计部门。

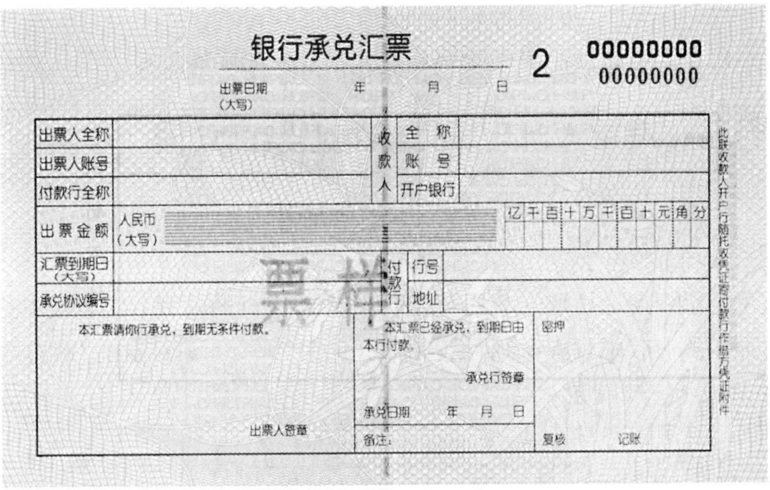
银行承兑汇票　2　00000000
00000000
出票日期（大写）　年　月　日
出票人全称
出票人账号
付款行全称
收款人　全称
账号
开户银行
出票金额　人民币（大写）
亿 千 百 十 万 千 百 十 元 角 分
汇票到期日（大写）
付款行　行号
地址
承兑协议编号
本汇票请你行承兑，到期无条件付款。
出票人签章
本汇票已经承兑，到期日由本行付款。
承兑行签章
承兑日期　年　月　日
备注：
密押
复核　记账
此联收款人开户行随托收凭证寄付款行作借方凭证附件
票样

图7－10　银行承兑汇票样式

银行承兑协议

编号：……………………

银行承兑汇票的内容：

收款人全称……………………　付款人全称……………………

开户银行……………………　开户银行……………………

账　　号……………………　账　　号……………………

汇票号码……………………　汇票金额（大写）……………………

签发日期……年……月……日　到期日期……年……月……日

以上汇票经承兑银行承兑，承兑申请人（下称申请人）愿遵守《支付结算办法》的规定以及下列条款：

一、申请人于汇票到期日前将应付票款足额交存承兑银行。

二、承兑手续费按票面金额千分之（　）计算，在银行承兑时一次付清。

三、承兑汇票如发生任何交易纠纷，均由收付双方自行处理，票款于到期前仍按第一条办理。

四、承兑汇票到期日，承兑银行凭票无条件支付票款。如到期日之前申请人不能足额交付票款，承兑银行对不足支付的票款转作承兑申请逾期贷款，并按照有关规定计收罚息。

五、承兑汇票款付清后，本协议自动失效。本协议第一、二联分别由承兑银行信贷部门和承兑申请人存执，协议副本由承兑银行会计部门存查。

承兑申请人……………（盖章）　　承兑银行……………（盖章）

订立承兑协议日期　　年　　月　　日

图7－11　银行承兑协议样式

步骤二：会计部门签章承兑。

会计部门接到汇票和承兑协议，应审查汇票必须记载的事项是否齐全，出票人的签章是否符合规定，出票人是否在本行开立存款账户，汇票上记载的出票人名称、账号是否相符，汇票是否按统一规定印制。审核无误后，在第一、二联汇票上注明承兑协议编号，并在第二联汇票“承兑行签章”处加盖汇票专用章并由授权的经办人签名或盖章。将第二联汇票连同第一联承兑协议交给出票人，同时，按照规定向出票人收取承兑手续费，然后将第一联汇票卡片和承兑协议副本专夹保管。

步骤三：出票人将银行承兑汇票第二联交收款人（持票人）。

子任务二　持票人开户银行收到汇票的处理

持票人开户银行收到汇票进行处理的操作步骤如下：

步骤一：受理。

银行承兑汇票到期，持票人将匡算至付款人开户行的邮程，提前委托开户行收款。持票人应填写一式五联邮划或电划托收凭证（见图 7-12），连同第二联银行承兑汇票交其开户银行。

委邮　　**委托收款** 凭证（回单）　　1　　委托号码　　第　号

委托日期　　年　月　日

9.5×17.5 cm 深溢印务

付款人	全　称				收款人	全　称											
	账号或地址					账　号											
	开户银行		行号			开户银行		行号									
委托金额	人民币（大写）							千	百	十	万	千	百	十	元	角	分
款项内容		委托收款凭据名称				附寄单证张数											
备注:			款项收妥日期　年　月　日			收款人开户银行盖章　年　月　日											

此联收款人开户银行给收款人的回单

单位主管　　会计　　复核　　记账

委电　　**委托收款** 凭证（回单）　　1　　委托号码　　第　号

委托日期　　年　月　日

9.5×17.5 cm 深溢印务

付款人	全　称				收款人	全　称											
	账号或地址					账　号											
	开户银行		行号			开户银行		行号									
委托金额	人民币（大写）							千	百	十	万	千	百	十	元	角	分
款项内容		委托收款凭据名称				附寄单证张数											
备注:			款项收妥日期　年　月　日			收款人开户银行盖章　年　月　日											

此联收款人开户银行给收款人的回单

单位主管　　会计　　复核　　记账

图 7-12　邮划托收凭证和电划托收凭证样式

步骤二：审核。

持票人开户银行应认真审核如下内容：

（1）汇票是否按统一规定印制，提示付款期限是否超过。

（2）汇票上填明的持票人是否在本行开户。

（3）出票人、承兑人的签章是否符合规定。

（4）汇票必须记载的事项是否齐全，出票金额、出票日期、收款人名称是否更改，其他记载事项的更改是否由原记载人签章证明。

（5）是否作成委托收款背书，背书转让的汇票，其背书是否连续，签章是否符合规定，背书使用粘单的，是否按规定在粘接处签章。

（6）委托收款凭证的记载事项是否与汇票记载的事项相符。

步骤三：办理。

持票人开户行审核无误后，在委托收款凭证各联上加盖“银行承兑汇票”戳记，委托收款凭证第一联加盖业务公章交持票人，第二联专夹保管，第三、四、五联连同汇票一并交承兑银行。

子任务三　承兑银行对汇票到期收取票款的处理

承兑银行应每天查看汇票的到期情况，对到期的汇票，应于到期日（法定休假日顺延）向出票人收取票款。填制二联特种转账借方凭证，一联特种转账贷方凭证，并在“转账原因”栏注明“根据××号汇票划转票款”。一联特种转账借方凭证加盖转讫章后作支款通知交给出票人。按照出票人账户是否有足够款项，分以下三种情况进行处理：

（1）出票人存款账户和保证金账户有足额票款。汇票到期，应从出票人存款账户扣收票款；若出票人存款账户不够支付，缴存保证金的，应从保证金账户收取票款。出票人活期存款账户可足额扣取汇票款项的，应办理保证金存款退款手续。

（2）出票人账户到期无款支付时，按承兑金额转入“逾期贷款”科目进行核算，并按每日万分之五计收利息。

（3）出票人账户不足支付时，将不足金额转入“逾期贷款”科目进行核算，不足部分按每日万分之五计收利息。

子任务四　承兑银行支付汇票款项的处理

承兑银行支付汇票款项的操作步骤如下：

步骤一：承兑银行接到持票人开户行寄来的委托收款凭证及汇票，抽出专夹保管的汇票卡片和承兑协议副本，并认真审查以下内容：

（1）该汇票是否为本行承兑，与汇票卡片的号码和记载事项是否相符。

（2）是否作成委托收款背书，背书转让的汇票，其背书是否连续，签章是否符合规定，背书使用粘单的，是否按规定在粘接处签章。

（3）委托收款凭证的记载事项是否与汇票记载的事项相符。

步骤二：经审查无误，将委托收款凭证第四联填注收款日期后，同联行报单一并交持票人开户银行。

子任务五　持票人开户行收到汇票款项的处理

持票人开户行收到汇票款项进行处理的步骤如下：

步骤一：持票人开户行接到承兑银行寄来的联行报单和委托收款凭证，将留存的第二联委托收款凭证抽出，与收到的第四联凭证核对。

步骤二：经核对无误后，在第二联凭证上填注转账日期，并将其作贷方凭证。

步骤三：转账后，第四联委托收款凭证加盖转讫章，作为收账通知交给持票人。

任务二　商业承兑汇票的业务处理

商业承兑汇票的业务处理流程如图7-13所示。

微课：商业承兑汇票业务交易流程

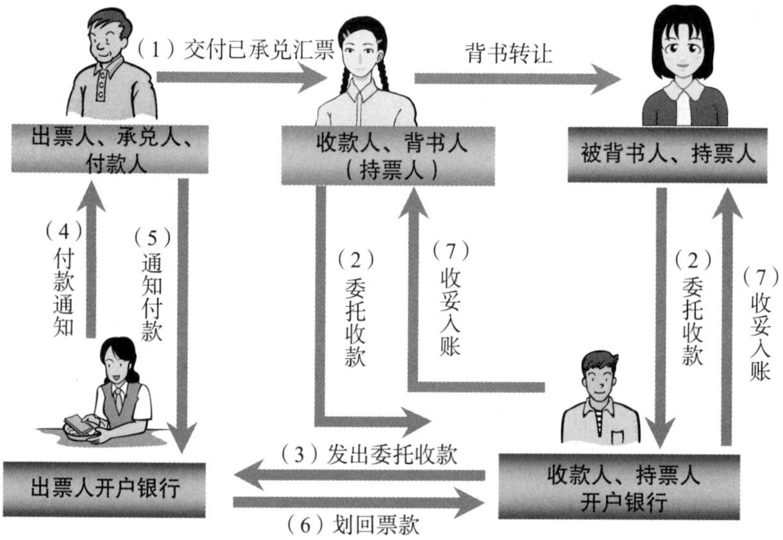

图7-13　商业承兑汇票的业务处理流程

子任务一　持票人开户行收到汇票的处理

持票人开户行收到汇票进行处理的步骤如下：

步骤一：受理。

持票人填制一式五联邮划或电划委托收款凭证，并在“委托收款凭证”名称栏注明“商业承兑汇票”及其汇票号码，连同商业承兑汇票（见图7-14）一并交开户银行申请委托收款。

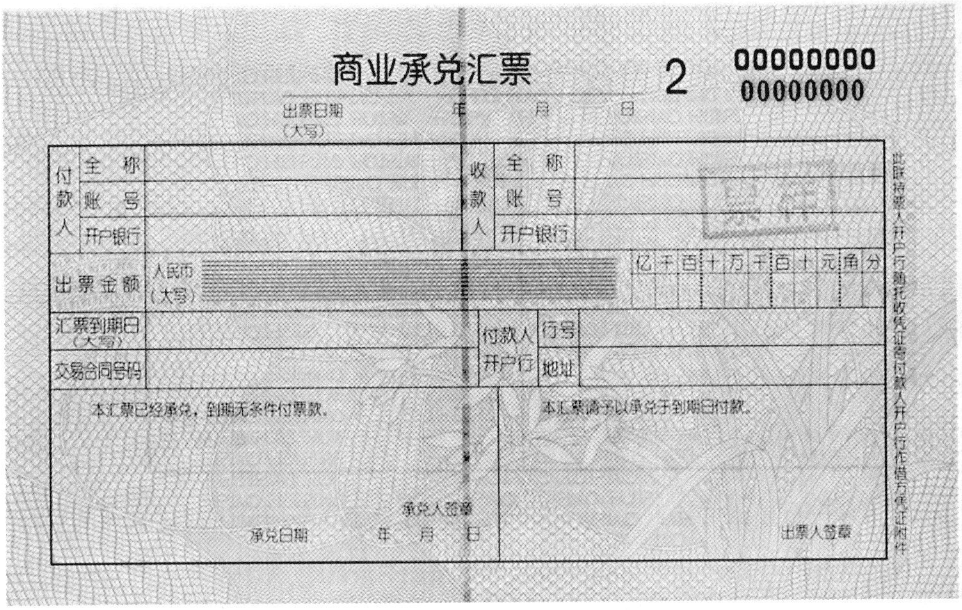
商业承兑汇票　2　00000000 00000000

出票日期（大写）　年　月　日

付款人	全称		收款人	全称	
	账号			账号	
	开户银行			开户银行	
出票金额	人民币（大写）			亿千百十万千百十元角分	
汇票到期日（大写）			付款人开户行	行号	
交易合同号码				地址	

本汇票已经承兑，到期无条件付票款。

承兑人签章

承兑日期　年　月　日

本汇票请予以承兑于到期日付款。

出票人签章

此联持票人开户行随托收凭证寄付款人开户行作借方凭证附件

图 7-14　商业承兑汇票样式

步骤二：审核。

开户银行按照相关要求认真审核。

步骤三：办理。

审核无误后，在委托收款凭证各联上加盖“商业承兑汇票”戳记。委托收款凭证第一联加盖业务公章交持票人，第二联专夹保管，第三、四、五联连同汇票一并交付款人（承兑人、出票人）开户银行。

子任务二　付款人开户行收到汇票的处理

付款人开户行收到汇票进行处理的步骤如下：

步骤一：付款人开户行接到持票人开户行寄来的委托收款凭证及汇票时，应认真审查，确定付款人在本行开户、承兑人在汇票上的签章与预留银行的印鉴相符后，将第五联委托收款凭证作为付款通知转交付款人并签收。

步骤二：付款人开户行根据付款人接到付款通知后的不同反应，分以下两种情况处理划款事宜：

（1）付款人开户行接到付款人的付款通知或在付款人接到开户行的付款通知的次日起 3 日内仍未接到付款人的付款通知的，银行视同付款人承诺付款，银行应于第 4 日上午开始营业时将款项划给持票人。如果付款人的银行账户不足支付，银行应填制付款人未付票款通知书，在委托收款凭证备注栏注明“付款人无款支付”字样，连同汇票一并寄回持票人开户银行。

（2）银行在付款人接到付款通知的次日起 3 日内收到付款人的拒绝付款证明时，应将注明“拒绝付款”的委托收款凭证、拒绝证明及汇票均寄回持票人开户银行。

子任务三　持票人开户行收到划回票款或退回凭证的处理

一、收到划回票款的处理

持票人开户行接到付款人开户行寄来的联行报单和委托收款凭证，将原来留存的第二联凭证抽出，与付款人开户行寄来的联行报单及委托收款凭证核对。审核无误后，在凭证上填注转账日期，以第二联委托收款凭证作贷方凭证，将第四联委托收款凭证加盖转讫章，作为收账通知交给持票人。

二、退回凭证的处理

持票人开户行接到付款人开户行发来的付款人未付票款通知书或付款人的拒绝付款证明和汇票以及委托收款凭证，将委托收款凭证、未付票款通知书或拒绝付款证明及汇票退给持票人，并由持票人签收。

子任务四　商业汇票挂失的处理

商业汇票挂失的处理应注意以下事项：

（1）已承兑的银行承兑汇票丧失，失票人到承兑银行挂失时，应当提交三联挂失止付通知书。

（2）承兑银行接到挂失止付通知书，应从专夹中抽出第一联汇票卡片和承兑协议副本，核对相符确未付款的，方可受理。

（3）在第一联挂失止付通知书上加盖业务公章作为受理回单，第二、三联于登记汇票挂失登记簿后，与第一联汇票卡片一并另行保管，凭以控制付款。

（4）商业承兑汇票丧失，由失票人向承兑人挂失。

业务链接

承兑是指汇票的付款人按照《票据法》的规定，在汇票上记载一定的事项，以表示其愿意支付汇票金额的票据行为。商业承兑汇票由银行以外的企业承兑，银行承兑汇票由银行承兑。由此可见，银行承兑汇票的信誉度一般高于商业承兑汇票。只有信用级别非常高的大企业才有资格签发商业承兑汇票。

任务三　电子商业汇票业务处理

电子商业汇票是指出票人依托电子商业汇票系统，以数据电文形式制作的、委托付款人在指定日期无条件支付确定金额给收款人或者持票人的票据。

微课：电子商业汇票基础知识

电子商业汇票分为电子银行承兑汇票和电子商业承兑汇票。通俗地讲，电子商业汇票就是电子化的商业汇票。电子商业汇票的签发、流转和兑付等各个环节均依托中国人民银行开发建设的电子商业汇票系统完成。与纸质商业汇票相比，电子商业汇票以电子形式代替实体票据，以电子签名代替实体签章，以网络传输代替人工传递，以计算机录入代替手工书写。

电子商业汇票的承兑规则与纸质版商业汇票的承兑规则一样，电子银行承兑汇票由银行业金融机构、财务公司（以下统称“金融机构”）承兑；电子商业承兑汇票由金融机构以外的法人或其他组织承兑。电子商业汇票的付款期限自出票日起至到期日止，最长不得超过1年。

一、电子商业汇票出票必须记载的事项

电子商业汇票出票必须记载的事项如下：

（1）注明“电子银行承兑汇票”（见图7－15）或“电子商业承兑汇票”的字样；

（2）无条件支付的委托；

（3）确定的金额；

（4）出票人名称；

（5）付款人名称；

（6）收款人名称；

（7）出票日期；

（8）票据到期日；

（9）出票人签章。

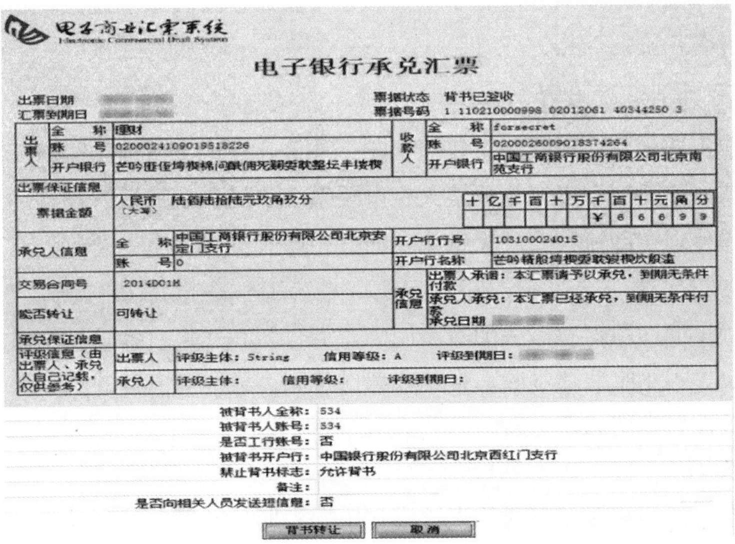

图7－15　电子银行承兑汇票

二、电子商业汇票的优点

（1）加速企业资金周转速度，畅通企业的融资渠道，提升企业的融资效率。

（2）推行电子商业汇票能克服纸质票据易遗失、损坏和遭抢劫的缺点。电子商业汇票存储在系统中，通过可靠的安全认证机制能保证其唯一性、完整性、安全性，降低纸质票据携带和转让的风险。

（3）电子商业汇票使用经过安全认证的电子数据流和可靠的电子签名，能够抑制假票和克隆票犯罪。

（4）电子商业汇票的付款期最长为一年，增强了企业的短期融资能力，有助于进一步降低企业短期融资成本，降低企业财务费用。

三、电子商业汇票业务的操作流程

微课：电子商业汇票业务操作流程

电子商业汇票业务操作流程分为电子商业汇票申请、电子商业汇票签约、电子商业汇票出票、电子商业汇票付款。

（一）电子商业汇票申请

需要填写电子商业汇票业务申请表，并加盖其预留印鉴。

（二）电子商业汇票签约

银行审核法定代表人有效身份证件及复印件，授权他人办理的，需出具授权书。银行柜员审核申请资料的完整性、合规性无误后，与客户签订电子商业汇票服务协议。在电子商业汇票系统中选择客户签约，依据客户申请资料，输入签约客户的信息，核对信息资料无误后，点击提交业务开通申请表，服务协议加盖有关印章后，一联交客户，另一联银行专夹保管。

客户签约成功后，如要修改联系人信息，可以选择签约修改操作，若要解除签约业务，可以选择客户解约操作。

（三）电子商业汇票出票

电子商业汇票出票业务流程主要包括 4 个环节，登记出票信息、承兑阶段、提示收票申请、收票。前面三个步骤是出票人在电票系统中操作，最后的收票环节由收款人在电票系统中操作，全部流程实现无纸化，通过中国人民银行电子商业汇票系统办理。

1. 登记出票信息

电票系统里面的票据状态会随着不同的票据行为和变化，分别显示出票已登记、提示承兑已签收、提示收票代签收、提示收票已签收。为保证电票的顺利操作和流转，必须注意时刻关注票据的状态。

2. 承兑阶段

电子商业汇票的承兑是指付款人承诺在票据到期日支付电子商业汇票金额的票据行为。商业汇票必须经过承兑才有法律效力。

电子银行承兑汇票由真实交易关系或债权债务关系中的债务人签发，并交由金融机构承兑。承兑人应在票据到期日前，承兑电子商业汇票。

承兑人承兑电子商业汇票，必须记载下列事项：

（1）标明“承兑”的字样；

（2）承兑日期；

（3）承兑人签章。

在电子商业汇票系统中，承兑人承兑电子商业汇票，做提示、承兑、处理、录入，承兑人信息票据状态变为提示承兑已签收。

3. 提示收票申请

出票人向收款人发出提示收票申请，电子商业汇票只有在提示承兑已签收状态下，出票人才可以发起提示出票申请。经办人在系统中进入提示收票界面，输入电子票据号码，核对返回信息无误后提交，发送成功后票据状态为提示收票代签收。

4. 收票

收款人在汇票系统中做电票签收操作，操作成功后，此票据属于收款人名下，票据的状态变为提示收票已签收。

（四）电子商业汇票付款

电子商业汇票到期后，持票人于提示付款期内发起提示付款业务，提示付款是指持票人通过电子商业汇票系统向承兑人请求付款的行为。电子商业汇票在提示付款期内可发起提示付款交易，提示付款期为自票据到期日起 10 日内，最后一日遇法定节假日、大额支付系统非营业日、电子商业汇票系统非营业日顺延。

电子商业汇票付款业务处理分为三个步骤，最后一手持票人发出提示付款，承兑人开户行回复提示付款申请，承兑人开户行做账务处理。

1. 发出提示付款申请

持票人在电子商业汇票系统中点击提示付款，输入电子票据号码，核对系统显示票据信息无误。

2. 承兑人开户行回复提示付款申请

在承兑人回复提示付款申请过程中，注意要区分电子银行承兑汇票和电子商业承兑汇票，如果是电子银行承兑汇票提示付款的，由于是银行承兑，因此到期后必须兑付。经办柜员首先对持票人发出的提示付款申请进行签收，签收成功后票据状态为票据已结清，再进行账务处理。经办柜员进行提示付款记账交易，根据提示付款申请的线上清算或线下清算标识分别进行处理。

如果是电子商业承兑汇票提示付款的，银行首先要通知承兑人，承兑人在收到提示付款请求次日起到第三日，应答的经办行按以下原则处理：

（1）承兑人账户余额足够支付票款的，则视同承兑人同意付款。经办行代承兑人在系统做出付款回复。

（2）承兑人账户余额如果在该日电子商业汇票系统营业截止时不足以支付票款的，

则视同承兑人拒绝付款，经办行在系统代存的人做出拒付回复。

3. 承兑人开户行做账务处理

经办柜员在电子商业汇票系统进行提示付款记账交易。

电子商业汇票处理流程可参见图 7－16。

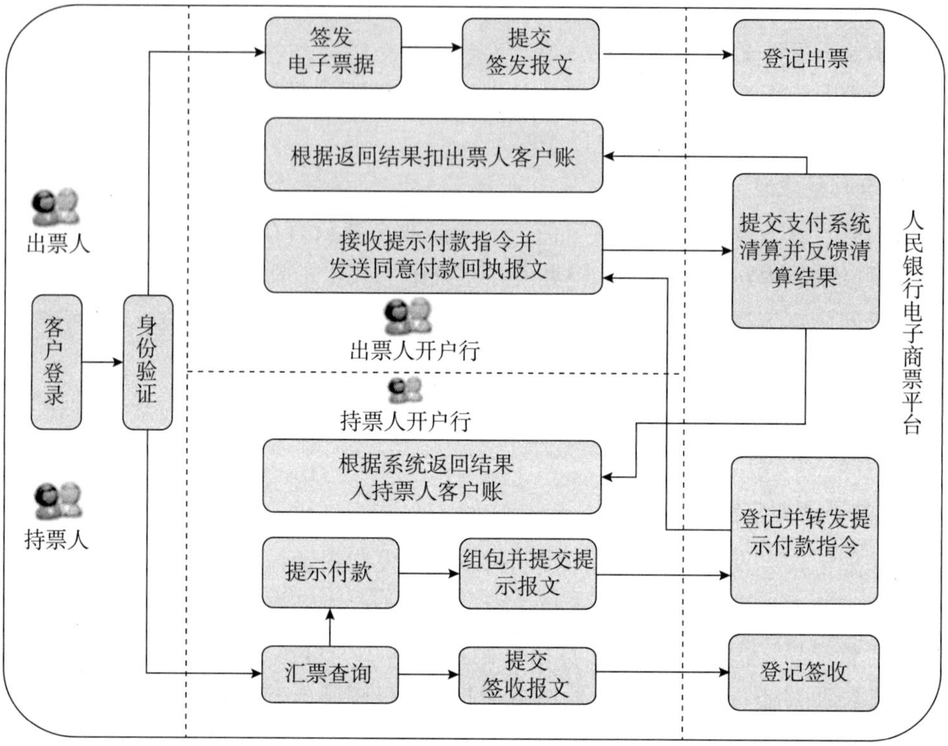

图 7－16　电子商业汇票处理流程

项目六

汇兑业务

汇兑是汇款人委托银行将其款项支付给收款人的结算方式。汇兑因汇款方式的不同，可以分为信汇和电汇两种。

汇兑结算适用范围比较广泛，单位与单位、单位与个人、个人与个人之间的同城、异地款项汇划都可选择使用，而且没有结算起点的限制。汇兑结算作为一种结算方式，相对于其他结算方式而言，结算程序和结算手续都比较简单。

任务一　信汇的结算

信汇是汇款人委托银行用普通邮政的汇款方式将其款项支付给收款人的结算方式。

子任务一　信汇业务汇出行的处理

信汇结算的操作步骤如下：

步骤一：受理。

汇出行收到汇款人填制的一式四联信汇凭证（见图 7－17）。

异 1　　××银行　信汇凭证（借方凭证）　　凭证号码：6234357

2

委托日期　　年　　月　　日　　　　第　　号

<table>
<tr><td rowspan="3">汇款人</td><td>全　称</td><td colspan="3"></td><td rowspan="3">收款人</td><td>全　称</td><td colspan="3"></td><td rowspan="6">此联汇出行作借方凭证</td></tr>
<tr><td>账　号
或住址</td><td colspan="3"></td><td>账　号
或住址</td><td colspan="3"></td></tr>
<tr><td>汇　出
地　点</td><td>省　　市
县</td><td>汇出行
名　称</td><td></td><td>汇　入
地　点</td><td>省　　市
县</td><td>汇入行
名　称</td><td></td></tr>
<tr><td>金额</td><td colspan="8">人民币
（大写）</td><td>千 百 十 万 千 百 十 元 角 分</td></tr>
<tr><td colspan="5">汇款用途</td><td colspan="5">科目（借）
对方科目（贷）
汇出行汇出日期　　年　　月　　日
复核　　　　记账</td></tr>
<tr><td colspan="5">此汇款支付给收款人

汇款人签章</td><td colspan="5"></td></tr>
</table>

图 7－17　信汇凭证样式

注：信汇凭证一式四联，第一联为回单，第二联为借方凭证，第三联为贷方凭证，第四联为收账通知或代取款收据。

步骤二：审核。

汇出行受理信汇凭证，应认真审核如下内容：

（1）信汇凭证必须记载的各项内容是否齐全、正确。

（2）汇款人账户内是否有足够支付的余额。

（3）汇款人的签章是否与预留银行签章相符。对填明“现金”字样的信汇凭证，还应审查汇款人和收款人是否均为个人。

步骤三：办理。

汇出行审核无误后，借记付款人账户，将第一联信汇凭证加盖转讫章退给汇款人，第二联信汇凭证作借方凭证，第三联信汇凭证加盖联行专用章与第四联随同联行邮划贷方报单寄汇入行。

子任务二　信汇业务汇入行的处理

汇入行接到汇出行寄来的邮划贷方报单以及第三、四联信汇凭证，应审查第三联信汇凭证上的联行专用章与联行报单印章是否一致，确认无误后分两种情况按下列手续处理：

（1）直接收账的，第三联信汇凭证作贷方凭证，贷记收款人账户。第四联信汇凭证加盖转讫章作收账通知交给收款人。

（2）不直接收账的，第三联信汇凭证作贷方凭证，贷记应解汇款及临时存款账户，在信汇凭证上编列应解汇款顺序号，第四联留存保管，另以便条通知收款人来银行办理取款手续。收款人持便条来银行办理取款，“留行待取”的，向收款人问明情况，抽出第四联信汇凭证，并认真审查收款人的身份证件，信汇凭证上是否注明其证件名称、号码、发证机关以及收款人是否在“收款人签章”处签章。如系信汇需要凭签章付款的，收款人签章必须同预留签章相符，然后办理付款手续。需要支取现金的，信汇凭证上必须有汇出银行按规定填明的“现金”字样，应一次办理现金支付手续。

任务二　电汇的结算

电汇是汇款人委托银行用电报汇款方式将其款项支付给收款人的结算方式。

子任务一　电汇业务汇出行的处理

电汇业务汇出行的操作步骤如下：

步骤一：受理。

银行收到汇款人填制的一式三联电汇凭证（见图 7-18）。

异 1　　××银行　**电汇**凭证（借方凭证）　　凭证号码：3579234
2

委托日期　　年　月　日　　第　号

汇款人	全　称					收款人	全　称					此联汇出行作借方凭证
	账　号 或住址						账　号 或住址					
	汇　出 地　点	省	市 县	汇出行 名　称			汇　入 地　点	省	市 县	汇入行 名　称		
金额	人民币 （大写）									千|百|十|万|千|百|十|元|角|分		
汇款用途						科目（借） 对方科目（贷） 汇出行汇出日期　年　月　日 复核　记账						
此汇款支付给收款人 汇款人签章												

图 7-18　电汇凭证样式

注：电汇凭证一式三联，第一联为回单，第二联为借方凭证，第三联为发电依据。

步骤二：审核。

汇出行受理电汇凭证后，比照信汇审查。

步骤三：办理。

汇出行审核无误后，第一联电汇凭证加盖转讫章退给汇款人，第二联作借方凭证，并根据第三联电汇凭证编制三联电划贷方报单，凭以向汇入行拍发电报。电汇凭证上填明“现金”字样的，应在电报的金额前加拍“现金”字样。

子任务二　电汇业务汇入行的处理

电汇业务汇入行的操作步骤如下：

步骤一：汇入行接到汇出行或转汇行发来的电报。

步骤二：经审核无误后，编制三联电划贷方补充报单。

步骤三：电划贷方补充报单第一联代联行来账卡片，第二联代贷方凭证，第三联加盖转讫章代收账通知交给收款人或作借方凭证附件，其余各项处理手续均与信汇相同。

子任务三　电汇业务退汇的处理

退汇就是将已经汇出，但尚未解付的汇款退回给汇款人。退汇的情况包括汇款人申请退汇和汇入行主动退汇两种情况。

一、汇款人申请退汇

（一）汇出行承办时的处理手续

（1）汇款人备函或本人身份证件连同原信、电汇回单交汇出行申请办理退汇。

（2）汇出行接到退汇函件或身份证件以及回单，应填制四联退汇通知书，在第一联上批注“×月×日申请退汇，待款项退回后再办理退款手续”字样，交给汇款人，第二、三联寄交汇入行，第四联与退汇函件和回单一起保管。

（二）汇入行的处理手续

汇入行接到汇出行寄来的第二、三联退汇通知书，分两种情况处理：

（1）如该笔汇款已转入“应解汇款”及“临时存款”科目，尚未解付的，应与收款人联系索回便条，以第二联退汇通知书代借方凭证，第四联汇款凭证作附件，第三联退汇通知书随同邮划贷方报单寄原汇出行。

（2）如该笔汇款业已解付，应在第二、三联退汇通知书或电报上注明解付情况及日期后，将第二联退汇通知书留存，以第三联退汇通知书通知汇出行。

（三）汇出行收到时的处理手续

（1）汇出行接到汇入行寄来的邮划贷方报单及第三联退汇通知书时，应以第三联退汇通知书代贷方凭证，贷记原汇款人账户。如汇款人未在银行开立账户，在原第二联汇款凭证上注明“此款已于×月×日退汇”字样，以备查考。在留存的第四联退汇通知书上注明“退汇款汇回已代进账”字样，加盖转讫章后作为收账通知交给原汇款人。

（2）如接到汇入行寄回的第三联退汇通知书注明汇款已解付，应在留存的第四联退汇通知书上批注解付情况，通知原汇款人。

二、汇入行主动退汇

（一）汇入行的处理手续

汇款超过两个月，收款人尚未来行办理取款手续或在规定期限内汇入行已寄出通知，但因收款人住址迁移或其他原因，以致该笔汇款无人受领时，汇入行可以主动办理退汇。退汇时应填制一联特种转账借方凭证和两联特种转账贷方凭证，并在凭证上注明“退汇”字样，第四联汇款凭证作借方凭证附件。一联特种转账贷方凭证加盖联行专用章，连同另一联特种转账贷方凭证随邮划贷方报单寄往原汇出行。

（二）原汇出行的处理手续

原汇出行接到原汇入行寄来的邮划贷方报单及所附二联特种转账贷方凭证，以加盖原汇入行联行专用章的一联特种转账贷方凭证代贷方凭证，贷记原汇款人账户，另一联特种转账贷方凭证加盖转讫章代收账通知交给原汇款人。

业务链接

汇款人派人到汇入行领取汇款，应在信汇凭证各联的“收款人账号或住址”栏注明“留行待取”字样。“留行待取”的汇款，需要指定单位的收款人领取汇款的，应注明收款人的单位名称；信汇凭签章支取的，应在第四联凭证上加盖预留的收款人签章。汇款人和收款人均为个人且需要在汇入行支取现金的，汇款人应在信汇凭证“汇款金额”大写栏先填写“现金”字样，后填写汇款金额。

德技并修

案例：电脑终端故障导致重复汇款

一、案例经过

网点柜员为客户办理个人异地汇款业务，录入各要素后，终端机突然发生故障，画面出现乱码，自动退出此笔业务，无打印信息。柜员重新签到，认为汇款未成功，便再一次进行汇款，汇款完毕后，现场审核员提醒柜员对库存进行清点，发现重复汇款，对此业务进行了冲正，防范了一起风险事件。

二、案例分析

(1) 业务处理流程有误。柜员未按流程查看相关业务流水、清点库存现金等。应在确定汇款未成功的情况下，再进行汇款。

(2) 缺乏对突发事件的警觉。突发性的事件应谨慎对待，柜员由于对终端发生故障未提高警惕，麻痹大意，将突发业务视作正常业务对待，又发生了第二笔汇款业务，导致风险的发生。

(3) 延长客户办理业务的等待时间。一笔简单的汇款业务因终端故障，已经延长了客户的等待时间，而操作重复，需要办理错账冲正，就更加延长了客户办理业务的等待时间，容易引起客户不满，给银行带来服务方面的负面影响。

(4) 如果当时对方将款项进行支取或划转，不仅会给银行造成经济损失，而且也会给银行带来声誉风险。

三、案例启示

(1) 网点应加强对突发事件业务处理流程的培训，特别是对应急预案的学习。加强突发事件处理能力的培养，科学合理应对突发事件，有效防范风险发生。

(2) 加强业务技能和规章制度的学习，灵活应对突发事件，努力提高业务操作水平，确保账账、账实、账款相符，严格按操作流程办理每笔业务，养成定性的、良好的操作习惯，有效防范风险发生。

(3) 提高风险防范意识，增强工作责任心。对经办的每一笔业务要认真仔细地核对，杜绝操作的随意性，终端发生突发情况时，要谨慎对待上笔业务，实时查询确认业务处理情况，及时发现并纠正错误，有效堵塞漏洞，从源头上杜绝风险事件的发生。

(4) 增强服务意识，提高工作效率。熟练掌握业务处理的每一个环节，掌握每笔业务的风险点，努力提高工作效率，快速、准确地办理好每一笔业务，增强服务客户的意识，缩短客户的等待时间，努力提高为客户服务的水平。

项目七

托收承付业务

托收承付是根据购销合同由收款人发货后委托银行向异地付款人收取款项，由付款人向银行承诺付款的结算方式。托收承付因结算款项划回方式的不同分为邮划和电划两种。

使用托收承付结算方式的收款单位和付款单位必须是国有企业、供销合作社以及经营管理较好并经开户行审查同意的城乡集体所有制工业企业。办理托收承付结算的款项，必须是商品交易，以及因商品交易而产生的劳务供应的款项。代销、寄销、赊销商品的款项不得办理托收承付结算。收付款双方使用托收承付方式结算必须签有购销合同，并在合同中订明使用托收承付结算方式。托收承付结算方式只限于异地结算使用。由此可见，托收承付结算方式的特点是对收付款单位资格要求较高、使用范围较窄、可靠性较高。

托收承付业务处理流程见图 7－19。

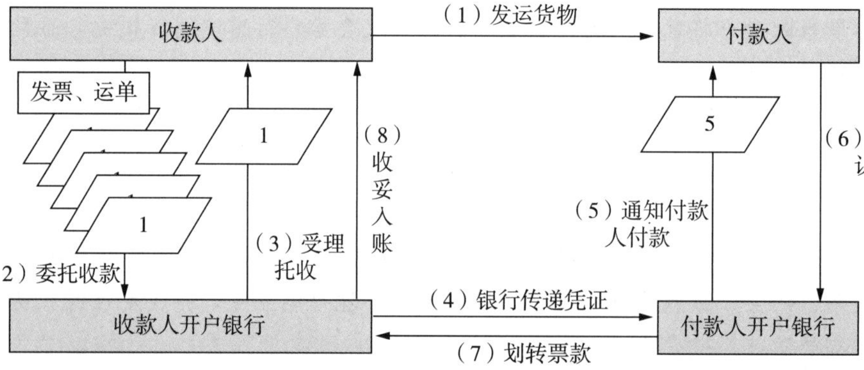

图 7－19　托收承付业务处理流程

任务一　收款人开户行受理托收承付业务

受理托收是指收款人发货后，填制托收承付凭证连同所附的发运证件或其他有关单据一并提交开户行委托办理托收，收款人开户行审查凭证及有关单证无误后，受理并将回单签章后退交收款人，同时将托收承付凭证及有关单证寄往付款人开户行。

步骤一：受理。

收款人发货后，填制一式五联托收承付凭证（见图 7－20），在第二联上签章后连同有关发货单证及购销合同一并提交开户行。

邮　异 3

托收承付凭证（贷方凭证）　**2**　托收号码：第　　号

委托日期　　年　　月　　日

付款人	全　称			收款人	全　称		
	账号或地址				账号或地址		
	开户银行		行号		开户银行		行号
托收金额	人民币（大写）						千百十万千百十元角分
附　件		商品发运情况			合同名称号码		
附寄单证张数或册数							
备注		本托收款项随附有关单证等文件，请予办理收款。 收款人盖章			科目（借） 对方科目（贷） 转账　年　月　日 复核　记账		

收款人开户银行收到日期　　年　　月　　日

9.5×17.5 mm 新华厂

此联收款人开户银行作贷方凭证

电　异 3

托收承付凭证（贷方凭证）　**2**　托收号码：第　　号

委托日期　　年　　月　　日

付款人	全　称			收款人	全　称		
	账号或地址				账号或地址		
	开户银行		行号		开户银行		行号
托收金额	人民币（大写）						千百十万千百十元角分
附　件		商品发运情况			合同名称号码		
附寄单证张数或册数							
备注		本托收款项随附有关单证等文件，请予办理收款。 收款人盖章			科目（借） 对方科目（贷） 转账　年　月　日 复核　记账		

收款人开户银行收到日期　　年　　月　　日

9.5×17.5 mm 新华厂

此联收款人开户银行作贷方凭证

图 7－20　邮划和电划托收承付凭证样式

步骤二：审核。

收款人开户行收到以上凭证和单据时，应认真审核如下内容：

（1）托收款项是否符合托收承付结算方式规定的范围、条件、金额起点。

（2）是否有商品确已发运的证件。对于提交发运单证有困难的，应审查其是否符合托收承付结算方式规定的其他条件。

（3）托收承付凭证上记载的所附单据与实际单据的张数是否相符。

（4）第二联托收承付凭证上是否有收款人的签章，签章是否符合规定。

步骤三：办理。

开户行审核无误后，在托收承付凭证第一联加盖业务公章退给收款人，第二联托收承付凭证据以登记发出托收凭证登记簿，并专夹保管，托收承付凭证的第三、四、五联连同所附单证一并寄交付款人开户银行。

任务二　托收承付付款人开户行通知承付业务

托收承付付款人开户行通知承付业务的操作步骤如下：

（1）付款人开户行收到收款人开户行寄来的凭证后，应审查付款人是否在本行开户，所附单证的张数与凭证的记载是否相符。

（2）经审查无误后，在各联凭证上批注到期日及承付期限，第三、四联托收承付凭证按承付到期日顺序保管，并登记定期代收结算凭证登记簿。

（3）托收承付凭证第五联连同所附单证送付款人，通知其准备到期付款。通知的方法可根据具体情况与付款人签订协议，分别采取付款人来行自取、派人送达，以及对距离较远的付款人进行邮寄等方法。

任务三　托收承付付款人开户行划款业务

子任务一　托收承付付款人全额付款业务

托收承付付款人全额付款业务的操作步骤如下：

（1）付款人在承付期满日开户行营业终了前，账户有足够资金支付全部款项的，付款人开户行应在次日上午（遇法定节假日顺延）以第三联托收承付凭证作借方凭证，借记付款人账户。

（2）转账后，在登记簿上填注转账日期，将第四联托收承付凭证填注支付日期后，随同联行邮划贷方报单寄交收款人开户行。

子任务二　托收承付付款人部分付款业务

托收承付付款人部分付款业务的操作步骤如下：

（1）付款人在承付期满日开户行营业终了前，账户只能部分支付的，付款人开户行应在托收承付凭证上注明当天可以扣收的金额。

（2）填制特种转账借方、贷方凭证各二联，并注明原托收号码及金额，以一联特种转账借方凭证作借方凭证，借记付款人账户。

（3）转账后，另一联特种转账借方凭证加盖转讫章作支款通知交给付款人，在登记簿备注栏分别注明已承付和未承付金额，并批注“部分付款”字样，或将未承付金额登记在到期未收登记簿上。

（4）第三、四联托收承付凭证按付款人及先后日期单独保管。

（5）将一联特种转账贷方凭证加盖联行专用章，连同一联特种转账贷方凭证随联行邮划贷方报单寄往收款人开户行。

（6）托收经办员和会计记账员要随时掌握付款人账户余额，以便将未承付部分款项及早地分次划转收款人开户行，同时应逐次扣收逾期付款赔偿金。待最后清偿完毕，应在托收承付凭证上注明“扣清”字样，托收承付凭证作借方凭证的附件，并销记登记簿。

子任务三　托收承付付款人拒付业务

托收承付付款人拒付业务的操作步骤如下：

步骤一：受理。

付款人提出拒付的，必须填写并提交一式四联拒绝付款理由书，并提交相关的证明其拒付理由的依据。理由书上应加盖单位公章。属于商品质量问题，需要提交质监部门的检验证明；属于商品数量问题，需要提交证明有关数量的记录；属于外贸部门进口商品，应当提交国家商品检验或运输部门出具的证明，一并送交开户银行。

步骤二：审核。

开户银行必须对拒付理由进行认真审查，查验合同。

步骤三：办理。

对于付款人提出拒付的手续不全、依据不足、理由不符合规定的情况，以及超过承付期拒付和应当部分拒付而申请全部拒付的，银行均不得受理。银行不同意拒付的，应强行扣款。

任务四　托收承付收款人开户行收款业务

子任务一　托收承付收款人全额收款业务

托收承付收款人全额收款业务的操作步骤如下：

（1）收款人开户行收到付款人开户行寄来的联行邮划贷方报单以及所附第四联托收承付凭证时，应将留存的第二联凭证抽出，同第四联凭证进行核对。

（2）经审查无误后，以第二联凭证作贷方凭证，贷记收款人账户，将第四联凭证加盖转讫章作收款通知交给收款人，并销记登记簿。

子任务二　托收承付收款人部分收款业务

托收承付收款人部分收款业务的操作步骤如下：

步骤一：收款人开户行收到部分划回的联行邮划贷方报单及两联特种转账贷方凭证，以付款人开户行加盖联行专用章的一联特种转账贷方凭证作贷方凭证，贷记收款人账户。

步骤二：转账后，将另一联特种转账贷方凭证加盖转讫章，作收账通知交给收款人，在第二联托收承付凭证和登记簿上注明部分划回的金额。待最后清偿完毕，在第二联托收承付凭证上注明结算终了日期，将其作贷方凭证的附件，并销记登记簿。

子任务三　托收承付收款人拒付业务

托收承付收款人拒付业务的操作步骤如下：

步骤一：全部拒绝付款。

收款人开户行接到第四、五联托收承付凭证及有关单证和第三、四联全部拒绝付款理由书及拒付证明，经核对无误后，抽出第二联托收承付凭证，并在该联备注栏注明“全部拒付”字样、日期，销记登记簿，然后将第四、五联托收承付凭证及有关单证和第四联拒绝付款理由书及拒付证明退给收款人。

步骤二：部分拒绝付款。

收款人开户行接到联行邮划贷方报单及所附的第四联托收承付凭证和第三、四联部分拒绝付款理由书以及拒付部分的商品清单、证明后，抽出第二联托收承付凭证，并在该联备注栏注明“部分拒付”字样、日期和部分拒付金额。以第三联拒绝付款理由书作贷方凭证，贷记收款人账户。转账后，将第四联托收承付凭证作第四联部分拒绝付款理由书的附件，连同拒付部分的商品清单和证明交给收款人。

业务链接

付款人承付货款分为验单付款和验货付款两种，由收付双方商量选用，并在合同中明确规定。验单付款的承付期为3天，从银行对付款人发出承付通知日的次日（付款人来银行自取的，为银行收到托收凭证日的次日）算起（承付期内遇法定节假日顺延），必须邮寄的，应加邮寄时间；验货付款的承付期为10天，从运输部门向付款人发出提货通知日的次日算起。

对下列情况，付款人在承付期内，可以向银行提出全部或部分拒绝付款：(1) 没有签订购销合同或未订明使用异地托收承付结算方式的款项；(2) 未经双方事先达成协议，收款人提前交货或因逾期交货，付款人不再需要该项货物的款项；(3) 未按合同规定的到货地址发货的款项；(4) 代销、寄售、赊销商品的款项；(5) 验单付款，发现所列货物的品种、规格、数量、价格与合同规定不符，或货物已到但经查验货物与合同规定或发货清单不符的款项；(6) 验货付款，经查验货物与合同规定或发货清单不符的款项；(7) 货款已经支付或计算有错误的款项。

不属于上述情况的，付款人不得向银行提出拒绝付款。

银行同意部分或全部拒付的，应在拒付理由书上签注意见。如果是部分拒付，除办理部分付款外，应将拒付理由书连同拒付证明及拒付商品清单邮寄收款人开户银行转交收款人；如果是全部拒付，则应将拒付理由书、拒付证明和有关单证邮寄收款人开户银行转交收款人。

付款人提出的拒绝付款，银行经审查无法判明是非的，应由收付双方自行协商处理，或向仲裁机关、人民法院申请调整或裁决。

项目八

委托收款业务

委托收款是指收款人向银行提供收款依据，委托银行向付款人收取款项的结算方式。委托收款因款项收回方式的不同，分为邮划和电划两种。

单位或个人凭已承兑商业汇票、债券、存单等付款人债务证明办理款项的结算，均可以使用委托收款结算方式。委托收款结算方式在同城、异地均可使用，而且没有结算起点的限制。

委托收款作为一种结算方式，其业务流程（见图 7－21）和手续都比较简单。

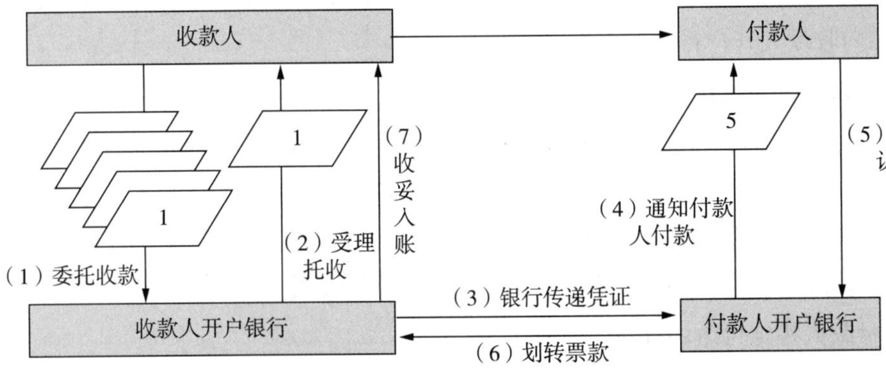

图 7－21　委托收款业务流程

一、收款人开户行受理委托收款

步骤一：受理。

收款人填写一式五联委托收款凭证，在第二联上加盖单位印章或个人签章后，连同相关的债券证明一同提交开户行。

步骤二：审核。

收款人开户行收到上述凭证后，应按照规定和填写凭证的要求进行认真审查。

步骤三：办理。

收款人开户行审查无误后，将第一联邮划或电划凭证加盖业务公章，退给收款人；将第二联邮划或电划凭证专夹保管，并登记发出委托收款凭证登记簿；将第三联邮划或电划凭证加盖带有联行行号的结算专用章，连同第四、五联凭证及有关债务证明，一并寄交付款人开户行。

二、付款人开户行划款

付款人开户行接到收款人开户行寄来的邮划或电划第三、四、五联委托收款凭证及有关债务证明时，应审查是否属于本行的凭证。审查无误后，在凭证上填注收到日期，根据邮划或电划第三、四联凭证逐笔登记收到委托收款凭证登记簿，将邮划或电划第三、四联凭证专夹保管，第五联凭证加盖业务公章，作付款通知及时提交付款人，并分以下情况进行处理。

（一）全额付款的处理

银行接到付款人的付款通知书或银行未接到付款人的付款通知书，在付款人签收日的次日起第 4 天上午开始营业时，付款人账户足够支付全部款项的，第三联委托收款凭证作借方凭证，借记付款人账户。转账后，银行在收到的委托收款凭证登记簿上填明转账日期。属于邮寄划款的，将第四联委托收款凭证填注支付日期后，随联行邮划贷方报单寄交收款人开户行。属于电报划款的，应根据第四联委托收款凭证填制联行电划贷方报单，凭以向收款人开户行拍发电报。

（二）付款人账户不足支付的处理

银行在办理划款时，付款人账户不足支付全部款项的，银行在委托收款凭证和收到委托收款凭证登记簿上注明退回日期和“无款支付”字样，并填制三联付款人未付款项通知书，将第一联通知书和第三联委托收款凭证留存备查，将第二、三联通知书连同第四联委托收款凭证邮寄收款人开户行。留存债务证明的，其债务证明一并邮寄收款人开户行。

（三）付款人拒绝付款的处理

银行在付款人签收日的次日起 3 天内，收到付款人填制的四联拒绝付款理由书以及付款人持有的债务证明和第五联委托收款凭证，经核对无误后，在委托收款凭证和收到的委托收款凭证登记簿备注栏注明“拒绝付款”字样。然后将第一联拒付理由书加盖业务公章作为回单退还付款人，将第二联拒付理由书连同第三联委托收款凭证一并留存备查，将第三、四联拒付理由书连同付款人提交或本行留存的债务证明和第四、五联委托收款凭证一并寄收款人开户行。

三、收款人开户行收款

（一）款项划回的处理

收款人开户行收到付款人开户行寄来的联行邮划贷方报单以及所附第四联委托收款凭证时，应将留存的第二联凭证抽出同第四联凭证进行核对。经审查无误后，在该二联凭证上填注转账日期，以第二联委托收款凭证作贷方凭证，贷记收款人账户，将第四联委托收款凭证加盖转讫章作收账通知交给收款人，并销记发出委托收款凭证登记簿。

（二）付款人无款支付的处理

收款人开户行接到第四联委托收款凭证和第二、三联付款人未付款项通知书以及付款人开户行留存的债务证明，抽出第二联委托收款凭证，并在该联凭证备注栏注明“无款支付”字样，销记发出委托收款凭证登记簿，然后将第四联委托收款凭证及一联未付款项通知书以及收到的债务证明退给收款人。

（三）付款人拒绝付款的处理

收款人开户行接到第四、五联委托收款凭证及有关债务证明和第三、四联拒绝付款理由书，经核对无误后，抽出第二联委托收款凭证，并在该联凭证备注栏注明“拒绝付款”字样，销记发出委托收款凭证登记簿，然后将第四、五联委托收款凭证及有关债务证明和第四联拒付理由书一并退给收款人。

模块小结

（1）支付结算是指单位、个人在社会经济活动中使用票据、银行卡及规定的结算方式进行货币给付及资金清算的行为。

（2）票据凭证和结算凭证是办理支付结算的工具。我国商业银行目前所使用的结算工具及方式可以概括为“三票一卡三方式”：“三票”是指支票、本票、汇票（银行汇票、商业汇票）；“一卡”是指银行卡；“三方式”是指汇兑、托收承付、委托收款三种结算方式。

（3）支票是出票人签发的，委托其开户银行在见票时无条件支付确定的金额给收款人或者持票人的票据。单位和个人在同一票据交换区域的各种款项结算，均可使用支票。

（4）银行本票是银行签发的，承诺自己在见票时无条件支付确定的金额给收款人或持票人的票据。单位、个体经营户和个人不管其是否在银行开户，其相互之间在同城范围内的所有商品交易、劳务供应以及其他款项的结算都可以使用银行本票。

（5）银行汇票是由出票银行签发的，由其在见票时按照实际结算金额无条件支付给收款人或持票人的票据。各单位、个体经营户和个人需要在异地进行商品交易、劳务供应和其他经济活动及债权债务的结算，都可以使用银行汇票。

（6）商业汇票是出票人签发的，委托付款人在指定付款日无条件支付确定金额给收款人或持票人的票据。商业汇票按承兑人的不同分为银行承兑汇票和商业承兑汇票。商业汇票的出票人、收款人等必须是在银行开立账户的企业法人。

（7）电子商业汇票是指出票人依托电子商业汇票系统，以数据电文形式制作的、委托付款人在指定日期无条件支付确定金额给收款人或者持票人的票据。

（8）汇兑是汇款人委托银行将其款项支付给收款人的结算方式。汇兑因汇款方式的不同，可以分为信汇和电汇两种。单位与单位、单位与个人、个人与个人之间的同城、异地款项汇划都可选择使用，而且没有结算起点的限制。

（9）托收承付是根据购销合同由收款人发货后委托银行向异地付款人收取款项，由付款人向银行承认付款的结算方式。托收承付因结算款项划回方式的不同分为邮划和电划两种。

（10）委托收款是指收款人向银行提供收款依据，委托银行向付款人收取款项的结算方式。委托收款因款项收回方式的不同，分为邮划和电划两种。单位或个人凭已承兑商业汇票、债券、存单等付款人债务证明办理款项的结算，均可以使用委托收款结算方式。委托收款结算方式在同城、异地均可使用，而且没有结算起点的限制。

模块练习

一、单项选择题

1. 支付结算是指单位、个人在社会经济活动中使用（　　）进行货币给付及资金清算的行为。

A. 现金　　B. 票据、银行卡及规定的结算方式

C. 支票　　D. 转账

2. “三票一卡三方式”中的“一卡”指的是（　　）。

A. 信用卡　　B. 银行卡　　C. 借记卡　　D. 储蓄卡

3. 银行在办理支付结算业务时应遵循的原则不包括以下哪一项？（　　）

A. 恪守信用，履约付款　　B. 谁的钱进谁的账，由谁支配

C. 银行不垫款　　D. 银行可随意垫款

4. 支票提示付款的期限是多久？（　　）

A. 5 日　　B. 10 日　　C. 15 日　　D. 30 日

5. 支票分为哪三种类型？（　　）

A. 现金支票、转账支票、普通支票　　B. 现金支票、普通支票、国际支票

C. 转账支票、普通支票、电子支票　　D. 现金支票、电子支票、国际支票

6. 支票上印有“转账”字样的支票，其用途是什么？（　　）

A. 支取现金　　B. 转账

C. 既可以支取现金也可以转账　　D. 兑换外币

7. 在支票业务中，当持票人和出票人不在同一银行开户时，第一联进账单通常作为（　　）交给持票人。

A. 受理回单　　B. 收账通知　　C. 退票通知　　D. 记账凭证

8. 出票人送交支票时，第二联进账单在银行系统中通常作为什么凭证？（　　）

A. 借方凭证　　B. 贷方凭证　　C. 受理回单　　D. 收账通知

9. 在支票业务中，同城票据交换通常涉及哪两家银行的交换？（　　）

A. 出票人开户行与收款人开户行　　B. 任意两家银行

C. 人民银行与商业银行　　D. 同一银行的不同分支机构

10. 银行本票的主要特点不包括以下哪一项？（　　）

A. 承诺见票即付　　B. 可以在全国范围内流通

C. 一般由银行签发　　D. 可以背书转让

11. 银行本票见票即付的期限最长为（　　）。

A. 10 天　　B. 1 个月　　C. 2 个月　　D. 3 个月

12. 银行汇票的起点金额为（　　）。

A. 100 元　　B. 500 元　　C. 1 000 元　　D. 5 000 元

13. 商业汇票的付款期限，最长不超过（　　）。

A. 3 个月　　B. 6 个月　　C. 9 个月　　D. 1 年

14. 银行承兑汇票的信贷部门审查出票人的相关内容后，与出票人签署（　　）。

A. 承兑协议　　B. 付款协议

C. 收款协议　　D. 以上都不对

二、多项选择题

1.“三票一卡三方式”中的“三票”包括哪些？（　　）

A. 支票　　B. 本票　　C. 汇票　　D. 信用卡

2. 银行在办理支付结算业务时应遵循的原则有哪些？（　　）

A. 恪守信用，履约付款　　B. 谁的钱进谁的账，由谁支配

C. 银行不垫款　　D. 银行可随意垫款

3. 下列哪些行为是单位和个人在办理支付结算业务时应遵守的纪律？（　　）

A. 不准签发没有资金保证的票据或远期支票

B. 不准签发、取得和转让没有真实交易和债权债务关系的票据

C. 不准无理拒绝付款，任意占用他人资金

D. 不准违反规定开立和使用账户

4. 银行应遵守的结算纪律包括哪些？（　　）

A. 不准以任何理由压票、任意退票

B. 不准无理拒付，不扣、少扣滞纳金

C. 不准违章签发、承兑、贴现票据

D. 不准拒绝受理、代理他行正常结算业务

5. 支票的种类包括哪些？（　　）

A. 现金支票　　B. 转账支票　　C. 普通支票　　D. 划线支票

6. 关于现金支票，以下哪些说法是正确的？（　　）

A. 可以用于转账结算　　B. 可以支取现金

C. 收款人必须签章　　D. 金额大小写必须一致

7. 银行汇票可以用于哪些场景？（　　）

A. 跨行转账　　B. 现金支取

C. 信用证结算　　D. 背书转让

8. 商业汇票按承兑人的不同可分为（　　）。

A. 银行承兑汇票　　B. 商业承兑汇票

C. 电子承兑汇票　　D. 纸质承兑汇票

9. 电子商业汇票的优点包括哪些？（　　）

A. 加速企业资金周转

B. 降低纸质票据携带和转让的风险

C. 抑制假票和克隆票犯罪

D. 增强企业短期融资能力，降低短期融资成本和财务费用

实训操作

实训一：转账支票持票人送交支票业务处理

一、任务描述

该实训要求学生从总体上把握持票人、出票人不在同一营业机构开户的支票处理程序，主要掌握支票转账结算中的基本业务环节，熟悉其具体操作方法和票据填写要求。

A公司需要付给B公司1 007 234.23元货款，A公司开了一张支票交给B公司，B公司拿着支票到银行办理业务。付款方银行为兴业银行双榆树支行，收款方银行为建设银行世纪城支行。

二、任务要求

完成票据整体操作，包括交票时的业务处理、参加票据交换、收款人收到款项。请把A公司及B公司换成印章箱中相应的公司名称。

三、实训条件

（1）转账支票结算所需要的票据、凭证，即转账支票、进账单。

（2）票据结算所需要的各种印章，即业务公章、票据受理专用章、转讫章、票据交换专用章。

四、实训组织

小组成员分角色扮演出票人、出票人银行、收款人、收款人银行，完成各个角色的任务。

票据样式如下：

转账支票存根
10509430
00319210
附加信息
出票日期　年　月　日
收款人：
金　额：
用　途：
单位主管　会计

转账支票　模拟练写　10509430　00319210

付款期限自出票之日起十天

出票日期（大写）　年　月　日　付款行名称：
收款人：　出票人账号：

人民币（大写）	亿	千	百	十	万	千	百	十	元	角	分

用途　密码
上列款项请从　行号
我账户内支付
出票人签章　复核　记账

银行转账支票模拟练写

附加信息：	被背书人	被背书人
	背书人签章 年　月　日	背书人签章 年　月　日

（粘贴单处）

根据《中华人民共和国票据法》等法律法规的规定，签发空头支票由中国人民银行处以票面金额5%但不低于1000元的罚款。

××银行　进账单　（回　单）　1

年　月　日

出票人	全　称		收票人	全　称	
	账　号			账　号	
	开户银行			开户银行	
金额	人民币（大写）				亿 千 百 十 万 千 百 十 元 角 分
凭据种类		凭据张数			
凭据号码					
复核　记账				开户银行签字	

此联是开户银行交给持（出）票人的回单

××银行　进账单　（贷方凭证）　2

年　月　日

出票人	全　称		收票人	全　称	
	账　号			账　号	
	开户银行			开户银行	
金额	人民币（大写）				亿 千 百 十 万 千 百 十 元 角 分
凭据种类		凭据张数			
凭据号码					
备注：				复核　记账	

此联由收款人开户银行作贷方凭证

××银行　进账单　（收账通知）　3

年　月　日

<table>
<tr><td rowspan="3">出票人</td><td>全　称</td><td></td><td rowspan="3">收票人</td><td>全　称</td><td colspan="11"></td></tr>
<tr><td>账　号</td><td></td><td>账　号</td><td colspan="11"></td></tr>
<tr><td>开户银行</td><td></td><td>开户银行</td><td colspan="11"></td></tr>
<tr><td rowspan="2">金额</td><td colspan="4" rowspan="2">人民币
（大写）</td><td>亿</td><td>千</td><td>百</td><td>十</td><td>万</td><td>千</td><td>百</td><td>十</td><td>元</td><td>角</td><td>分</td></tr>
<tr><td></td><td></td><td></td><td></td><td></td><td></td><td></td><td></td><td></td><td></td><td></td></tr>
<tr><td colspan="2">凭据种类</td><td>凭据张数</td><td></td><td colspan="12" rowspan="3">收款人开户银行签章</td></tr>
<tr><td colspan="2">凭据号码</td><td colspan="2"></td></tr>
<tr><td colspan="4">复核　　记账</td></tr>
</table>

此联是开户银行交给收款人的收账通知

实训二：转账支票出票人送交支票业务处理

一、任务描述

该实训要求学生从总体上把握持票人、出票人不在同一营业机构开户的支票处理程序，主要掌握支票转账结算中的基本业务环节，熟悉其具体操作方法和票据填写要求。

A公司需要付给B公司5 324 230.34元货款，A公司开了一张支票并交到其开户行。A公司开户行为华夏银行。B公司开户行为招商银行。

二、任务要求

完成票据整体操作，包括交票时的业务处理、参加票据交换、收款人收到款项。请把A公司及B公司换成印章箱中相应的公司名称。

三、实训条件

（1）转账支票结算所需要的票据、凭证，即转账支票、进账单。

（2）票据结算所需要的各种印章，即业务公章、票据受理专用章、转讫章、票据交换专用章。

四、实训组织

小组成员分角色扮演出票人、出票人银行、收款人、收款人银行，完成各个角色的任务。

票据样式如下：

转账支票存根
10509430
00319210
附加信息______________
____
____
出票日期　　年　月　日

收款人：	
金　额：	
用　途：	

单位主管　　会计

付款期限自出票之日起十天

转账支票 模拟练写

10509430
00319210

出票日期（大写）　　年　　月　　日　付款行名称：
收款人：　出票人账号：

人民币（大写）	亿	千	百	十	万	千	百	十	元	角	分

用途______________　　密码______________
上列款项请从　　行号______________
我账户内支付
出票人签章　　复核　　记账

银行转账支票模拟练写

附加信息：	被背书人	被背书人
	背书人签章 年　月　日	背书人签章 年　月　日

（粘贴单处）

根据《中华人民共和国票据法》等法律法规的规定，签发空头支票由中国人民银行处以票面金额5%但不低于1000元的罚款。

××银行　进账单（回　单）　1

年　月　日

出票人	全　称		收票人	全　称	
	账　号			账　号	
	开户银行			开户银行	

金额	人民币（大写）	亿	千	百	十	万	千	百	十	元	角	分

凭据种类		凭据张数		
凭据号码				
复核　　记账				开户银行签字

此联是开户银行交给持（出）票人的回单

××银行　进账单　（贷方凭证）　**2**

年　月　日

出票人	全称		收票人	全称												
	账号			账号												
	开户银行			开户银行												
金额	人民币（大写）					亿	千	百	十	万	千	百	十	元	角	分
凭据种类		凭据张数														
凭据号码																
备注：			复核　记账													

此联由收款人开户银行作贷方凭证

××银行　进账单　（收账通知）　**3**

年　月　日

出票人	全称		收票人	全称												
	账号			账号												
	开户银行			开户银行												
金额	人民币（大写）					亿	千	百	十	万	千	百	十	元	角	分
凭据种类		凭据张数														
凭据号码																
复核　记账			收款人开户银行签章													

此联是开户银行交给收款人的收账通知

实训三：银行本票业务处理

一、任务描述

该实训要求学生掌握银行本票结算中的基本业务环节，熟悉其具体操作方法和票据填写要求。

A 公司从 B 公司购买了一批原材料，价值 2 346 528.00 元，双方商定货款以银行本票方式结算。2024 年 12 月 1 日，A 公司（法人代表丙贸，银行账号 010222859）向其开户银行中国建设银行古城分理处提交了一份银行本票申请书，申请签发一张转账银行本票 2 346 528.00 元。B 公司（法人代表乙丁，银行账号 010107455）收到银行本票当天即向其开户银行中国光大银行海淀分行营业部提示付款。中国光大银行海淀分行营业部审查无误后为 B 公司办理了转账结算。双方通过银行本票这种结算方式，圆满完成了此项交易。

二、任务要求

根据上述业务过程，完成银行本票业务流程。

三、实训条件

（1）银行结算所需要的票据、凭证，即银行本票申请书、银行本票、进账单。

（2）票据结算所需要的各种印章，即银行本票专用章、转讫章、票据交换专用章。

四、实训组织

小组成员分角色扮演出票人、出票人银行、收款人、收款人银行，完成各个角色的任务。

五、银行本票实训操作手册

（1）付款申请人填写银行本票申请书，在银行本票申请书第二联加盖企业预留印鉴，向银行提交银行本票申请书。

（2）付款方开户银行受理申请，审查无误后，将银行本票申请书第一联加盖转讫章后作受理回单退付款申请人；将银行本票申请书第二联作借方凭证、第三联作贷方凭证做账务处理；根据银行本票申请书第三联所填内容签发银行本票；将银行本票第一联加盖经办人名章后留存，专夹保管；将银行本票第二联加盖本票专用章和经办人名章后退付款申请人。

（3）付款方持银行本票第二联办理结算，交予收款人。

（4）收款人收到银行本票后，在本票背后加盖企业预留银行印鉴，填写“××银行委托收款”，填制三联进账单，同银行本票第二联一起交开户银行。

（5）收款人开户银行受理银行本票，审查无误后，将进账单第一联加盖票据受理专用章后作回单退收款人。银行对收款人付款后，将进账单第三联加盖转讫章作收账通知退收款人；将进账单第二联作银行贷方凭证进行账务处理；将银行本票第二联加盖票据交换专用章后通过同城票据交换提交出票人开户银行。

（6）出票行收到同城票据交换提入的本票时，抽出专夹保管的银行本票第一联比对无误后，将银行本票第二联作借方凭证、第一联作借方凭证附件办理转账。

票据样式如下：

××银行　**本票申请书**　（存根）　1

申请日期　　年　　月　　日　　　　第　　号

<table>
<tr><td>申请人</td><td colspan="3"></td><td>收款人</td><td colspan="10"></td></tr>
<tr><td>账 号
或住址</td><td colspan="3"></td><td>账 号
或住址</td><td colspan="10"></td></tr>
<tr><td>用途</td><td colspan="3"></td><td>代 理
付款行</td><td colspan="10"></td></tr>
<tr><td rowspan="2">汇票金额</td><td colspan="4" rowspan="2">人民币
（大写）</td><td>千</td><td>百</td><td>十</td><td>万</td><td>千</td><td>百</td><td>十</td><td>元</td><td>角</td><td>分</td></tr>
<tr><td></td><td></td><td></td><td></td><td></td><td></td><td></td><td></td><td></td><td></td></tr>
</table>

此联申请人留存

备注

科　目 ____________

对方科目 ____________

财务主管　　复核　　经办

××银行 **本票申请书**（借方凭证） 2

申请日期 年 月 日 第 号

申请人		收款人	
账 号 或住址		账 号 或住址	
用途		代 理 付款行	
汇票金额	人民币 （大写）	千百十万千百十元角分	

上列款项请从我账户内支付

申请人盖章

科 目 ________

对方科目 ________

转账日期 年 月 日

复核 记账

此联出票行作借方凭证

××银行 **本票申请书**（贷方凭证） 3

申请日期 年 月 日 第 号

申请人		收款人	
账 号 或住址		账 号 或住址	
用途		代 理 付款行	
汇票金额	人民币 （大写）	千百十万千百十元角分	

备注

科 目 ________

对方科目 ________

转账日期 年 月 日

复核 记账 出纳

此联出票行作汇出汇款贷方凭证

付款期限 × 个 月

××银行

地名 本票号码

本 票（卡片） 1

出票日期 年 月 日
（大写）

收款人：		申请人：	
凭票即付 人民币 （大写）			
转账	现金		
备注：			出纳 复核 经办

此联出票行留存，结清本票时作借方凭证附件

付款期限 × 个　月

模拟银行 本 票 练写　2 地名　　00000567

出票日期（大写）　年　月　日

收款人：		申请人：	
凭票即付 人民币（大写）			
转账	现金		
备注：		出票行签章	出纳　　复核　　记账

此联出票行结清本票时作借方凭证

被背书人	被背书人
背书人签章 年　月　日	背书人签章 年　月　日
持票人向银行 提示付款签章：	身份证件名称：　　发证机关： 号码

（粘贴单处）

××银行　进账单（回　单）　1

年　月　日

出票人	全　称		收票人	全　称	
	账　号			账　号	
	开户银行			开户银行	
金额	人民币（大写）			亿 千 百 十 万 千 百 十 元 角 分	
凭据种类		凭据张数			
凭据号码					
复核　记账				开户银行签字	

此联是开户银行交给持（出）票人的回单

××银行　进账单　（贷方凭证）　2

年　月　日

出票人	全　称		收票人	全　称	
	账　号			账　号	
	开户银行			开户银行	
金额	人民币（大写）			亿 千 百 十 万 千 百 十 元 角 分	
凭据种类		凭据张数			
凭据号码					
备注：				复核　记账	

此联由收款人开户银行作贷方凭证

××银行　进账单　（收账通知）　3

年　月　日

出票人	全　称		收票人	全　称	
	账　号			账　号	
	开户银行			开户银行	
金额	人民币（大写）			亿 千 百 十 万 千 百 十 元 角 分	
凭据种类		凭据张数			
凭据号码					
复核　记账				收款人开户银行签章	

此联是开户银行交给收款人的收账通知

实训四：银行汇票业务处理

一、任务描述

北京金谷商贸有限责任公司（银行账号 000255876）向其开户银行中国工商银行西城支行（行号为 10098）申请签发了一张金额为 1 500 000 元的银行汇票，交采购员带往广州。

经过洽谈，北京金谷商贸有限责任公司购买了价值为 1 250 000 元的钢材。货物发出后，广州蓝天公司（银行账号 765900823）于 2025 年 8 月 5 日通过其开户银行中国工商银行白云支行（行号 30025）结清了款项。

二、任务要求

根据上述业务过程，从出票开始，完成汇票的业务流程。

三、实训条件

（1）银行汇票业务所需要的票据，即银行汇票申请书、银行汇票、进账单、特种转账借方凭证。

（2）业务处理所需要的各种印章，即票据受理专用章、汇票专用章、转讫章。

四、实训组织

以分组方式进行，要求每4位学生1组，每位学生模拟业务活动的一方当事人，按照银行汇票结算的基本要求由学生自行编制或由教师给出模拟的银行业务内容，以组为单位完成相应的操作过程。

五、银行汇票实训操作手册

（1）汇款人申请办理银行汇票，填写银行汇票申请书，并在申请书第二联加盖预留银行印鉴后同汇款款项一并交开户银行。

（2）银行受理汇款人申请：审查银行汇票申请书无误后，将银行汇票申请书第一联加盖转讫章退汇款人；第二联盖转讫章作借方记账凭证，第三联盖转讫章作贷方记账凭证，收妥款项；签发银行汇票。

将银行汇票第一联加盖经办、复核名章，在逐笔登记汇出汇款账并注明汇票号码后，连同第四联一并专夹保管；将银行汇票第二联加盖汇票专用章、经办人名章后，连同第三联一并交汇款人。

（3）汇款人持银行汇票第二、三联付款结算，交予收款人。

（4）收款人收到银行汇票，审查无误后，在汇票出票金额内，将实际交易金额填入银行汇票第二联，多余金额填入银行汇票第三联（解讫通知）；在银行汇票第二联背面加盖预留银行印鉴；填写三联进账单；将上述凭证一并交开户银行。

（5）收款人开户银行收到交来的银行汇票和进账单，审查无误后，将进账单第一联加盖票据受理专用章后作回单退收款人；将进账单第三联加盖转讫章作收账通知退收款人；将银行汇票第二联作借方凭证、进账单第二联作贷方凭证进行账务处理；将银行汇票第三联（解讫通知）加盖联行专用章，随联行借方凭证送出票行。

（6）出票行收到上述凭证后，在留存的银行汇票第一、四联上填入实际结算金额；将银行汇票第三联作多余款贷方凭证，银行汇票第一联作借方凭证办理转账，金额为汇票金额，联行票据做实际结算金额贷方入账，在银行汇票第四联“多余金额”栏填写多余金额后，加盖转讫章，交汇款人。

票据样式如下：

××银行　**汇票申请书**（存根）　1

申请日期　　年　　月　　日　　　　第　　号

申请人		收款人											
账号 或住址		账号 或住址											
用途		代理 付款行											
汇票金额	人民币 （大写）			千	百	十	万	千	百	十	元	角	分

此联申请人留存

备注

科目 ________________

对方科目 ________________

财务主管　　复核　　经办

××银行　**汇票申请书**（借方凭证）　2

申请日期　年　月　日　第　号

申请人		收款人		
账 号 或住址		账 号 或住址		
用途		代 理 付款行		
汇票金额	人民币 （大写）			千 百 十 万 千 百 十 元 角 分

此联出票行作借方凭证

上列款项请从我账户内支付

申请人盖章

科　目 ____________

对方科目 ____________

转账日期　年　月　日

复核　记账

××银行　**汇票申请书**（贷方凭证）　3

申请日期　年　月　日　第　号

申请人		收款人		
账 号 或住址		账 号 或住址		
用途		代 理 付款行		
汇票金额	人民币 （大写）			千 百 十 万 千 百 十 元 角 分

此联出票行作汇出汇款贷方凭证

备注

科　目 ____________

对方科目 ____________

转账日期　年　月　日

复核　记账　出纳

××银行

银行汇票（卡　片）　1

付款期限
壹个月

汇票号码

出票日期（大写）　年　月　日	代理付款行：	行号：
收款人：	账号：	
出票金额	人民币（大写）	
实际结算金额	人民币（大写）	千 百 十 万 千 百 十 元 角 分

此联出票行结清汇票时作汇出汇款借方凭证

申请人：____________　账号：____________

出票行：________　行号：________

备　注：____________

复核　经办

复核　记账

付款期
壹个月

××银行汇票（一联式）　IXIV

签发日期（大写）　年　月　日　　兑付地点：　兑付行：　行号：

收款人：　账号或地址：

汇款金额　人民币（大写）

实际结算金额　人民币（大写）	千	百	十	万	千	百	十	元	角	分

汇款人：　账号或地址：

签发行：　行号：

汇款用途：

签发行盖章：

多余金额

千	百	十	万	千	百	十	元	角	分

科目（借）
对方科目（贷）
兑付日期　年　月　日
复核　记账

此联代理付款行付款后作联行往账借方凭证附件

被背书人	被背书人
背书人签章 年　月　日	背书人签章 年　月　日

（粘贴单处）

××银行

付款期限
壹个月

银行汇票（解讫通知）　3

汇票号码

出票日期（大写）　年　月　日　　代理付款行：　行号：

收款人：　账号：

出票金额　人民币（大写）

实际结算金额　人民币（大写）	千	百	十	万	千	百	十	元	角	分

申请人：　账号：

出票行：　行号：

备　注：

代理付款行签章

复核　经办

密押：

多余金额

千	百	十	万	千	百	十	元	角	分

复核　记账

此联代理付款行兑付后随报单寄出票行，由出票行作多余款贷方凭证

××银行

付款期限
壹个月

银行汇票（多余款收账通知） 4

汇票号码

出票日期（大写） 年 月 日

	代理付款行：	行号：
收款人：	账号：	
出票金额 人民币（大写）		

实际结算金额 人民币（大写）	千	百	十	万	千	百	十	元	角	分

申请人：______ 账号：______

出票行：______ 行号：______

备　注：______

出票行签章

年 月 日

密押：										左列退回多余金额已收入你账户内
多余金额										
千	百	十	万	千	百	十	元	角	分	
										复核 记账

此联出票行结清多余款后交申请人

××银行 进账单（回 单） 1

年 月 日

出票人	全　称		收票人	全　称	
	账　号			账　号	
	开户银行			开户银行	

金额	人民币（大写）	亿	千	百	十	万	千	百	十	元	角	分

凭据种类		凭据张数		
凭据号码				
复核 记账				开户银行签字

此联是开户银行交给持（出）票人的回单

××银行 进账单（贷方凭证） 2

年 月 日

出票人	全　称		收票人	全　称	
	账　号			账　号	
	开户银行			开户银行	

金额	人民币（大写）	亿	千	百	十	万	千	百	十	元	角	分

凭据种类		凭据张数		
凭据号码				
备注：				复核 记账

此联由收款人开户银行作贷方凭证

××银行　**进账单**　（收账通知）　3

年　月　日

<table>
<tr><td rowspan="3">出票人</td><td>全　称</td><td></td><td rowspan="3">收票人</td><td>全　称</td><td colspan="11"></td><td rowspan="7">此联是开户银行交给收款人的收账通知</td></tr>
<tr><td>账　号</td><td></td><td>账　号</td><td colspan="11"></td></tr>
<tr><td>开户银行</td><td></td><td>开户银行</td><td colspan="11"></td></tr>
<tr><td rowspan="2">金额</td><td colspan="4" rowspan="2">人民币
（大写）</td><td>亿</td><td>千</td><td>百</td><td>十</td><td>万</td><td>千</td><td>百</td><td>十</td><td>元</td><td>角</td><td>分</td></tr>
<tr><td></td><td></td><td></td><td></td><td></td><td></td><td></td><td></td><td></td><td></td><td></td></tr>
<tr><td colspan="2">凭据种类</td><td>　　凭据张数</td><td colspan="13" rowspan="3">收款人开户银行签章</td></tr>
<tr><td colspan="2">凭据号码</td><td></td></tr>
<tr><td colspan="3">复核　记账</td></tr>
</table>

模块八

同城票据交换业务

学习目标

知识目标

1. 了解同城票据交换的概念、原则及作用。
2. 了解银行间的票据处理方式及流程。
3. 了解银行间的业务是如何联系的。

能力目标

能够为客户办理同城票据交换业务。

素质目标

1. 具备合规意识和严格遵守流程规范的职业素质。
2. 增强道德观念、诚信观念和自觉防范职业风险的意识。

情景导入

A 公司的基本存款账户开在工商银行北京分行，B 公司的基本存款账户开在建设银行北京分行。因业务关系，两家公司常年有资金往来。近日，A 公司准备从 B 公司购入一批原料，因此，A 公司开出以 B 公司为收款人的转账支票一张，并提交其开户银行，工商银行借记 A 公司基本存款账户，并将支票对应的进账单通过当天的同城交换提出。经过交换后，进账单提入到建设银行，建设银行在收到进账单后贷记 B 公司基本存款账户，B 公司收款后发货。

在同一城市或同一区域内，大量与结算业务有关的收付款单位都不在同一家银行开户，为了解决这一问题，大中城市一般采用同城票据交换的办法。同城票据交换方便了单位之间的资金结算，缩短了资金流动的时间，在我国的支付体系中发挥着重要作用。

项目一
同城票据交换基础知识

一、同城票据交换的概念

同城票据交换，即同城票据清算，一般指同一城市（或区域）各金融机构对相互代收、代付的票据，按照规定时间和要求集中进行交换并清算资金的一种经济活动。集中交换票据并清算资金的场所称为票据交换所或票据清算中心，由当地人民银行主办，各商业银行均可参加。票据交换所一般每天交换两次。各行交换后应收、应付的差额，即可通过其在中央银行开设的备付金账户进行转账收付。

微课：同城票据交换

业务链接

随着交通条件的改善，全国不少省会城市、中心城市都把同城票据交换的范围扩大到 1～2 个小时汽车车程半径内的市、县，有的还跨出省界，比如北京、天津、上海、南京、广州、深圳等地都在扩大票据交换区方面取得重大进展，上海同城票据交换范围已经扩大到邻近的一些市、县，湖南省的长沙、株洲、湘潭三市还打破行政界限，组成同一个票据交换区。部分地区试行了票据二次交换，也就是在不同票据交换区之间再进行一次跨区域交换。

参加票据交换的商业银行分为提出行和提入行。接收开户单位票据、向他行主动提出资金清算的银行为提出行，从票据交换所提回票据的银行称为提入行。一般情况下，同一家商业银行在某场交换中既是提出行，又是提入行。

根据持票人向银行提交票据的方式不同，票据清算分为顺汇清算和委托收款清算两种。顺汇清算指付款人开户银行（付款行）直接将款项划入收款人开户银行（收款行）的资金结算方式（提出贷方票据）；委托收款清算则指收款人委托其开户行向付款行收取票据款项的资金清算方式（提出借方票据）。

业务链接

同城交换提出的票据主要包括：转账支票、银行本票、银行汇票、委托收款（同城）、同城特约委托收款、国债、进账单（包括网上支付补充凭证）、来账代转、托收承付（划回）、特种转账贷方凭证、退税、缴税、拨款、信（电）汇、退票等。

二、同城票据交换的原则及作用

（一）同城票据交换的原则

（1）及时处理，差额清算。

（2）先借后贷，收妥抵用。

（3）银行不予垫款。

（二）同城票据交换的作用

（1）缩短结算资金在途时间，加速企业资金周转。

（2）疏通城乡结算渠道，促进横向经济联系，加快商品流通速度。

（3）集中清算银行内部资金，有利于各商业银行合理安排和使用资金，有利于中央银行掌握资金动向，有效地进行宏观金融调控。

（4）有利于提高银行内部工作效率和管理水平。

三、同城票据交换业务的基本要求

（1）票据交换业务要实行定点、定时、定人交换制度。即按照人民银行统一规定的时间和地点，由从事票据交换业务的银行分支机构指定专人负责受理、登记和交接，并定期实行岗位轮换。

（2）执行岗位分离制度。票据交换业务中的经办员、复核员、交换员三分离，不能兼岗、混岗。票据交换岗位人员不能同时兼办存放中央银行准备金、同业往来、系统内往来等账户的记账和对账工作；不能兼管客户账务的记账、对账；不得兼管其他应收款、其他应付款等过渡账户的账务处理；不得兼管业务印章和重要空白凭证；不能持有柜员权限卡。

（3）对交换的票据要密封或装包加锁并按规定存放、保管，不能将交换的票据带回家中，不能委托他人代理交换，不能在交换途中办理与交换无关的事宜。

（4）同城票据交换要将收妥的票据按场次全部提出交换，不能截留积压，不能擅自涂改票据及附件内容；代收他行票据必须保证收妥抵用，收妥款项之前不能提前签发进账回单。

项目二

同城票据交换业务

任务一　同城票据交换提出票据业务处理

提出票据交换的流程见图 8－1。

微课：同城票据交换业务处理

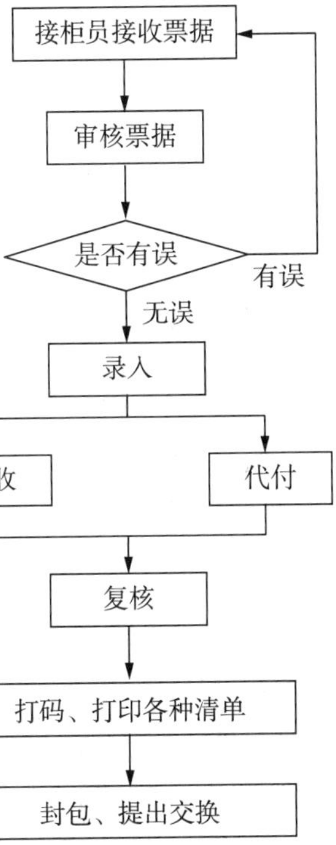

图 8－1　提出票据交换的流程

同城票据交换提出票据业务的操作步骤如下：

步骤一：受理。

每日营业时间，提出票据行的接柜员接收客户送交的票据。

步骤二：审核。

接柜员应对提出交换的凭证进行认真审查，主要注意以下内容：

（1）出票日期是否超过提示付款期限，是否为远期支票。

（2）票面大小写金额是否一致，与进账单的金额是否相符。

（3）进账单内容与票据内容是否相符，收款人户名、账号是否一致。

（4）出票人的签章是否符合规定。

（5）背书栏处收款人是否已签章；票据如果背书转让，其背书是否连续，签章是否符合规定，背书使用粘单的，是否按规定加盖骑缝章。

（6）票据持票人是否在票据背面“持票人向银行提示付款签章”处签章，如果是个人，还须出示有效身份证件并留存复印件。

（7）出票金额、出票日期、收款人名称是否更改，更改的其他记载事项是否由原记载人签章证明。

（8）银行汇票和解讫通知是否齐全，汇票号码和记载的内容是否一致。

（9）汇票填写的实际结算金额是否在出票金额以内。

步骤三：办理。

（1）审核无误后，在所有提出凭证上加盖相应印章。由记账员进行系统录入，然后交由复核员复核。

业务链接

提出凭证上分别按以下要求加盖同城票据交换印章：

提出贷记凭证加盖同城票据交换业务公章，提出借记凭证加盖注明日期的当场交换章。

提出的收妥抵用票据加盖注明日期的当场交换章，提出的见票即付票据加盖转讫章及注明日期的当场交换章。

参加第一场资金清算的提出借记票据加盖当天日期的方形交换章，参加第二场资金清算的提出借记票据加盖当天日期的椭圆形交换章；对于下午营业终了前（当天第二场交换已经结束）受理的有效票据，应加盖受理当天日期的方形交换章，并参加次日第一场资金清算。

（2）打码机处理提出票据。所有票据必须经过逐笔打码处理才能提出交换。在完成对所有提出票据的打码后，由打码机自动打印提出票据的汇总单（见表8-1）和提出票据的明细清单。

表8-1　提出票据汇总单

提出行：　　　　　　　　　　场次：　　　　　　　　　　制表日期：

序号	提人行	借方总笔数	贷方总笔数	借方总金额	贷方总金额
1					
2					
3					
4					
5					

续表

序号	提入行	借方总笔数	贷方总笔数	借方总金额	贷方总金额
6					
7					
8					
备注：					

经办人员章：　　　　　　　　　　　　　　　单位交换章：

业务链接

打码即使用打码机在每份提出票据的预留磁码打印区域，用磁性油墨打印一行数码，这些数码包含票据号码、交换行号、单位账号、借（贷）方代码、金额等内容，以供票据清分机识别。对一些不符合规定格式的票据，则可通过加套专用的打码信封来进行打码。为便于对同城票据交换提出的控制，打码机上有专用的程序来区分票据交换的场次，实现提出交换票据的分批处理。

提出票据汇总单是由提出行把所有符合交换要求的借方、贷方凭证，按提入行分别汇总产生，用以作为提出行封包、交换场清分投递以及提入行拆包核对的依据。

（3）填制同城票据提出签收单，向票据交换所提出交换。提出行根据打码机自动打印的提出票据汇总单，核对本行账务系统中核算的提出票据总额无误后，填制同城票据提出签收单，连同提出票据汇总单、明细清单以及本次交换提出的全部票据一并装入交换专用包并加封后，提交票据交换所。其中，提出票据汇总单必须附在票据包内最上方，各要素应清晰可辨；票据包内原始凭证必须与提出票据汇总单一致。

业务链接

票据交换所的工作内容

（1）办理交接。票据交换所的工作人员收到各提出行的提出票据后，在检查确认提出票据汇总单和明细清单的汇总金额、批次和票据份数无误后，在同城票据提出签收单上签章，办妥交接手续。

（2）清分票据。票据清分机自动识别票据磁码、在票据背后打印过票记录后按提入行进行清分，把提回票据放入各提入行的箱夹。

（3）清算资金。票据清分机对通过清分的票据进行数据清算，平衡后产生同城票据交换资金差额报告单，打印出各交换行的提回明细清单。

（4）装袋封包。票据交换所的工作人员将清分处理后在各提入行箱夹中的票据连同同城票据交换资金差额报告单和提回明细清单按提入行整理复查，装入交换专用袋后封包，待交换行在规定时间派员取回。

任务二　同城票据交换提入票据业务处理

同城票据交换提入票据业务的操作步骤如下：

步骤一：受理。

提入行在规定时间派员到票据交换所取回封包、提回票据。

步骤二：审核。

提入行清点票据包数目与提入票据签收单是否相符，逐个检查确认票据包的锁片是否完好。核对同城票据交换资金差额报告单的提出、提回金额，检查其提回票据金额与提回清单金额是否相符。

步骤三：办理。

（1）票据签收。审核无误后，提入行在两联提入票据签收单上签收。其中一联留存备查，另一联交投递员带回票据交换场。

（2）办理入账。提入行通过人民银行备付金（超额存款准备金）的存款账户进行清算。

步骤四：特殊情况的处理。

（1）退票的处理。

提入的代收票据不属于本行、账号和户名不符、大小写金额不符等有问题的票据，应作退票处理，并出具退票理由书，加盖交换业务专用章。在退票前，先纳入“其他应付款”科目退票专户核算，于下次交换时视同提出代收票据退回原提出行。提入的代付票据出现单位存款不足、印鉴不符、支付密码错误、支票有效期已过等情况，应作退票处理，并出具退票理由书，加盖交换业务专用章。在退票前，先纳入“其他应收款”科目退票专户核算，并登记退票原因，于下次交换时视同提出代付票据退回原提出行。

（2）查询查复的处理。

办理同城清算系统业务的查询查复遵循“有疑必查，有查必复，复必详尽”的原则。

查询行对本行接收或发出的同城清算业务有疑问时，应向查复行发送查询书，并将查询书打印留存。查复行收到查询信息后应打印查询书，待查明原因和情况后，最迟于次场交换终了前半小时向查询行发送查复信息，并打印查复书。

查询书、查复书的发送均须由会计主管确认，打印的查询书、查复书应加盖经办人员名章并配对保管。如必须以查复书作为凭证附件，则应在原查询书上注明查复情况、处理结果以及相应的凭证日期和编号。

模块小结

（1）同城票据交换，即同城票据清算，一般指同一城市（或区域）各金融机构对相互代收、代付的票据，按照规定时间和要求集中进行交换并清算资金的一种经济活动。

（2）参加票据交换的商业银行分为提出行和提入行。

（3）根据持票人向银行提交票据的方式不同，票据清算分为顺汇清算和委托收款清算两种。

（4）同城票据交换的原则为：及时处理，差额清算；先借后贷，收妥抵用；银行不予垫款。

模块练习

一、单项选择题

1. 同城票据交换一般每天交换（　　）次。

A. 一次　　B. 两次　　C. 三次　　D. 四次

2. 下列哪项不是同城票据交换提出票据的种类？（　　）

A. 转账支票　　B. 异地电汇　　C. 银行汇票　　D. 退税

3. 在同城票据交换中，提出行指的是（　　）。

A. 向他行主动提出资金清算的银行

B. 从票据交换所提回票据的银行

C. 人民银行

D. 任意一家商业银行

4. 下列哪项不是同城票据交换的原则？（　　）

A. 及时处理，差额清算　　B. 先借后贷，收妥抵用

C. 银行可以垫款　　D. 银行不予垫款

5. 下列哪项不是同城票据交换的作用？（　　）

A. 加速企业资金周转　　B. 集中清算银行内部资金

C. 提高银行内部工作效率　　D. 减少货币供应量

6. 票据交换业务要实行什么制度？（　　）

A. 随意交换　　B. 定点、定时、定人交换

C. 交叉交换　　D. 每周交换

7. 票据交换岗位人员不能同时兼办的业务有（　　）。

A. 存放中央银行准备金　　B. 票据交换

C. 客户账务记账　　D. 柜员权限卡管理

8. 在同城票据交换中，哪个机构主办票据交换所？（　　）

A. 商业银行　　B. 当地人民银行　　C. 政府部门　　D. 行业协会

二、多项选择题

1. 同城票据交换提入票据业务处理流程包括哪些？（　　）

A. 受理　　B. 审核　　C. 办理入账　　D. 查询查复

2. 退票处理可能涉及哪些情况？（　　）

A. 账号和户名不符　　B. 大小写金额不符

C. 支票有效期已过　　D. 支付密码错误

3. 下列哪些是同城票据交换提出的票据种类？（　　）

A. 转账支票　　B. 异地汇票　　C. 银行汇票　　D. 退税

4. 同城票据交换的作用包括哪些？（　　）

A. 缩短结算资金在途时间　　B. 集中清算银行内部资金

C. 提高银行内部工作效率　　D. 减少税收

5. 票据交换业务的基本要求包括哪些？（　　）

A. 实行定点、定时、定人交换制度

B. 执行岗位分离制度

C. 票据带回家中处理

D. 票据要密封或装包加锁

6. 审核提出交换的凭证时，主要注意哪些内容？（　　）

A. 出票日期是否超过提示付款期限

B. 票面大小写金额是否一致

C. 背书栏处收款人是否已签章

D. 票据是否干净、无皱褶

7. 下列哪些票据在提出时需要加盖注明日期的当场交换章？（　　）

A. 委托收款票据　　B. 见票即付票据

C. 收妥抵用票据　　D. 退税票据

8. 下列哪些选项符合同城票据交换的原则？（　　）

A. 及时处理，差额清算　　B. 先借后贷，收妥抵用

C. 银行可以垫款　　D. 银行不予垫款

9. 下列哪些情况可能导致同城票据交换的票据被拒绝？（　　）

A. 票面大小写金额不一致　　B. 票据超过提示付款期限

C. 票据背书不连续　　D. 票据未经过打码处理

实训操作

2025 年 3 月 6 日第一场票据交换，模拟银行提出转账支票 10 张，合计 488 万元，提出进账单 20 张，金额 635 万元，提出本票 2 张，金额 75 万元。

模拟银行提入转账支票 8 张，金额 321 万元，提入进账单 22 张，金额 660 万元，提入本票 2 张，金额 90 万元。

请计算该次模拟银行的同城清算往来账户的发生额和余额。（假定该账户的上期余额为零）

提出票据汇总单				
提出行：模拟银行		场次：第一场交换		制表日期：2025 年 3 月 6 日
	提出借记（应收）		提出贷记（应付）	
序号	笔数	金额	笔数	金额
1.				
2.				
3.				
4.				
合计				
提出差额				
备注	无			

提入票据汇总单				
提出行：模拟银行		场次：第一场交换		制表日期：2025 年 3 月 6 日
	提出借记（应收）		提出贷记（应付）	
序号	笔数	金额	笔数	金额
1.				
2.				
3.				
4.				
合计				
提入差额				
备注	2025 年 3 月 6 日第一场票据交换提入提出总差额：			

参考文献

［1］董瑞丽.商业银行综合柜台业务.4版.北京：中国金融出版社，2021.

［2］杨则文，吴娜.商业银行综合柜台业务（第4版）实训与练习.北京：中国财政经济出版社，2023.

［3］张驰，张博凯，徐翔策.商业银行柜员基础实务.北京：经济科学出版社，2021.

［4］中国人民银行支付结算管理办公室.支付结算制度汇编.北京：长安出版社，2009.

［5］陈娜.商业银行业务实训教程.2版.北京：清华大学出版社，2023.

［6］罗荷英，李薇.计算技术与点钞.2版.大连：东北财经大学出版社，2016.

［7］董雷光，董建忠.商业银行综合柜台业务：规范与实训.2版.北京：人民邮电出版社，2024.

